"결정"이 결정한다

한국과학기술원
김 성 희 저

圖書
出版 法興社

머 리 말

"나는 그 동안 얼마나 많은 어리석은 결정을 하였는가?"라고 지나간 시간에 내린 결정들에 대해 그 문제의 심각정도에 따라 애석해 하기도 하며 뼈저린 통탄을 하면서도, 이에 대한 근본적인 대책이 없이 후회만을 계속하면서 대부분의 우리들은 살아가고 있는 것이다. 우리는 왜 결정의 결과가 극히 불확실한데도 적합한 대안을 미리 찾지 못하는가? 어떠한 조건하에서도 좋은 선택은 결코 할 수 없는 것인가? 과연 창의적이며 최적의 결정은 무엇이며, 어떻게 하면 최선의 결정이 얻어질 수 있을 것인가? 이러한 의사결정 등에 관한 궁금증을 풀어보기 위하여 이 책을 집필하게 되었다.

따라서 이 책은 그 동안 우리들의 개인적 또는 사회적 모든 역량을 기울여 풀었다고 생각했는데, 실패해 온 문제에 대해서 체계적으로 창의적 사고와 판단을 이끌어낼 수 있는 소금과 같은 자극제로서의 역할과, 중요한 선택결정에서 많은 잘못을 사전에 방지할 수 있게 하는 생생한 지침서로서의 역할이 되도록 꾸며졌다.

이 책은 보다 좋은 합리적 의사결정을 내리고자 하는 개인은 물론 기업의 실무자, 관리자 및 최고경영자 그리고 경영컨설턴트 등을 위한 것이다. 또한 이 책은 의사결정과정 연구에 관심이 있는 학생들과 연구자들에게도 많은 도움이 되리라 생각한다. 필수적으로 알아야 할 내용은 포함하되, 책의 분량이 너무 많다든가 또는 너무 세세하고 딱딱한 이론 등이 부각되어 독자에게 부담을 주는 것은 되도록 피하여 의사결정 관련분야에 기초지식이 전혀 없는 독자라도 흥미를 잃지 않도록 구성하였다.

작게는 개인적인 결정에서부터 크게는 기업경영이나 공공정책에 관한 문제들에 이르기까지, 우리는 매일 의사결정을 하여야 할 처지에 놓여 있다. 이러한 의사결정문제들에 있어서 과연 어떻게 하면 지금까지 해왔던 직관이나 습관적으로 하던 것으로부터, 우리의 경험이나 지식을 충분히 활용하여 합리적이고도 만족스러운 결정을 할 수 있으며, 나아가 그 결정의 결과로서 나타날 문제를 예상하고 어떻게 대처해 나갈 수 있겠는가에 대한 해답을 줄 수 있는 책은 그리 많지 않다. 우리가 중요한 의사결정문제가 있을 때 우리의 경험과 지식의 한계 때문에 바람직한 결정을 구하기 위하여 매번 전문적인 의사결정자문 컨설팅회사에 의뢰하여 바람직한 결정을 구한다는 것은 재정적으로나 보안상으로, 그리고 시간적으로도 많은 부담을 주게 된다. 그러나 여기서 제시되는 방식을 확장하여 자신이 스스로 실무에 활용하게 된다면 극히 저렴하고 안전하며 신속하게 주요결정들을 처리할 수 있으리라 생각된다.

이 책의 내용을 간략히 살펴본다.

제1장에서는 우리들이 그 동안 직관에만 호소하여 항시 불안한 상태에서 결정하던 자세를 탈피하여 논리적으로 체계있게 의사결정을 할 수 있는 방법을 다루고 있고,

제2장에서는 의사결정을 자기역량의 극히 일부분만을 활용하여 습관적으로 하던 소극적인 자세로부터, 어떻게 하면 창의적 사고와 판단을 가지고 할 수 있겠는가에 대한 방법이 기술되어 있으며,

제3장에서는 우리가 현실적으로 부딪히는 수많은 문제들이 거의가 불확실한 상태하에 있기 때문에 이러한 상황하에서 과연 어떻게 최적의 의사결정을 할 수 있겠는가를 보여주며,

제4장에서는 많은 대안들이 있을 때 그 중에서 대안들을 손쉽게 추려내고 실제적으로 상대적 우위를 표현할 수 있는가, 또는 '의사결

정분석'하면 마치 대명사로 불리고 있는 의사결정트리에 대한 올바른 이해와 이를 손쉽게 그리게 하는 영향도에 대해 기술하고 있다.

제5장은 실무를 위한 의사결정과정의 합리적 방식들에 대한 소개가 되어 있으며, 이를 확장하여 실제업무에 적용할 수 있도록 구성하였다.

제6장에서는 이러한 합리적 의사결정과정 방식을 조직내에 활용하는 데 일어나는 도입과정이나 결과보고에 대한 문제를 다루었고,

마지막 장에서는 소위 차세대 의사결정과정이라고 볼 수 있는 그룹 의사결정과정 지원시스템에 대한 소개를 하여 차후의 발전방향을 보여주고 있다.

또한, 이 책은 한국과학기술원에서 관련과목「의사결정분석 및 응용」의 10년간에 걸친 강의 및 실제 기업관련 실무연구의 경험을 토대로 작성되었으므로, 개인적 문제의 결정에 있어서 합리적 사고과정을 꾀하려고 하는 개인은 물론 실무적 차원의 기업 및 공공기관의 중간급 이상의 경영자 및 관리자들이 기업내외에서 접하게 되는 중요한 문제의 해결에 적극 활용될 수 있다고 생각된다. 또한 경영학, 경영정책, 경영과학, 산업공학, 공업경영 및 관련학과의 학부과정에서 의사결정론이나 위험분석과목 등의 기초교재로서 활용될 수도 있다.

본서를 준비함에 있어서 원고를 정리하고 교정해 준 한국과학기술원의 동료교수님들과 의사결정연구실의 정태영, 박경삼, 유성렬, 정근채, 최상현, 박승민, 김상일 등의 수고에 감사드리며, 특히 본서를 출판해 주신 법영사 고준영사장님 이하 담당자에게도 깊은 감사를 드린다.

1993. 4

金 聖 曦 識

차 례

I. 직관적 의사결정으로부터의 탈피 ········ 9
   1. 언제까지 직관으로? / 11
   2. 당신은 과연 합리적 의사결정자인가? / 23

II. 혁신적 사고창출 ···················· 31
   1. 좁은 사고와 습관에서 벗어나자. / 33
   2. 창의력을 기르려면 / 53

III. 불확실성하에서의 의사결정 ············ 69
   1. 완전 불확실성하에서는 어떻게 의사결정을
      할 수 있는가? / 71
   2. 불확실성을 나타내는 확률이란? / 89
   3. 확률을 이용하여 어떻게 의사결정을
      할 수 있는가? / 122
   4. 위험을 분담하는 방법은 무엇일까? / 134

IV. 대안 선정의 손쉬운 방식 ············· 139
   1. 필요없는 대안을 버리자. / 141
   2. 대안간 우위를 어떻게 표현할까? / 154
   3. 흔히 쓰이고 있는 「의사결정트리(Tree)란」? / 158
   4. 의사결정트리를 쉽게 만드는 영향도란? / 172

V. 개선된 합리적 의사결정과정 ·········· 179
1. 종합적 분석을 위한 의사결정 기법들 / 181
2. 가시화 의사결정 프로세스(VDMP) / 231

VI. 조직내 합리적 의사결정과정 활용 ····· 271
1. 결과를 어떻게 보고해야 하는가? / 273
2. 합리적 의사결정과정을 도입하려면? / 278

VII. 차세대 의사결정과정 ················ 291
- 그룹의 의사결정과정을 지원할 이후 시스템은 무엇일까? / 293

I. 직관적 의사결정으로부터 탈피

1. 언제까지 직관으로?
2. 당신은 과연 합리적 의사결정자인가?

1. 언제까지 직관으로?

우리는 잠자리에서 어렴풋이 눈이 떠졌을 때, 피곤하니까 조금만 더 누워 있을 것인가, 아니면 그래도 참고 일어나 맑은 새벽 공기를 마시며 건강을 위해 조깅할 것인가에서부터, 대학 졸업후에 취직을 할 것인가, 무엇인가 자기 개성에 맞는 일을 자영(自營)할 것인가에 이르기까지, 다시 말하면 사소한 것부터 중요한 문제에 이르기까지 수많은 의사결정을 하며 우리는 스스로의 생을 꾸려나가고 있는 것이다.

이러한 결정이 모두 우리의 직관력에만 의존하여 행해진다면 우리가 내리는 결정이 좋으냐 나쁘냐 하는 것은 나중 문제이고, 그 때마다 우리의 머리는 얼마나 피곤하겠는가?

허나 우리는 불행스럽게도 우리의 직관력에만 호소하는 방도밖에 아무런 대책도 마련되어 있지 않다. 따라서 우리의 두뇌는 매우 피곤한 나머지, 이러한 문제에 부딪칠 때마다 안이하게 '습관적'으로 그냥 의사결정을 하는 타성에 젖어 있게 되었다. 그러나 다행히도 하루 중 우리가 부딪치는 많은 문제들은 마치 아침에 일어나 이를 닦을 것인가, 말 것인가와 같은 거의 습관적으로 이미 선택이 결정되어진 상태의 문제들인 것이다. 그러나 우리가 접하는 많은 중요한 문제들은 혹시 비슷할 수는 있으나 똑같지는 않은 새로운 문제들(예, 새상품을 시장에 내놓는다거나, 새로운 사업을 한다거나, 증권시장에서 새로운 주식을 산다든가 하는 문제들)로서, 이러한 문제가 생길 때마다 직관력에만 의존하여 행한다면 자기자신의 수명을 단축시킬지도 모를, 매우 불안스러운 일임에 틀림없다는 생각도 든다.

우리가 신중을 기해 결정하게 되는 문제들의 공통된 특성으로는 앞서 이야기된 비슷할 수는 있어도 똑같지는 않은 유일성(唯一性)인

특성외에도 '제한된 자원하에서의 문제'인 특성을 갖는다. 바꾸어 말하면 자원이 제한적이 아니라 무한히 많다고 한다면, 우리는 의사결정을 함에 있어 아무런 고심을 할 필요가 없으리라는 것은 자명하다. 가령 맑은 공기가 무한히 많은 곳에서 우리가 공기를 외국에서 사올 것인지 말 것인지, 더 나아가 무한히 많은 이 공기를 외국에 팔 것인지 안팔 것인지를 결정하는데 고민할 아무런 이유가 없는 것이다. 경제학이란 제한적인 자원을 어떻게 배분할 것인가를 공부하는 것이라고도 정의되는 바와 같이, 자원이 제한되어 있기 때문에 모든 문제가 생기게 되고, 더욱이 의사결정문제는 한번 내려진 결정을 취소하기 위해서는 그에 따르는 비용이나 손실을 많든 적든간에 지불해야만 한다. 아무런 비용이나 손실없이 결정을 취소하거나 번복할 수 있다면 의사결정 때문에 우리가 고민할 하등의 이유가 없을 것이다.

　이와 같은 의사결정의 대상이 되는 심각한 문제들이 공통적으로 갖고 있는 특성을 세 가지로 크게 구분한다면, 첫째 많은 요인들이 관여된 복잡한 구조를 갖고 있으며, 둘째 이들 요인들이 시간의 흐름에 따라 변화하게 되며, 마지막으로 이들 요인들이 불확실성을 나타내는 문제인 것이다.

　다시 말하면, 복잡성·시간에 따른 변화 및 불확실성속에서의 의사결정문제는 경쟁자로부터의 경쟁성과 유한한 자원내에서의 효율적 활용방안이 요구되기 때문이다. 이러한 문제에 대해 의사결정을 해야만 할 때 우리는 걱정 내지는 머리 속의 혼란을 일으키게 된다. 지금까지 우리는 스스로의 능력에 매달려 다음의 세 과정을 통하여 이러한 환경에 대처하여 오고 있다.

　첫째, 가능한 대안들을 만들어 내고 선택하는 독창력(獨創力)과,

　둘째, 외부환경으로부터 배워 온 경험과 지식 등을 바탕으로 생각하고 판단하게 할 수 있는 인지성(認知性)과,

　마지막으로, 우리 자신이 갖고 있는 선호성 및 윤리관과 같은 주

체성(主體性)을 종합하여 판단하게 된다.

   이들을 바탕으로 우리는 직관에 의존하여 결정하게 된다. 이러한 직관적 판단은 비록 비슷한 문제가 다시 나타난다고 해도 논리적 사고에 근간을 두고 있지 않은 직관적 사고이기 때문에, 비록 비용은 적게 들지라도 항시 불안을 느끼며 번민하게 된다.

   이를 표로 나타내면 다음과 같다.

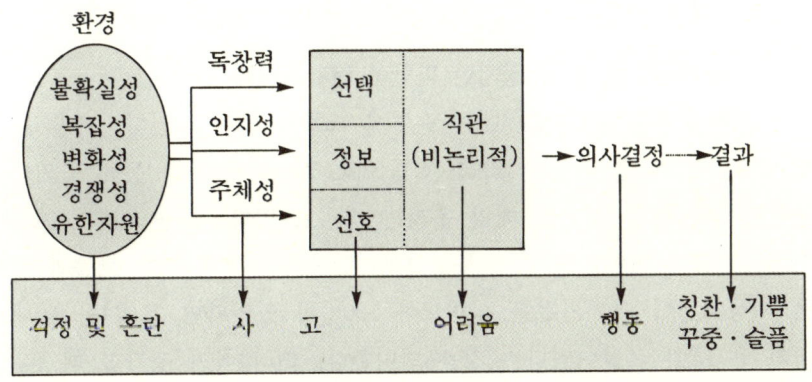

의사결정자의 반응

   그러나 우리가 어떤 문제를 해결하는데 있어서 직관에만 의존하지 않고 논리성을 갖고 의사결정을 하게 된다면, 한번 세워진 논리적 체계를 다음에 일어나는 비슷한 문제에도 계속 적용할 수 있게 되어 매번 불안해 할 필요가 없으며, 자신의 기본적·논리적 틀을 가다듬어 나간다면 보다 훌륭한 논리적 의사결정과정에 익숙하게 될 것이다.

☆ 논리적 의사결정과정이 기본적으로 갖추어야 할 성격은 무엇인가?

의사결정과정은 기업경영적 측면 뿐만 아니라, 개인적 문제로부터 생산현장에서의 설계나, 정부의 정책수립 등 다양한 분야에서 활용될 수 있는 도구인데, 논리적 도구가 되기 위해 기본적으로 갖추어야 할 성격은 다음과 같다.

① 불확실성에 관해 철저한 파악이 선결되어야 한다.

불확실성을 표현하는 데는 손쉽게 확률이 많이 쓰인다. 예를 들면, 내일 비가 올 확률이 40%라는 등으로 TV 날씨예보를 통해 날씨의 불확실성에 대한 정보를 매일 우리는 접하고 있다. 과연 이때 40%의 비 올 확률이 의미하는 바는 무엇일까? 간단히 설명한다면, 오늘과 같은 기상조건이 과거자료를 살펴보아 100일이 있었다면 그 다음 날에 비가 온 날이 40일이었다는 것을 의미한다. 더 나아가 생각할 때, 우리가 도시에서 산다면 「비가 올 확률을 기상대에서 몇 %이상으로 예보했을 때 우산을 갖고 출근해야 하는가?」하는 것에 많은 관심이 있을 것이다. 일반적으로 비 올 확률이 40%이상으로 예보된 날에 우산을 갖고 가는 것이 통례라고 한다. 그렇다면 반 이하인 확률에서 우리는 왜 우산을 갖고 가야 하는가? 여러 가지 이유로 설명되겠지만, 그 중 주된 것은 각자가 느끼는 비의 정의가 다르기 때문이다. 하루 종일 한 방울의 비만 떨어져도 비라고 느끼는 아주 민감한 사람도 있을 수도 있고, 비를 맞아 몸이 흠뻑 젖을 정도가 되야 비라고 느끼는 어린아이 같은 사람도 있을 수 있으니까 말이다. 이러한 개념에서 불확실성을 처리할 확률이 아닌 소위 퍼지(Fuzzy)이론이 생겼다고 볼 수 있다.

퍼지이론은 수십년전 수학자들이 개발시켜 놓았었지만 그 동안 활용이 안되오다가, 수학관련 일본학술대회에 우연히 참가했던 한 일본 기술자의 착상으로부터 퍼지칩을 만들어 세탁기에 꽂아 제작을 하면서부터 본격적으로 실용화되었다. 과거의 확률적 표현은 숫자를 사용한 데 반해, 퍼지를 이용한 표현은 주로 언어(말)로 되어 있다.

앞의 예에서 '비'란 표현은 '맑음'과의 개념상의 경계가 불분명하다. 이를 정확히 하려면, 강우량 10mm부터를 '비'라고 정의한다면 비와 맑음의 명확한 경계를 설정할 수 있을 것이다. 이와 같이 개념상 경계가 명확한 경우에 불확실 정도를 나타내기 위한 도구로 사용되는 것이 확률이고, 경계가 명확치 못한 경우는 퍼지를 사용해야 할 것이다. 참고로 다음 도표(16면)는 미 첩보 CIA 요원들이 각종 보고서에서 불확실성을 나타낸 언어적 표현이 확률적 표현과 어떠한 관계에 있는가를 나타내고 있다.

② **의사결정에 있어서 불확실성에 대한 평가는 자연현상과 객관성 평가를 포함한 주관적 평가가 이루어져야 한다.**

예를 들면, 당신이 지금 우주선을 타고 달나라를 갈 우주항해사라고 하자. 로켓 출발전 당신은 신문지상에서나 과학기술서적을 통해 우주선을 달고 갈 로켓의 신뢰도를 99.9999%로 매우 높은 신뢰성이 있다는 사실을 알고 있을 것이다. 따라서 기꺼이 탑승을 할 수 있었다. 출발일이 되어 우주선에 탑승하여 카운트다운이 시작되어 대기중인데 갑자기 출발발사 1~2초를 앞두고 스피커를 통해 발사기 문제발생이라는 긴급통보를 받고 내려왔을 때, 당신은 로켓에 대한 신뢰도를 전과 같이 99.9999%라고 생각할 수 있을까? 만일 며칠 후 재탑승하여 대기 중에 또 부분적 고장으로 인해 내려오라는 통보를 받았다면 당신의 신뢰도는 어떻게 변할 것인가? 이때 의사결정에 도움을 주는 당신동료가 신뢰도는 예전과 같으니 재차 탑승하라고 했을 때, 당신은 처자식 걱정없이 과연 기꺼이 탑승을 할 수 있겠는가?

16 I.직관적 의사결정으로부터의 탈피

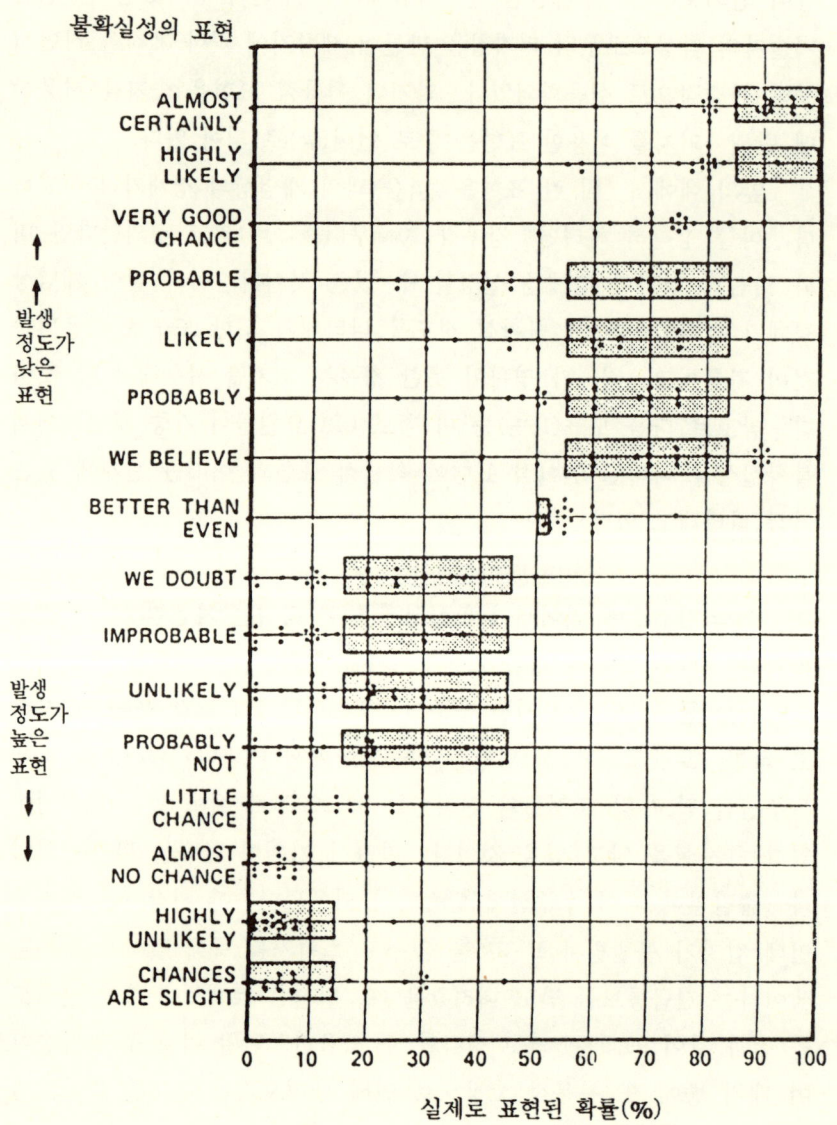

이 세상에서 일어나는 모든 사건들에 엄밀한 의미의 객관적 확률을 부여한다는 것은 거의 불가능하다. 가장 쉽게 우리는 동전을 던져 앞면이 나올 확률이 객관적으로 1/2이며 뒷면도 1/2이라는 것을 알고 있다. 그러나 앞면의 파여진 부분이 뒷면의 파여진 부분보다 적다면 엄격히 말해 앞면이 뒷면보다 무거워서 앞면이 나올 확률이 1/2보다 적게 될 것이다. 앞뒷면에 서로 다른 물질을 사용한 것이라면 더욱 반반의 확률은 아닐 것이다. 그러나 이러한 것들을 정확히 안다는 것은 힘든 일이며, 우리가 습관적으로 부여한 확률을 마치 객관성있는 확률로서 사용하고 있는 것이다. 우리가 지금 어떤 새로운 상품을 시장에 내놓으려고 할 때, 예상되는 매출액이라든지 이익 등을 예측해야 하는데, 새로운 상품이므로 이와 똑같은 과거자료는 있을 수가 없다. 그렇다면 자연 유사한 과거상품에 대한 자료분석 등의 객관성 분석을 토대로 우리 자신이 주관성 판단을 결부시킬 수밖에 없다. 따라서 우리가 접하게 되는 의사결정상의 불확실성판단은 주관성을 띨 수밖에 없다.

③ **의사결정을 하기 위해서는 의사결정 후에 나타날 결과들에 대한 비교를 가능케 하는 평가기준이 사전에 설정되어 있어야 한다.**

예로, 우리는 윌리암 텔의 이야기를 알고 있다. 나쁜 총독의 명령에 따라 자기 아들의 머리 위에 사과를 얹어 놓고 윌리암 텔이 화살로 사과를 겨냥하였을 때, 아들의 목숨보다도 자신을 더 소중히 생각했다면, 아무리 화살의 명수인 윌리암 텔이라 하더라도 사과의 중앙부분을 겨냥하여 화살을 쏘는 대신에 중앙보다 약간 하단부, 즉 아들의 머리에 가까운 쪽을 향해 화살을 겨냥하였을 것이다.

보통 많이 쓰이는 평가기준은 의사결정 후에 나타나는 결과치들(돈, 명성, 만족도 등)을 하나의 단위로 묶어 나타내며, 이 묶여진 단위로 표현된 값의 많고 적음에 따라 대안선별을 하게 된다. 그러나 실제에 있어 하나의 단위로 모든 결과치들을 표현한다는 것은 쉽지 않을 뿐 아니라 불가능할 때가 종종 있다. 이에 대한 평가기준으로는 다기준평가(多基準評價)란 것을 사용하면 된다. 다기준평가란 하나의 평가기준으로 통합하여 대안선별을 판단하는 것이 아니라, 여러 평가기준에 의해 대안을 선별하는 방법을 말한다.

　④ 복잡한 문제를 되도록 다루기 쉬운 간단한 구조로 바꿀 수 있는 과정을 갖고 있어야 한다.

　우리가 의사결정을 함에 있어서 지지부진하고 우유부단하여 오늘 내일 미루다가 결국 시간에 쫓기어 내키지 않은 결정을 할 때가 종종 있다. 이는 복잡한 문제를 제때에 해결하지 않고 쌓아두면, 결국 문제는 더욱 복잡하게 되어 그 자신이 어떻게 할 수 없는 상태에 이르게 되기 때문이다. 따라서 논리적 의사결정과정이란 복잡한 문제를 더욱 복잡하게 논리적으로 전개하는 것이 아니라, 필요없는 부분은 과감하게 삭제하여 실제로 필요한 최소한의 크기를 갖는 문제로 만든 후에, 이 문제를 보다 정확히 분석하여 가장 합리적 결정을 내리는 것을 말한다. 중요한 의사결정문제는 일개인이 아니라 원칙적으로 여러 사람이 모여 결정하는 경우가 더 많다. 이때 우리가 아무리 문제를 정교하게 정리하였더라도 관련된 사람들과 대화를 함에 있어서 효율적으로 결정을 이끌어 낼 수 있도록 유도하여야 할 것이다.

　우리 나라 사람들은 회의에 있어서 장시간 커뮤니케이션을 통하여 서로의 의견을 교환하여도 이렇다 할 구심적인 결론이나 요약을 얻기 어렵다고 한다. 따라서 사무실이나 현장근로자들은 회의시간을 휴식시간으로까지 생각하기에 이르렀고, 또한 목소리 큰 사람이 마치 모든 결론을 내려버릴 수 있는 풍토라고 생각하게 되었으며, 나아가 최고경영자 입장에서는 근로자들의 모든 회의를 되도록 줄였으면 하는 심정이 되었다.

　이를 개선하기 위한 여러 방책 중 하나는 사전에 우리가 회의를 잘 진행시켜 나갈 수 있는 과정을 준비하는 일이고, 회의 중에 의견을 정리할 시간을 갖는 것도 필요하다. 예로, 일본에서는 「네마와쉬」라는 전통적 사전 회의과정이 있는데, 이는 회의에 들어가기 전 실무담당자들이 관련사람들과 만나 대부분의 결론의 합의를 본 후 정규회의에 임하는 방식으로 현재 화상회의 등 멀티미디어를 이용한 그룹의사결정지원시스템 등에서 개발·사용되고 있다.

회의 중에도 서로가 의견교환이라든지 자료를 정리할 기본적 도구가 필요한 바, 이를 위한 보기로는 뒤에 설명될 영향도를 들 수 있다. 아무리 잘 정리하더라도 이것을 글로 써서 설명하려고 하면 이해하는데 많은 시간이 소요될 뿐 아니라 기억하는 데에도 문제점이 많다. 따라서 여러 사람들이 느끼고 있는 사실들을 도식화하여 보여주며, 상호 의견을 교환함으로써 빠른 시간내에 정확한 의사소통을 할 수 있도록 구성된 것이 영향도이다. 현재 영향도의 사용영역은 비단 커뮤니케이션을 지원하기 위한 도식화된 면만이 아니라, 이를 통해 마지막 결론까지도 낼 수 있도록 한 영향도가 개발되었다.

⑤ 현재의 결정이 미래에 어떠한 영향을 미치는가를 고려할 수 있도록 의사결정과정이 꾸며져야 한다.

의사결정은 현재시점에서 하지만 미래에 일어날 일들을 충분히 고려한 후 행해져야 함은 자명하다. 그 동안의 냉동기에 들어가는 과다한 프레온가스나 스프레이를 사용하므로 급기야는 지구오존층이 탈이 나기에 이르렀다. 과다한 포장이 상품 PR을 위해 전에는 필수적이었으나, 오늘날에 이르러 이것이 오히려 많은 폐기물로 되어 커다란 사회문제가 되었으며, 이로 인해 포장산업이나 일회용 관련제품산업이 큰 타격을 입고 있음을 본다. 이러한 것을 결정했을 그 당시에 좀더 앞을 내다 볼 수 있었다면 하는 아쉬움을 남기게 됐다. 다시 말하면, 논리적 의사결정이 갖추어야 할 성격 중의 하나는 어떤 결정에 대해 관련된 미래에 일어날 수 있는 문제점들에 대해 예방대책의 수립과정과 발생시 긴급대책 설정과정도 포함되어 있어야 한다는 것이다. 물론 긴급대책이 어떠한 수준에서 작동되어야 하는가 하는 발동수준도 미리 설정해 놓아야 한다.

⑥ **좋은 의사결정과 의사결정 후의 좋은 결과와는 구분되어야 한다.**

예로, 당신과 당신 친구가 지하철을 타기 위해 지하도를 가다가 매점에서 당첨시 1억원을 받을 수 있는 복권을 팔고 있는 것을 보았다고 하자. 당신들은 그 복권에 관한 여러 정보를 전부터 신문을 통해 알고 있었고, 또한 매점주인으로부터의 설명을 통해 잘 알 수 있게 되었다. 이러한 정보를 토대로 둘이서 충분한 토의끝에 사는 것이 좋은 의사결정이라는 판단을 내렸고 각각 한장씩 복권을 샀다. 그 후 일주일 후에 친구는 1억원에 당첨이 되었는데 당신은 떨어졌다. 이 예로부터 동일한 조건에서 동일한 좋은 결정을 했음에도 불구하고, 결과는 오히려 극과 극이 되었다고 당신은 느낄 것이다. 1억원을 탄 사람이 다른 사람이 아닌 당신과 같은 결정을 했던 친구라는 점에서 당신은 기회손실까지 합하여 마치 2억원의 손해를 입은 감정일 수도 있다. 그렇다면 우리는 좋은 결정을 내리려고 고심할 필요가 없다고 생각할 수도 있다. 여기서 우리는 좋은 결정과 좋은 결과에 대해 명확한 정의를 내릴 필요가 있다. 한 마디로 좋은 결과란 바람직한 결과이며, 좋은 결정이란 수집된 정보와 자신의 선호에 따라 논리적으로 판단하는 결정으로, 좋은 의사결정이란 '좋은 결정을 내리도록 유도하여 차후 좋은 결과가 나타나는 발생빈도를 높이는 데 있다'라고 정의할 수 있다.

앞의 예에서 처음 복권 사는 결정이 좋은 결정이었다면, 여러 번 사거나 한 번에 많이 사거나 하면 당첨이 될 수 있다는 것을 의미한다.

◇ 의사결정의 기본적 구조는 어떠할까?

컨설팅회사의 대표이사이며 의사결정분야의 대가이기도 한 「하워드(R.Harword)」는 의사결정자 자신이 비록 많은 경험과 지식이 있더라도 그들의 결정에는 많은 비합리성과 일치되지 않는 판단이 있다고 지적하면서, 의사결정이란 '**그들이 무엇을 하여야 하는가를 모를 때 그들이 하는 것**(what they do when they do not know what to do)'이라고 정의한다. 일치하지 않는 판단을 우리는 종종하는 경우가 있는데, 이 일치하지 않는 판단을 하는 사람이 있다고 하면, 이론적으로는 그를 잘만 이용하면 우리는 영구적으로 그로부터 돈을 벌 수 있는 것을 알 수 있다.

가령, 일치의 원칙을 만족치 못하는 사람이 있어서 A가 B보다 덜 발생하고, B가 C보다 덜 발생할 때 A가 C보다 덜 발생한다고 결론짓는 대신에 그는 C가 A보다 덜 발생한다고 주장할 수 있다. 이 때 만일 A가 발생하면 그가 상금을 받는 경우에 대해 생각하자. 이 경우에 상금이 고정되어 있다면 그는 A발생 대신 B발생에 대해서 상금을 받기를 원할 것이다. 만일 당신이 A 대신 B발생으로 바꾸어 준다면 그는 당신에게 얼마의 돈을 주려고 할 것이다. 이 같은 반복으로 당신이 B발생 대신에 C발생으로 바꾸어 줄 수 있다면 그는 또 당신에게 얼마의 돈을 주려고 할 것이다. 이러한 것들이 반복되어 그는 계속적으로 돈을 당신에게 지불하는 현상이 지속적으로 일어날 수 있는 것이다.

특히, 복잡한 문제를 합리적으로 분해하는 과정에서 이 일치되는 판단이 잘 행해지고 있는가에 대한 체크를 반드시 하여야 한다. 이러한 관점에서 좋은 의사결정분석이란 의사결정자의 가정들, 시나리오, 각종정보, 선호관계 등을 일치성과 합리성이 보장되는 가운데 명료화시키는 작업이라고 할 수 있다.
 이를 토대로 간략히 의사결정의 기본구조를 그려보면 다음과 같다.

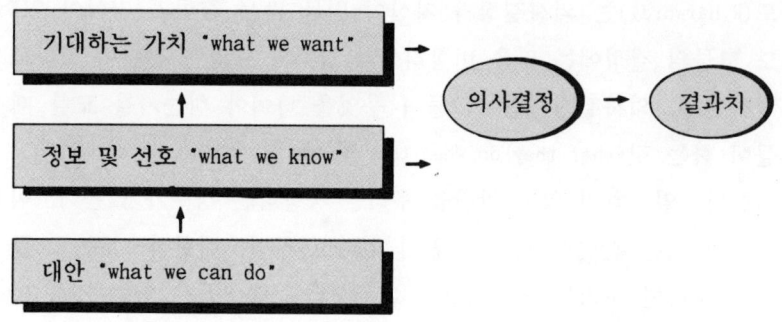

2. 당신은 과연 합리적 의사결정자인가?

　의사결정을 함에 있어서 과연 당신은 합리적 또는 모순이 없는 행동을 하고 있는가? 당신의 의사결정은 경우에 따라 주관없이 흔들리고 있지는 아니한가? 당신이 내리는 의사결정들은 당신도 모르게 서로가 무언가 다르지 않은가? 이러한 예로 알라이스(ALLAIS) 역설을 들어 설명하기로 한다.

　당신은 길을 가다가 어떤 사람을 만났다. 그 사람은 당신에게 다음과 같이 말했다. "당신은 지금 행운을 잡았습니다. 즉, 내가 확실히 당신에게 백만원을 아무런 보상없이 드리겠습니다. 그러나 당신이 다음 선택도 생각해 주시기를 바랍니다. 즉, 확실히 백만원을 당신이 타가는 대신에 다른 선택을 할 수도 있는데, 10%의 확률로 오백만원을 받을 수 있게 되거나, 89%의 확률로 100만원을 받을 수도 있습니다. 그러나 1%의 확률로 아무 것도 타지 못하게 되는 경우도 발생하게 됩니다. 이를 위하여 나는 이 상자 속에 10장의 빨강색 카드와 89장의 파랑색 카드, 그리고 1장의 흰색 카드를 넣었읍니다. 이를 확인하셔도 좋습니다. 당신은 이 상자로부터 단지 한 장의 카드만 뽑을 수 있고, 뽑혀진 카드 색깔이 빨강색인 경우는 오백만원, 파랑색인 경우는 100만원을 탈 수 있지만, 흰색의 경우는 아무 것도 못타게 됩니다. 이 두 가지 선택, 즉 바로 백만원을 받든가, 상자 속에서 카드를 빼내는 선택을 하든가 둘 중에 하나를 택하여 주시오"라고 말했다고 하자. 이것이 실제 상황이라고 상상하고 당신의 마음 속에 둘 중에 어떤 것을 택하여 보십시오.

　이때 그 사람은 또 이어 다음과 같이 이야기 했다. "나는 앞서 제시한 것들 외에 새로운 선택을 당신에게 제시하겠습니다. 즉, 여기에 새로운 상자가 두 개 있는데, 한쪽 상자에는 11장의 파랑색 카드와 89장의 흰색 카드가 들어 있고, 다른 상자에는 10장의 빨강색 카드와 90장의 흰색 카드가 들어 있습니다. 당신은 자유롭게 어떤 상자를 택하여 한장의 카드를 뽑을 수 있으며, 나온 카드색에 따라 앞서 이야기된 바와 같이 빨강색의 경우는 오백만원, 파랑색의 경우는 백만원을 받으나, 흰색의 경우는 아무 것도 못 받게 됩니다. 이때 당신은 어떤 상자를 택할 것인가도 결정해 주시기를 바랍니다. 이 상황도 실제라고 생각하고 당신 마음 속으로 둘 중에 하나를 택하여 보시오."

이를 간단히 표시하면 다음과 같다.

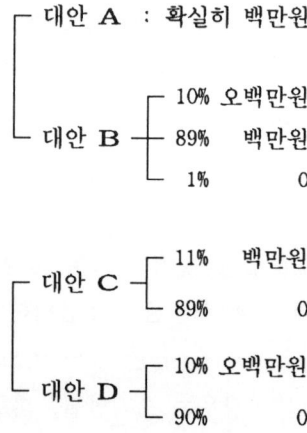

이때, 어떤 사람이 대안 A를 택하고 대안 D를 택한다면 그의 행동은 과연 합리적이며 일치된 행동을 보인 것일까? 결론부터 이야기하면, 그의 행동은 일관성이 없다고 할 수 있다. 이에 대한 설명을 하기 위하여 앞의 보기를 다음과 같이 재정리하여 보자.

2. 당신은 과연 합리적 의사결정자인가?

카드번호

대 안	1번	2번부터 11번	12번부터 100번
대안 A	백만원	백만원	백만원
대안 B	0	오백만원	백만원
대안 C	백만원	백만원	0
대안 D	0	오백만원	0

위 도표에서 보면, 색깔이 칠해진 카드 대신에 카드에 번호를 1번부터 100번까지 기록하고, 대안에 따라 위 표와 같이 돈을 주기로 한다면 앞의 게임과 동등한 게임을 할 수 있다. 네 가지 대안의 12번부터 100번까지를 잠시 접어두고, 1번부터 11번까지의 11장의 카드만을 보면 대안 A, B 중의 선택과 대안 C, D 중의 선택은 동일한 것을 알 수 있으며, 12번부터 100번까지의 카드들에 대해서는 대안 A, B가 대안 C, D에 비해 일률적으로 백만원 차이를 보이고 있음을 알 수 있다. 따라서, 대안 A를 택한 사람은 대안 C를 택하는 것이 일관된 행위라고 보아지며, 반면 대안 B를 택한 사람은 대안 D를 택하는 것이 역시 일관된 행동인 것이다(그러나, 어떤 사람들은 종종 일관되지 못한 선택을 하는 경우가 있는데, 이는 주로 잘못된 판단에도 기인되겠지만, 한 발자욱 앞서 생각한다면 백만원이라는 돈이 현재 당신 자신이 가지고 있는 지참금에 비해 상대적으로 큰 돈이라면 이것에 의해 영향을 받아 일치되지 않는 행동이 나타날 수도 있음을 알아야 한다).

다음은 기존의 의사결정판단기준에 대한 철저한 고찰없이 의사결정방식을 잘못 사용하였을 때 얼마나 많은 혼돈이 올 수 있는가를 살펴보기로 하자.

☆ 최대손실을 최소화하는 보수성향기준의 모순성

우리들은 종종 많은 대안들 중에서 대안들간의 우선순위를 정하거나, 대안을 선택하고자 하는 경우에 각기 대안들에 있어 일어날지도 모를 최대의 손해를 먼저 생각하고, 그러한 손해들 중에서 제일 적은 값을 갖고 있는 대안을 최적대안으로 하거나, 그 손해정도에 따라 대안들의 우선순위를 정하게 되는 경우가 종종 있다. 얼핏보기에는 합리적인 방법인 것처럼 보이지만, 다음의 예에서 나타나는 결과를 주의깊게 살펴볼 필요가 있다.

어떤 대학에서 금년 가을에 카니발을 할 예정인데, 이 행사기간중 어떤 학생그룹 모임이 조그만 장소를 빌려 주류계통의 음료수를 팔려고 하고 있다고 하자. 이 모임은 보수성향을 갖고 있기에 이에 따른 의사결정을 내리기 위하여 이들은 최대손실을 최소화하는 기준을 사용하려고 한다. 이 모임은 전번 회의에서 음료수 장사를 할 것을 결의하였기 때문에, 이번 모임이 시작되자 회장은 사전 조사했던 아래의 자료를 회원들에게 보였다.

	비	맑음
막걸리	85만원*	120만원
맥 주	75만원	150만원

즉, 막걸리나 맥주장사의 둘 중에 하나만 하도록 학교로부터 인가를 받았으며, 행사당일 날씨(비, 맑음)에 의해 이익이 좌우된다고 말하면서 지난 해의 실적에 비추어 위의 자료를 회장은 제시했다. 또 회장이 말하기를 "전번에도 실패한 적이 있으니까, 이번에는 막걸리를 택할 것을 제안합니다. 왜냐하면 막걸리장사를 하는 경우 날씨가 맑거나 비가 오더라도 85만원은 보장되지만, 맥주의 경우는 75만원밖에 보장

2. 당신은 과연 합리적 의사결정자인가?   27

되지 못하기 때문입니다˝라고 했다. 그러자 회원들은 회장의 막걸리장사 제의에 대하여 합리적인 결정이라고 동의를 했다. 이때 총무가 말하기를 "전번에 학교 옆에 있는 보험회사의 광고 팜프렛을 보니까 보험료로 10만원을 내되 행사일에 비가 오게 되면 50만원을 배상받을 수 있는 특별보험프로그램이 준비되어 있다는 광고문안을 기억하고 있습니다. 이 보험에 가입하는 경우에 대하여 회장님의 앞선 자료를 재정리하여 보면 다음과 같습니다.

(보험가입)	비	맑음
막걸리	125만원*	110만원
맥 주	115만원	140만원

따라서 이 보험에 가입하는 경우 회장님 의견대로 위험을 최소화하는 기준에 의해 날씨에 관계없이 막걸리 장사는 110만원이 보장되고 맥주장사는 115만원이 보장되기 때문에 막걸리가 아닌 맥주장사를 하여야 할 것입니다.˝

이 총무의 제안에 회장은 앞서 자신이 제시한 막걸리 장사와는 다른 '맥주'장사 제안에 다소 기분이 좋지 않았지만 여하튼 자신의 경우는 85만원이 보장되었지만 보험에 드는 경우는 115만원이 보장되므로 총무제안에 따라 번복을 할까하고 망설이게 되었다. 이때 회장과 사이가 별로 좋지 않은 부회장은 회장이 제시한 표나 총무의 표나 각각의 날씨에 따른 기회손실로 보면 같은 이야기라고 하면서 다음 표를 제시하였다.

(기회손실)	비	맑음	최대손실
막걸리	0	30만원	30만원
맥 주	10만원	0	10만원*

즉, 부회장이 말하기를 "표에 나타난 바와 같이, 당일에 비가 올 경우에는 맥주장사는 막걸리장사에 비해 보험가입 여부에 관계없이 10만원 손해를 받게 되나, 맑은 경우에는 막걸리장사가 맥주장사보다 30만원의 손해를 보게 된다. 따라서 회장이 제시한 위험최소화를 최대손실의 최소화로 볼 때, 대안 선별에 따른 최대손실을 제일 적게 하는 맥주장사를 보험가입에 관계없이 추천합니다"라고 총무의 의견에 힘입어 회장을 공격했다. 이때 회장과 부회장과의 중립적 위치에 있던 재무간사가 말하기를 "지금까지의 모든 대안을 한꺼번에 전체적으로 다음과 같이 비교할 필요가 있습니다. 즉, 4개의 대안에 대해 동시에 생각해 보아야 합니다.

(단위 : 만원)

이익(기회손실)	비	맑음	최대손실
보험없이 막걸리	85 (40)	120 (30)	(40)
보험없이 맥 주	75 (50)	150 (0)	(50)
보험가입후 막걸리	125 (0)	110 (40)	(40)
보험가입후 맥 주	115 (10)	140 (10)	(10)*

분명히 위 표로부터 '보험가입후 맥주장사'를 하는 것이 제일 낫다고 생각합니다. 왜냐하면 4개 대안들 중에서 최대손실을 최소화하는 것은 '보험가입후 맥주장사'로서 이때 최대손실은 단지 10만원이기 때문입니다." 회장은 총무, 부회장, 재무간사들의 의견을 고려하여 '보험가입후 맥주장사'를 하기로 다시금 회원들에게 제안하였고 회원들은 이 제안을 만장일치로 통과시켰다.

다음 날 재무간사는 보험에 가입하고자 보험회사를 들렀으나 유감스럽게도 그 특별보험프로그램은 한달 전에 없어졌다는 것을 알았다. 그래서 다급한 나머지 공중전화로 회장에게 이 사실을 알리면서 자신의 수첩을 보니까 4개 대안이 동시에 고려된 자기자신이 분석한 표가 나왔다. 이제 보험이 없는 상태에서 4개 대안들 중 아래쪽 2개 대안들을 제외시키고 윗쪽 두 대안(보험없이 막걸리, 보험없이 맥주)의 최대손실 중에서 최대손실로 40만원을 갖는 '보험없이 막걸리'가 좋은 대안으로 생각된다고 회장에게 통화를 했다. 그러나 회장은 전번 회의에서 부회장이 제시한 '보험가입여부에 관계없이 맥주'를 제의한 것을 하면서 상충되는 판단에 당혹스러워 하면서 다시금 이 문제를 위해 회의를 소집해야 하는가, 아니면 부회장과 다시 의견조정을 해야 하는가 등에 대하여 고심하게 되었다.

앞의 예에서 나타난 바와 같이 최대손실을 최소화하는 동일한 판단기준을 사용한다고 하더라도 경우에 따라서 다른 대안이 선택되게 되는 결과를 초래하게 된다. 이 예제를 통해서 우리가 앞으로 주의해야 할 것은 아무리 좋은, 또는 보편적으로 활용되고 있는 판단기준이라도 충분히 장·단점을 비교한 후에 사용하여야 한다는 것을 명심해야 한다는 점이다.

II. 혁신적 사고창출

1. 좁은 사고와 습관에서 벗어나자.

2. 창의력을 기르려면…

1. 좁은 사고와 습관에서 벗어나자.

「이상적인 습관영역도출 및 활용은 우리의 삶을 즐겁게 하며, 모든 문제를 훌륭히 해결하는 능력을 갖게 한다. 이 장에서 소개될 주요 7가지의 효과적 지침을 반복하여 연습한다면 습관적으로 활용해 왔던 우리 머리 속의 습관적 지식영역을 이상적인 습관영역으로 이끌어 나가 효과적이며, 효율적인 의사결정을 할 수 있게 될 것이다.」

사람들의 행동, 특히 생각하는 사고의 과정은 많은 형태나 여러가지 방법으로 급속히 변화하고 있다. 그러나 우리의 경험, 얻어지는 지식 및 기억은 시간에 따라 점차적으로 한정되어 간다. 즉, 다양한 사건들에 대한 우리의 사고, 행동, 판단 및 반응들이 점차적으로 우리 지식의 어떠한 영역속에서만 일어나게 된다. 그러므로 우리는 이렇게 사고하고 행동하며, 판단하고, 반응하는 습관적 지식활용 방법들을 다른 사람들보다 낫게 하기 위해서「폴롱 유」가 제시한 지식활용의 습관영역(Habitual domain)을 개발할 필요가 있다.

거북이의 등껍질이 거북이와 항상 함께 다니는 것과 같이 우리의 습관적 사고·행동·판단·반응은 우리를 끝없이 쫓아다니고 있음을 명심하여야 한다. 이 습관영역은 우리의 모든 행위와 의사결정에 커다란 영향을 주고 있다. 따라서, 우리의 습관영역을 보다 넓히고 풍부하게 만드는 일은 중요하며, 도전적인 문제들을 해결하는데 있어서 매우 의미심장한 것이다.

습관적 영역(HD)의 개발

혁신적 사고　　　　　　　　　습관적 사고

　　이상적인 습관적 지식영역을 활용한다면 우리는 즐거운 삶을 살 수 있게 되고, 또한 우리 앞에 처한 모든 문제를 해결함에 있어서 우리의 능력을 충분히 발휘하는 데 도움을 줄 것이다. 이 장에서는 우리들의 평범한 습관적 지식활용 영역을 이상적인 습관적 지식활용 영역으로 접근하게 하기 위하여, 반복적으로 연습함으로써 효과적인 자극제가 될 수 있는 방법을 소개하고자 한다.
　　그러면 어디에 이상적인 습관영역이 있는 것인가? 만일 있다면 어떻게 그것을 서술할 수 있는가? 그리고 어떻게 그것에 도달할 수 있는 것인가? 이것에 대한 해답은 우리는 각자, 자기 개성에 따라 자기자신에게 맞는 취향 등을 갖고 있는 고로, 자신에게 적당한 이상적 습관영역을 형성해 나가야 한다는 것이다.
　　따라서 이미 자신의 이상적 습관영역이 형성되어 있는 사람은 마치 목표를 정확히 알고, 그에 상응하는 절차와 행동으로 전력투구하여 그것에 걸맞는 임무를 쉽게 완수하기 때문에, 그의 생활은 충실하게 되며 항상 즐겁게 성취감을 맛보며 살아갈 수 있는 것이다.

그러면 지금부터 이 같은 영역에 근접할 수 있도록 도와 주는 7가지의 효과적 지침들에 대해 이야기하도록 하자. 좀더 자세히 말하면 다음에서 무엇이 이상적 습관영역인가를 먼저 기술하고, 경험적으로 그것에 도달하기 위한 잠재력에 관해서도 언급하기로 한다. 이어서 7가지 지침들이 무엇인가를 언급한 후 왜, 어떻게 그 지침들이 이상적 습관영역에 도달하는 데 도와줄 수 있는가를 알아보기로 하자.

☆ 이상적 습관영역

습관영역이란 우리 머리 속의 지적 아이디어와 그것을 실제로 도출하게 하는 지침들의 집합이라고 정의할 수 있다. 즉, 지침이란 주어진 아이디어들의 집합으로부터 새로운 아이디어를 만들어 내게 하는 개념들이라고 볼 수 있다. 좀더 자세히 관찰하면 습관영역은 4가지 요소들로 구성되어 있다.
① 잠재영역 : 도출될 수 있는 아이디어들과 행위들의 모든 잠재적 집합
② 실제도출영역 : 실제로 도출된 아이디어들과 행위들의 집합
③ 도출자극 : 잠재영역에서 실제도출영역으로의 전환에 필요한 자극
④ 도달영역 : 실제도출영역의 도출된 아이디어들과 행위들로부터 얻어지는 이차적인 아이디어들과 행위

도달영역의 개념은 제안의 인식 및 인지에 중요한 역할을 하는 것으로 어떤 아이디어는 연계된 다른 아이디어를 유발시키고, 어떤 행위는 관련있는 다른 행위를 초래하게 되는 사실에 근거를 둔 것이다. 예를 들면, 어떤 사람이 뜻밖의 기대하지 않았던 실패로 대단히 실망하고 있을 때, "왜 내가 실패하였을까?"하고 스스로 질문할 수 있다. 이

것이 도출된 아이디어로 실제도출영역의 하나의 구성성분이 된다. 이것은 나아가 "왜냐하면 내가 적절히 미리 준비하지 않았기 때문이다"라든지 "왜냐하면 어떤 사람이 나를 도와주지 않았기 때문이다"든지, 더욱이 "왜냐하면 모든 사람이 나를 좋아하지 않았기 때문이다"와 같은 도달영역에 속하는 이차적 아이디어를 발생시킬 수 있다. 만일 이 때, "왜 내가 실패하였는가?"라고 묻는 대신 "이 경험으로부터 나는 무엇을 배울 수 있을 것인가?" 또는 "어떻게 그것을 다시 할 수 있는가?"(그의 실제도출영역의 새로운 구성요소로서)라고 묻는다면 도달영역의 새로운 아이디어를 발견하게 되며, 그의 기분과 판단 등은 전혀 다른 방향으로 전개될 수 있다. 다시 말하면, 실제도출영역의 구성성분은 기분과 판단에 영향을 주며 실제도출영역은 단지 잠재영역의 작은 부분에 지나지 않는다는 것이다. 어떻게 하면 실제도출영역을 더 좋은 결정, 판단 등에 영향이 미치도록 하는가가 습관영역을 콘트롤(control)하는 데 있어서 제일 중요한 문제인 것이다.

이상적 습관영역이란 다음의 특징을 갖는다.
① 모든 사람과 함께 입증할 수 있을 정도로 모든 사건과 문제를 이해할 수 있는 무한히 넓고 깊은 잠재영역을 갖추어야 한다.
② 실제도출영역이 극히 유연하며 모든 문제를 한꺼번에 풀 수 있는 힘을 갖추어야 한다.
③ 자기 자신은 물론 다른 사람들의 괴로움, 좌절, 곤란함을 해결해 줄 수 있어야 한다.

이상적 습관영역의 소유자는 항시 즐거이 문제를 풀고 일상생활에서 항상 기쁨을 찾으려 하는 자이다.

개개인은 100조 개에 달하는 신경조직(Neurons)을 머리 속에 지니고 있다. 하나하나의 신경조직은 그 자체가 하나의 작은 세상으로 보여질 수 있다. 우리 모두는 이러한 신경조직들을 잘만 활용한다면 언제라도 이상적 습관영역에 도달할 수 있는 충분한 잠재력을 갖고 있다. 불행히도 보통사람들은 이들 중 극히 일부분(약 10%로도 미치지 못하는)만을 동작시켜 의사결정행위를 할 뿐이다.

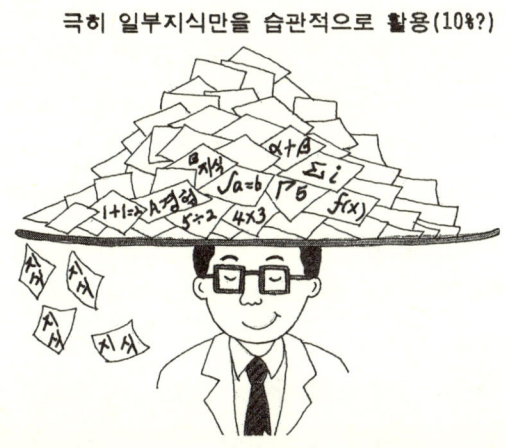

왜 그럴까? 왜냐하면 오랜 동안 우리 자신들이 생각하고, 해석하고, 판단하고, 반응하는 습관의 장벽들을 스스로 세우게 되었고 이 습관의 장벽이란 우리들의 습관영역을 넓히며 보다 더 풍성하게 하는 데 오히려 걸림돌이 되었던 것이다. 이제 이러한 습관의 장벽을 무너뜨릴 효과적인 지침들을 다음과 같이 제시하고자 한다.

☆ 7가지 효과적 지침

많은 재료(격언, 상식, 기독교, 불교, 유교 등)들은 우리의 습관영역을 이상적인 것에 가깝게 해 준다. 이들을 체계적으로 잘 이용한다면 우리들의 현재의 습관을 이상적인 습관영역으로 발전시켜 나갈 수 있다. 이러한 생각에서 이들을 이상적인 습관영역 관점에서 볼 때 다음과 같은 7가지의 효과적 지침을 제시하게 된다.

① 모든 사람은 무한한 값어치의 존재이다. 더욱이 당신과 나는 모두 신이나 부처의 변신인 것이다 :

만일 어떤 사람이 당신의 예쁜 눈을 천만원에 사려 한다면 팔 것인가? 팔지 못한다면 1억원이면 어떠한가? 즉, 당신의 눈의 가치는 무한할 것이다. 나아가 당신의 손, 발, 다리, 가슴, 허파, 위 등 ……. 당신은 아마도 "나는 수백만장자 아니 수조장자이다"라고 말할 수 있을 것이다. 다른 사람들도 마찬가지임에 틀림없다. 석가모니는 부처였고, 예수는 하나님의 아들이었으며, 모하멧은 신의 사자였으나 그들의 몸은 물리적으로 보았을 때 당신과 이웃들의 몸과 똑같았다. 만일 그들이 신과 부처의 변신이었으면, 당신과 이웃도 신과 부처의 변신이 될 수 있을 것이며, 나아가 그들이 인류를 위해 커다란 공헌을 했던 것처럼 우리도 그러한 무한한 잠재력을 갖고 있지 않다고 누가 그러겠는가? 이러한 생각은 우리를 매우 강건하게 만든다. 「지글러(Ziglar)」가 말한 것과 같이, 가령 당신이 백만달러씩이나 되는 경주용 말을 갖고 있다고 한다면 물을 마시게 한다든가, 운동시키는 일 등 얼마나 세심하게 신경을 쓰겠는가? 하물며 무한가치를 가진 각자의 몸에 대해 어찌 담배를 몹시 피운다든지 이상한 환각제를 먹는다든지 하여 방탕한 생활을 하겠는가? 또한 「지글러」가 지적한 것과 같이, 가령 당신의 거실 한 가운데 더러운 쓰레기더미를 갖다 놓는다면 당신은 미칠 것이다. 그러나 우리는 무한히 비싼 우리의 머리 속에 매일 가치없는 험담 등을 담아 놓아 이를 더럽히고 있지 않는가? 오히려 우리는 하루 빨리 양서 등을 통해 가치있는 것들을 그곳에 쌓아 놓아야 할 것이다.

다른 관점에서 본다면 다른 사람들도 신과 부처의 변신이기 때문에 우리 모두 그들에게 겸손하고 예의 있게 처신해야 하며, 그들의 참된 소리를 귀담아 들으며 그들의 어려움을 이해하고 그들을 도울 줄도 알아야 한다. 왜냐하면 신 또는 부처는 그들을 통해 나를 시험하려 하기 때문이다. 만일 우리가 자신과 대면하는 사람들에게 겸손하며 예의

바르게 행동한다면 다른 사람들도 그렇게 대할 것이므로 우리는 즐거움과 행복을 만끽하는 삶을 누리게 될 것이다.

② 어떤 일이 발생되는 데는 언제나 그 이유가 있게 마련이다. 그 중 가장 큰 이유는 우리를 자라고 성숙하게 도와 주기 위해서이다 :

우리는 신과 부처의 변신이기 때문에 우리에 대해 일어나는 모든 일은 우리를 성숙시키기 위함이다. 그러므로 매일매일의 우리의 생활에 대해 면밀한 관찰과 이해를 하도록 노력해야 한다. 이를 통해 실제 도출영역은 물론 잠재영역을 살찌울 수 있다. 벤자민 프랭클린 (Benjamin Franklin)이 연을 갖고 놀고 있을 때 어떤 충격을 느꼈으며, 그 자신은 이 충격의 이유를 계속적으로 관찰・탐구함으로써 전기(電氣)의 실체를 입증하게 되었다. 만일 이러한 전기가 없다면 오늘날의 문명생활은 상상도 할 수 없을 것이다. 세계적 발명가「토마스 에디슨」(Thomas Edison)은 어렸을 때, 암탉이 알을 낳는 것을 보고 계속하여 연구한 결과 부화기를 발명했다. 프랭클린이나 에디슨 같이 어떤 일에 흥미와 호기심을 갖고 계속적인 두뇌활동을 한다면 이상적인 습관영역은 확실히 무한히 넓혀지게 될 것이다.

③ 명확하고 정확한 도전적인 목표는 우리의 삶에 활력을 준다. 확신을 갖고, 배우며 수정하는 것은 이 도전적 목표에 도달하는 유일한 방법이다 :

이상과 현실 사이에서 우리는 항상 방황하고 있다. 이상과 현실의 폭이 클수록 우리에게는 더 큰 마음의 부담이 된다. 이 부담을 줄이는 두 가지 방법은 첫째 "적극적 문제해결방식(Active Problem Solving)"이고, 둘째로는 "회피적 정당화(Avoidance Justification)"이다. 전자는 이상적 상태를 변화시킴 없이 우리의 노력으로 현 상태를 이상적 수준으로 끌어올리는 것이며, 후자는 반대로 현상태를 변화시킴이 아니라 이상적 상태를 낮추어 그것을 현상태로 끌어내리는 것이다. 적극적 문제 해결방식에서는 그 괴리의 부담이 원동력과 추진력으로 변하여 삶의 활력소가 됨에 반하여, 회피적 정당화 방식은 부담 자체가 고무풍선에서 바람이 빠지듯이 힘없이 아무런 추진력을 우리에게 주는 것 없이 사라지고 만다. 한편으로 우리가 설정한 이상적 상태로서 목표가 너무 낮게 설정되었다면, 이 역시 그만큼 적은 추진력과 만족도가 우리에게 주어지게 될 것이다.

④ 나의 삶의 영역에서 주인(Master)은 바로 나이다. 그리고 그 속에서 일어나는 모든 것에 나는 책임을 지고 있다 :

어느 누구도 책임을 지는 일 없이는 큰 일을 할 수 없다. 행동에 책임을 지지 않으며 살려는 사람은 보통 폐쇄적인 정신상태를 갖고 있다. 그런 사람은 공격적이기 보다는 방어적이며 그 지식을 적극적으로 활용하는데 있어 주어진 기회를 회피하게 된다. 따라서 습관영역도 넓혀지지 못하고 유연성을 갖지 못하게 된다. 윌리엄 세익스피어는 모든 인간의 행위를 그 자신의 살아있는 지식영역으로 바라다 보았으며, 그의 훌륭한 연극 등에서 그가 관찰한 모든 것을 생생하게 표현하는 데 책임을 다했다. 이와 같이 기업가도 기꺼이 책임있는 행동을 할 때 그의 습관영역이 풍성하게 되며 넓혀질 수 있는 것이다.

⑤ 나의 일은 나의 행복이며 사명이다. 신뢰와 열정을 갖고 주어진 사명을 완수하도록 스스로의 일에 대하여 적극적이어야 한다 :

만일 지금 나에게 주어진 일이 내가 해야 할 사명으로 생각하여, 그 목적달성에 최선을 다한다면 그것은 나는 물론이고, 주위의 다른 사람들에게까지도 많은 영향을 끼치게 된다. 에디슨은 전구를 발명하기 위해 9999번 실험할 때까지 실패를 하였다고 한다. 이때 기자가 "당신은 지금까지 9999번 실험에서 실패를 하였습니다. 더 계속하시겠습니까? 다음 번은 만번째가 될 것입니다"라고 말했을 때 에디슨이 말하기를 "나는 결코 실패하지 않는다. 단지 전구를 만들 수 없는 길 9999가지를 발견했을 뿐이다"라고 이야기 했다고 한다. 에디슨의 습관영역에는 실패란 없었다. 만족스럽지 못한 결과나 사건들은 단지 다른 의미의 중요한 경험인 것이다. 에디슨은 자신을 가지고 있었고 그 일을 기쁨으로 수행해 나갔다. 왜냐하면 그것이 삶의 사명이었기 때문이다.

⑥ 우리의 인생은 가장 가치있는 자산이다. 나는 그것을 100% 즐기며, 세상을 떠나기 전에 나는 사회에 100% 환원해야 한다 :

시간은 계속해서 흘러간다. 어느 누구를 위해 기다려 주지 않는다. 마지막 시간에 도달했을 때 우리 모두는 먼지가 되어 버린다. 우리는 죽기 전 우리의 인생을 100% 조정할 수 있다. 시간을 허비하는 데는 두 가지 길이 있다. 하나는 "내가 다른 길을 갔더라면 오늘같은 고생은 하지도 않을 것"이라고 생각하고, 그것을 후회하고 죄책감까지 느끼는 행위이다. 다른 하나는 앞으로 일어날 것에 대해 걱정을 하며 계속해서 결정내리기를 주저하는 것이다. 걱정과 주저함이 매일 우리의 정신과 시간을 지배하고 있는 것이다. 그러나 불확실성은 시간이 경과함에 따라 확실하게 되며 망설이지 않고(걱정과 주저함이 없이) 행함으로써 배울 수 있다는 것을 인식하여야 한다.

나는 60대의 과부에 대한 이야기를 들은 적이 있다. 그녀는 신체적으로 허약하여 의사가 그녀에게 이제 2년정도밖에 살 수 없다고 말했다고 한다. 이것은 그녀를 밤낮으로 걱정스럽게 했으며, 그래서 어느 날 교회를 찾아가 소아병원에서 자원봉사 하기를 지원하게 했다. 첫날 병원을 방문했을 때 순진한 아이가 "할머니는 죽기가 무서워요?"라고 우연히 묻자, 그녀는 "그래, 나는 죽기가 무섭다"라고 대답했다. "왜 무서워 해요? 돌아가시면 천당에 갈텐데요, 좋지 않아요?" 그녀는 이와 같은 순진하며 용기있는 질문을 들은 적이 없었다. 그녀는 놀랬으며 한편으로 기뻤다. 이 경험은 그녀를 매일 자원봉사케 했으며 2년이 아니라 3년, 10년이 지난 오늘도 기꺼이 이 일을 하고 있다고 한다. 왜냐하면 그녀는 여생의 100%를 즐겁게 공헌해왔으며 미래에 대한 걱정을 하지 않았기 때문이다.

⑦ 언제, 어디서라도 항상 감사할 줄 알며, 사회에 봉사하는 것을 잊지 말아야 한다 :

이 세상의 미세한 생물로부터 거대한 자연에 이르기까지 모든 것이 무한한 가치를 가진 세상에서 우리는 살고 있다. 이 모든 일을 감사드려야 할 것이다. 신과 자연은 우리에게 너그러워서 무한한 가치의 신체와 두뇌를 허락했다. 우리는 여러 가지 수단으로 사회에 공헌할 수 있다. 돈이나 물건이나 책이나 지식이나를 포함해서 말이다.

결론적으로, 모든 일을 함에 있어서 신념을 갖고 행동으로 옮기는 것이 중요하다. 이 7가지 지침을 갖추고 행동으로 옮긴다면 그의 습관 영역은 넓혀지게 되기 때문에 자연히 걱정, 질투, 시기, 노여움, 좌절, 절망, 억압 등의 좋지 않은 감정은 스스러 사라지게 되어, 행복과 기쁨이 가득한 생활을 누릴 수 있게 될 것이다.

위의 내용을 설명하기 전에 다음의 두 가지 예를 들어보자.

대기업의 은퇴를 앞둔 회장이 두 명의 후계자 후보를 데리고 있었다. 이 두 명 중 한 사람에게 회장자리를 승계하려고 하는데, 마침 A와 B 두 사람 모두 승마실력이 비슷하였다. 그래서 목장에 두 후보자를 말과 함께 불러내어 다음과 같이 이야기했다. "지금부터 동시에 출발해서 이 코스에서 제일 늦게 들어오는 말의 주인에게 회장자리를 승계하기로 하겠다." 그러자 A는 잠시 생각한 후, B의 말을 타고 B가 놀라고 당황하고 있는 가운데 트랙을 질주하였다. A의 묘수를 알기까지 B는 상당한 시간이 걸렸으며 자연 A가 새로운 회장이 될 수 있었다고 한다. 이 예에서 A와 B 모두는 경주에서 빠르게 달릴 수 있는 사람이 승자가 되리라는 습관영역을 갖고 목장에 갔었다. 그러나 A가 재치있게 회장이 생각하는대로 새로운 아이디어를 포함하도록 습관영역을 넓혀서 적절한 행위를 구사하였기 때문에 회장이 될 수 있었다.

둘째 예로, 나폴레옹의 흥망에 대해서 살펴보자. 일찌기 그의 명

1. 좁은 사고와 습관에서 벗어나자 43

패한 전략들은 성공했다. 왜냐하면 그의 전략들은 적들을 그들의 습관영역 밖에다 밀어 넣었고 따라서 그들이 적절한 대응을 하기 전에 패배케 할 수 있었다. 반면에 그의 계속된 성공은 그 자신의 습관영역을 안정화내지 고정화시켰고 그것은 그의 적들이 그들의 습관영역을 넓힐 수 있는 시간적 여유를 줄 수 있어, 나폴레옹의 습관영역 밖의 기발한 전략을 구상케 하여 스페인에서 웰링톤 게릴라로부터의 패배와 러시아에서 쿠투즈브의 전략 앞에서 프랑스군이 참패를 보게 되는 결과를 가져왔다.

우리에게 우리의 습관영역내에 있는 개념과 관련된 문제가 나타나면 우리는 익숙한 방법으로 그 문제를 해결한다. 그러나 우리의 습관영역 밖의 개념을 요하는 문제를 만나면 우리의 습관영역이 넓어질 때까지 당황하게 된다. 특히, 훌륭한 지도자란 넓은 잠재영역을 갖고 있을 뿐만 아니라 새로운 상황에 대응해서 빠르고 효과적으로 습관영역을 넓힐 수 있는 자인 것이다. 의사결정분석 분야의 대가인 시몬(Simon)은 일찌기, 실제생활에 있어서 인간의 합리화는 제한적이라고 했다. 즉, 인간들은 모든 가능한 정보, 대응책, 대안들의 많은 변수들에 대한 기대효용치의 극대화를 꾀함이 없이 제한된 개념과 정보를 근거로 하여 만족스런 대안을 찾고자 한다고 잘못됨을 지적한 바 있다.

각 개인은 자극에 대응하는 각자 나름대로의 습관적 방법을 갖고 있는 것으로 나타났는 바, 이것들은 때때로 반사조건화된 또는 미리 프로그램화된 행동 패턴을 나타낸다. 예를 들면, 우리 각자는 식사하는 일, 옷입는 일, 말하는 일 등에 있어 습관적 방식을 갖고 있다. 어떤 이들은 습관적으로 경제적 이득을 강조하는 데 반해, 다른 이들은 사회적 평판에 많은 신경을 쓴다. 또 어떤 이들은 습관적으로 목표를 추구하기를 좋아하는 반면, 다른 이들은 그들의 목표를 자주 바꾸기를 좋아한다. 어떤 이들은 습관적으로 적극적이며 낙관적인데 비해, 다른 이들은 소극적이며 염세적인 습관적 행동을 한다. 어떤 이들은 습관적으로 단지 총론에 많은 신경을 쓰는 것에 비해, 다른 이들은 각론에 많은 신경을 쓴다. 경험의 토대 위에 이러한 습관적으로 인식하고, 생각하고, 반응하고, 행동하는 방법들의 집합을 거듭 이야기하지만 그 사람의 습관영역(Habitual Domain)이라고 한다. 이것에 의해서 그 사람의 판단과 행위가 나타나게 된다.

예로, 사회운동가였던 「알린스키」는 그의 제자들에게 기본적 교육을 시키기 위해서 그들과 함께 LA 길을 넥타이 안매고 허술하게 입고 길에 다니는 누구에게나 10불짜리 지폐를 "자, 이것 받으시오"라며 건네주는 체하였다. 그에 대한 반응은 다음과 같았다. "미안하지만, 나는 거스름돈이 없네요.", "미안하지만, 지금 나는 돈이 없다.", "나는 그 종류의 여자가 아니다.", "그렇게 싸게 갈 수 없다.", "무엇을 지지하여야 하는가?" 등……

그 동안의 계량경영학자들은 세상을 수학적 프로그램화 하려고 시도했다. 수리적 모델은 언제나 실제문제와는 괴리를 가져다 주었으며, 실제 적용되어야 할 학문이 오히려 이론에만 치중하게 되는 결과를 지금에 와서 나타내게 되었다. 우리는 심리학자인 「모오스로우」의 말을 상기해야 할 것이다. "신이 단지 망치란 도구만 가지고 있다면 모든 문제를 못으로만 보려고 시도할 것이다." 이러한 예들은 그들의 경험, 지식, 정신상태 및 신체조건의 복합형태로 나타나게 되는 습관영역의 기초위에 사람들이 이해하고, 판단하며 반응하는 것들에 대한 관찰을 보여주는 것이다. 개인의 습관영역의 개념은 활동하는 다른 개체인 회사나, 사회조직이나, 그룹으로 확장되어 갈 수 있다.

☆ **안정된 습관영역의 존재 및 의미**

습관영역은 시간이 흐름에 따라 잠재영역과 도출자극이 안정화되어 간다. 이렇게 되는 세 가지 원인은, (1) 배우면 배울수록 새로운 경험이나 지식에 도달할 자극들의 강도는 떨어진다. (2) 일차성이 강조되는 경향으로 기억 속에 갖고 있는 지식을 대상문제에 대해 해석하려고 한다. (3) 환경은 정상리듬을 향해 변화하며 경험과 정보와 같은 입력에 있어서도 정상화되어 간다. 따라서 특이한 사건없이는 개인의 잠재영역과 도출자극도 안정화되어 가며 사고·판단·행동·반응에 있어서 습관적 방법들이 나타나게 된다. 예를 들면, 어떤 경영 대학원생에 대한 직업적 습관영역에 대해서 살펴보면 그가 대학원생으로 박사에 이르기까지 공부하는 동안 그것을 짧은 시간내에 넓혀갈 수 있지만, 그 후 그가 그의 논문을 썼던 분야에 상주하게 되면 바로 안정화 되는 것을 알 수 있다. 반면에 그가 급변하는 상황에 놓이게 된다면 그의 습관영역은 다시금 넓어 질 것이다. 한번 잠재영역이나 도출자극이 안정화 상태에 도달하면 실제로 도출되는 영역도 안정화되게 된다. 그래서 습관영역의 요소들이 안정화됨에 따라 생각하고 자극에 대해 반응하며 대처하는 습관적 방법이 나타나게 된다. 다시 말하면 인격, 태도, 조건부 행위 등이 형성되게 되는 것이다. 이러한 습관영역의 안정화는 다음 각 항에 있어서 심각한 의미를 나타내게 된다.

① 매우 위험한 의사결정 문제들에 대해 :

이 부류의 문제는 대개 4가지의 요소로 구성된다. 대안들, 평가기준, 인식되어지는 결과치에 따른 확률 그리고 결과치에 따른 선호의 정도. 더욱이 이 요소들은 시간에 따라, 주위환경에 따라, 가용한 정보에 따라, 의사결정자의 심리적 상태에 따라 변화한다. 넓은 의미로 각자 개인은 이 4가지 요인들을 그의 습관영역의 한 부분에서 인지하게 된다. 그러므로 문제의 요소들과 그에 대한 인식이 변화하는데 반해서, 어떤 문제의 답을 일방적으로 구하려고 하는 시도는 올바르지 못하다. 그러기보다는 새롭고 개선된 대안들을 모색하며 보다 좋고 예리한 평가기준을 유도하며, 결과치에 대해 보다 신뢰성을 부여할 수 있는 길을 모색하며, 선호의 정도를 유효하게 조정할 수 있는 것 등을 통하여 습관영역을 넓혀주는 방책을 찾아주는 편이 효과적이라고 볼 수 있다. 앞서 보인 예(회장 승계, 나폴레옹)에서와 같이 창의적 해결은 종종 현존하는 습관영역 밖에서 발견되곤 한다. 그러므로 좋은 문제해결사는, 문제의 상황을 단지 살펴보는 것은 물론, 최선의 창의적 답을 인지할 수 있는 폭넓고 적절한 습관영역을 소지한 자라야 한다. 제한적인 습관영역에 맞추어 답을 구하는 일은 구두에 맞추어 발을 깎는 것과 같다고 할 수 있다.

② 게임과 상충되는 문제의 해결 :

게임이나 상충되는 문제에 개입된 사람들은 그들 자신 고유의 습관영역을 갖고 있다. 그러므로 승산있는 전략구상이나 상충됨을 해결하기 위해서는 그 자신의 습관영역은 물론 다른 사람의 습관영역을 이해하는 일이 무엇보다 중요하다. 앞선, 나폴레옹의 예나 미 해군이 잘못 판단한 일본의 진주만 공격 등이 이를 대변하고 있다. 부분적으로 협동적이며 경쟁적인 게임과 상충상태에서, 각자가 이익을 보게 되는 합의에 도달할 수 있도록 함은 바람직한 것이다. 이때 각자의 습관영역을 아는 것 뿐만 아니라 새로운 대안을 제시하거나, 평가기준에 있어서 새로운 개념을 만들어 내거나, 가능한 바람직한 결과를 나타낼 수 있는 진화된 능력을 갖추는 것도 매우 중요하다. 양립된 습관영역들에 대한 이러한 진화된 영역은 합의에 이르게 하는 데에 필수적인 것이다. 미국의 부호 「앤드류 카네기」는 그의 형수가 예일대학교에서 공부하고 있는 그녀의 두 아들로부터 한 동안 소식을 못 들어서 매우 화가 나 있었다고 한다. 분명히 두 아들은 너무 공부하는 데 바빠서 그들 어머니의 편지에 대한 답장을 하지 못했었다. 카네기는 이 문제를 풀 아이디어를 갖고 형수를 찾아갔다. 약간의 흥미를 끌기 위해서 그는 조카들에게 어떤 요청없이 그들로부터 편지를 얻게 되면 100달라를 받게 되는 내기를 제시했고 형수가 이를 수락했다. 카네기는 잡담기 섞인 간단한 편지를 조카들에게 보냈는데 편지 내용 중에 10달러를 보낸다고 기재했다. 그러나 실제로는 그는 돈을 동봉하지 않았다. 곧바로 그는 그의 사려깊은 편지에 감사한다는 편지를 조카들로부터 받았다고 한다. 원래의 게임은 단지 어머니와 두 아들만이 개입되어 있었고, 존재했던 습관영역들 안에서는 어머니는 불행하고 무기력했으며 두 아들들은 생각이 깊지 못했다. 카네기의 개입으로 게임은 바뀌었다. 카네기의 편지는 각자 아들들에게 없어진 10달러를 받을 수 있으리란 기대 때문에 답장하도록 자극시켰으며 게임은 카네기의 승리로 끝날 수 있었다. 게임이 카네기의 승리로 끝난 것, 조카들이 잃어버린 돈을 위하여 편지를 쓴 점, 어머니가 아들들이 집에 편지를 쓰게 하는 새로운 방법을 터득한 점, 그리고 내기에서 진 사람, 즉 형수가 값어치 있는 교육을 받을 수 있었다는 점은 결국 개입된 모든 사람들을 승리로 이끌었다고 보여진다.

☆ 습관영역을 넓히고 강화시키는 방법

효과적인 의사결정과 상충되는 문제를 해결하기 위해서 관련된 습관영역을 넓히거나 강화시키는 일이 중요하다. 많은 방법이 있겠으나 여기서는 각각 두 가지를 소개하고자 한다.

① 습관영역을 넓히는 방법

두 가지 주된 방법은 투영(projection)하거나 연상(association)시키는 방법이 있다.

◈ 투영(Projection)

습관영역을 넓히는 길은 다른 사람의 입장에서 어떤 이의 문제를 관조함에 의해 생겨날 수 있다. 조직구조하에서 낮은 지위의 사람은

48 II. 혁신적 사고창출

높은 지위의 사람의 관점으로부터 사물을 바라다 보는 연습을 하는 것이 중요하다. 예를 들면, 생산관리자는 영업, 판매, 재무, 인사 등에 걸친 사장의 문제를 생각함에 의해서 자신의 습관영역을 넓힐 수 있다. 유사하게 그가 생산현장 작업자의 상태를 고려함으로써 습관영역을 넓히게 된다. 일반적으로, 그의 생각을 회사의 다른 주요 기능에 투영시킴으로써 중간관리자는 그 조직의 주요 관심사를 포함시키는 방향으로 그의 습관영역을 넓혀 나갈 수 있다. 실지로 그런 습관영역의 확장은 그를 더 도전적인 책임감이 필요한 일을 자신 스스로에 부과하게 되어 빠르게 승진되는 경우가 종종 있다.

◈ 연상(Association)

여러 아이디어들이나 대상들에 대해서 유사성, 차이점 및 연관성을 발견하고, 이러한 관찰들을 일반화시키는 것이 습관영역을 넓히는 데 사용할 수 있는 또 하나의 방법이다. 어떤 위기에서 가까스로 회생한 경험을 가진 경영자는 경험하지 못한 이보다 더욱 객관적인 시각을 갖게 된다. 심각한 조직 변화로부터 이득을 본 경험이 있는 사람은 비경험자보다 새롭게 제안된 변화에 대해 적극적인 관심을 나타낸다. 지도자는 그 자신의 습관영역을 넓힐 뿐만 아니라 그의 조직구성원들의 습관영역을 넓혀주어야 한다. 그러나, 연상방법은 습관영역을 넓혀주는 좋은 면이 있는 반면 나쁜 면도 있음을 고려하여야 한다. 예를 들면, 수탉은 그가 울 때 아침해가 떠오르기 때문에, 그가 해를 떠오르게 한다고 생각할 수도 있으니까 말이다.

② 습관영역을 강화하는 방법

의미상으로 깊고 낮게 음미하거나 설정되어진 가정의 변화방법 등을 통해 습관영역을 강화시켜 나갈 수 있다.

◈ 깊고 낮게 음미하는 방법(Deep-and-Down Principle)

매일매일 생활을 해 나가는 중에 계속 반복되는 평범한 일을 하는

가 하면, 때로는 전혀 다른 그러나 급히 결정해야 할 성질의 문제에 직면하게 될 때도 있다. 그러나 이러한 문제를 해결함에 있어서 항상 사려깊게 생각하여 합리적 결정을 그때마다 내린다는 것은 어려운 일이다. 또한, 이 아이디어들이 우리의 실제 도출영역을 살찌운다고는 기대하기 어렵다. 이 점을 극복하기 위해서, 혹은 중요한 문제에 대한 더 나은 대응을 하기 위한 습관영역을 준비하기 위해서, 잠재영역안의 모든 아이디어들이 우리의 주의를 환기시킬 수 있으며 실제 도출되는 영역으로 움직일 수 있도록 우리의 마음을 평안하게 열어 놓아야 한다 ─즉, 깊고 낮게─.

Deep & Down 사고방식

일반적인 경험이지만 좋은 아이디어는 통상 샤워를 한다든지, 걷는다든지, 조용히 명상을 한다든지 하는 일상적인 생활중에서 얻어지게 된다. 이 깊고 낮게(Deep-and-down)원칙으로부터의 다른 추론의 하나는 다른 사람들로부터 아이디어나 충고를 받기에 알맞은 낮고 겸손한 자세를 취하는 일이다. 그러한 개방적 환경은 새롭고 창의적인 아이디어나 제안을 자극하게 된다. 중국 현인인 「라오 체」는 이를 빗대어 "왜 모든 강들의 왕은 바다인가? 왜냐하면 바다는 항시 낮은 위치에 있어 모든 강이 그곳으로 흘러들어오기 쉽게 하기 때문이다"라고 하였다.

◈ 변화방법(Alternating Principle)

문이 항상 열려 있거나 닫혀 있다면 문으로의 가치가 없는 것과 마찬가지로, 어떤 문제에 대한 가정이 항시 설정되어 있거나 항상 제거되어 있는 상황이라면 가정으로서의 별의미가 없다. 우리 쪽에서 그것을 해석할 때, 새로운 아이디어를 끄집어 내려면 시시각각으로 여러 가정들이 변화하고 있음을 알아야 한다. 일상생활에서 가정의 변화원칙은 새로운 아이디어나 복잡한 문제를 해결하는 데에 매우 유용하다. 기업들은 예전 같으면 쓸 데 없는 소리로 귀담아 듣지 않았을 소비자나 노동자의 불평불만을 매우 중요한 새로운 정보로 현재 활용하게 되었다. 이들의 불평은 단지 해당 문제의 해결을 위한 자료로서만이 아니라 진보된 새로운 형태의 서비스 등을 제시할 수 있는 기초로 활용될 수 있기 때문이다.

몇 년전 나는 이동통신회사의 경영분석관련 프로젝트를 담당한 바 있는데, 그때 나는 임원들(사장, 전무, 상무 등)에게 다음과 같이 말했다. "당신들은 이 기업에 있어 매우 중요한 위치에 있으며 매우 성공적으로 모든 일을 하고 계십니다. 특히 통신분야에 있어 지식과 경험이 풍부합니다. 그러므로 당신들은 내게 좋은 선생님이 되실 자격을 갖추셨습니다. 나를 당신의 학생으로 친절히 대해 주시기 바랍니다." 깊고 낮게의 원칙으로부터 시작된 이 이야기로 인해 나는 넓고 깊은 그리고 자세한 그 회사의 지식을 얻게 되었다. 회사간부 등 조언자들 각각은 그 회사에 대해서 서로 다른 개인적 습관영역을 제시했다. 투영, 연상, 변화방법들을 사용하여 열심히 노력한 결과, 참모나 임원들의 습관영역을 통합하여 그 회사의 습관영역을 전보다 넓히게 되었다. 이 새로운 습관영역은 그 전에는 그들의 습관영역 속에 있지 않던 새로운 아이디어들이었다. 이러한 경험은 제시된 원칙들에 대한 하나의 훌륭한 적용사례가 되었다. 즉, 이 경험을 통해 얻어진 일은 다음과 같다. 회사의 전략개발은 새로운 개념들을 통한 회사의 습관영역을 개발하는 데 있다. 새로운 개념들이란 주어진 시간내에서 어렴풋이 인지되던 많은 가능한 기업의 기회들에 대하여 폭넓은 스펙트럼을 광범위하고 충분하게 이용할 수 있는 것을 말한다. 물론, 이러한 기업에서의 습관영역의 넓힘과 강화는 기업이 어려움을 피하거나 이를 극복하는데 커다란 역할을 하게 된다.

☆ 의사결정분야

사냥꾼은 호랑이를 왜 무서워 하지 않는가? 왜냐하면 그들은 자신을 보호할 수 있는 완전한 기술을 갖고 있으며 실제로 빠르게 자기자신을 움직여 보호할 수 있다고 믿기 때문이다. 왜 갓난아이는 호랑이를 무서워 하지 않는가? 왜냐하면 갓난아이의 기억속의 경험에는 호랑이에 대한 어떤 정보도 들어 있지 않으며 나아가 공포라는 것을 어떻게 느끼는지를 모르기 때문이다. 갓난아이의 습관영역에는 호랑이에 대한 어떤 경험이나 지식을 포함하고 있지 못하다. 두려움 없는 사냥꾼의 습관영역은 어떻게 호랑이를 발견하고 호랑이의 행동을 판단하며, 어떻게 대응해야 하는가에 대한 많고 다양한 정보가 담겨져 있다.

호랑이 사냥부터 기업전략수립에 이르기까지 사람들이 직면하고 있는 각 과제에 대해 그것을 성공적으로 완수하는데 필요하다고 판단되는 지식과 기술로서 구성된 '인지되는 능력들(perceived competence set)'이 있다. 반면에 그 과제의 성공적인 완수시에 실제로 요구되는 '참능력들(true competence set)'이 있다. 그러므로 어떤 과제에 직면하고 있다는 것은 그 과제에 대해 참능력들을 포함하기에 충분히 큰 인지되는 능력들이 크냐 작으냐 하는 것에 관한 문제인 것이다.

　　매우 위험한 문제에 직면하고 있는 의사결정자들에 대해 이 문제는 더더욱 분명하다. 문제에 대한 적절한 해답을 위한 참능력들은 무엇인가? 의사결정자의 인지되는 능력들은 진짜 모든 참능력들을 포함할 수 있는가? 만일, 두번째의 질문에 대한 답이 부정적이라면 그는 그렇게 될 수 있을 때까지 그의 인지되는 능력들을 넓히고 강화시켜야만 한다. 그렇게 됐을 때 그는 비로소 의사결정행위를 할 수 있다. 만일 문제가 너무 복잡하다면 자문이나 분석가의 도움을 받아야 한다. 만일 의사결정자의 인지되는 능력들이 참능력들을 포함하기에 상당히 모자란다면, 혹은 그 자체를 인식하지 못한다면, 이는 갓난아이가 호랑이를 바라보는 것 같다고 해야 할 것이다. 인지되는 능력들이 참능력보다 상당히 작을 때에는 나폴레옹이 쿠투주브의 전략에서 진 것과 같은 위험을 감수해야만 한다. 따라서, 효과적 의사결정이란 의사결정자가 그의 인지되는 능력들을 참능력들로 넓혀 나가는 것이며, 그의 인지되는 능력들 속의 새로운 요소를 완전히 파악하는 것이다.

　　이야기를 마치기 전에 손자병법중의 말을 음미해 볼 필요가 있다. 나 자신의 습관영역과 적의 습관영역을 알면 백전백승할 것이며, 나 자신의 습관영역은 알고 있으나 적의 습관영역을 모르거나, 적을 알고 나를 모르면 우리는 반밖에 이길 수 없다. 그리고 모두의 습관영역을 모르면 언제나 패할 것이다. 나폴레옹의 경험으로부터 우리들의 습관영역 밖의 영역은 결코 비지 않았음을 안다. 새로운 경험들과 사건들에 놀라거나 방황하지 않으려면 우리의 습관영역을 부단히 넓히고 강화하여야 하며, 다른 사람들의 습관영역의 구성 요소들을 계속적으로 자기의 것으로 만들어야 한다. 만일, 우리들의 습관영역이 다른 모든 사람들의 습관영역을 포함하게 되는 행복하고 완전한 상태에 도달된다면 우리들의 습관영역 밖의 영역이 진실로 아무 것도 없게 되며, 우리는 다른 사람들의 공허함을 알게 될 것이다.

2. 창의력을 기르려면 …

    의사결정분석분야는 경영의 모든 업무와 분리하여 생각할 수 없는 개념이다. 경영에서 일어나는 모든 문제는 소위 넓은 의미의 의사결정분석의 테두리 안에 있음을 우리는 알고 있다. 사소한 경영문제에서부터 심각하며 매우 중요한 경영문제에 이르기까지 하나하나가 우리가 해야 할 의사결정을 포함하고 있기 때문이다. 이러한 제반 경영문제에 대한 의사결정 및 분석에 관한 방법들의 소개에 앞서 우리가 반드시 해야 할 것은 창의성 있는 아이디어를 어떻게 만들어내어 그때그때마다 유효 적절한 필요한 의사결정 사전대책 및 대응책을 강구하여야 하느냐 하는 것이다. 의사결정에 창의성이 요구되는 단계는 비단 처음 단계인 새로운 시각의 아이디어 창출이나 문제의 파악에만 있지 않고, 전체 의사결정단계에 걸쳐 요구된다. 즉, 경영에 있어서 현재 직면하고 있는 과제나 문제점을 알아내기 위한 상황분석과 같은 사전 단계에서도, 대두된 문제점들에 대한 원인규명의 단계에서도, 많은 대안들 중에서 적합한 대안을 고르게 되는 대안 선별 및 선정 단계에서도, 나아가 선정된 대안을 실제 수행한다고 했을 때 나타날 잠재적 문제 규명 및 이에 대한 대응책 및 예방책 수립과정에서도, 진부하고 습관적으로 도출된 아이디어가 아니라 창의력에 근간을 둔 수준높은 독창적 아이디어가 필요하게 된다.

    본절에서는 창의성 개발에 관한 여러 방법들을 소개한다. 창의성 개발을 다루기에 앞서 창의성이 절실히 요구되며, 현재 많은 관심을 갖고 있는 경영혁신에 대해서도 조금은 언급하기로 한다.

II. 혁신적 사고창출

☆ 창의성이 강조된 경영혁신의 시대적 필요성

오늘날 산업체에서 경영혁신이 필요하다는 것은 우리 모두 인정하고 있다. 기업성장의 단계를 나름대로 구분하여 생각할 때, 이에 대응하는 기능이 변화되어 왔다. 이를 간략히 「그라이너(Greiner)」의 〔표 1〕을 통해 살펴볼 때, 제3단계인 시장확대 등에 부응하기 위한 사업부제 등의 분권·위임기를 넘어가기 시작하여, 제4단계인 관료화위기로 대변되는 매너리즘에 빠져드는 현 상황하에서, 이제는 제5단계인 경영혁신단계로의 적극적 진입을 위해 창의성있는 사고 및 아이디어 창출이 필요하게 되었다.

〔표 1〕 기업성장단계와 경영기능의 변화

성장단계 경영기능	제1단계	제2단계	제3단계	제4단계	제5단계
	창업 생성기 (리더쉽위기 도 래)	집권 지시기 (자치위기 도 래)	분권 위임기 (통제위기 도 래)	조 정 기 (관료화위기 도 래)	협 동 기 (혁신위기 도 래)
경영의 촛점	제품의 생산 판매	경영활동의 능률화	시장확대	전문화조직 및 통합	문제해결 접근방식
조직구조	비공식적	중앙집권적	분권적 사업부제	통제·조정 본부운영	팀의 형
최고경영자형	개인주의적 창업자형	전문경영적 집권 지시형	권한위임형	조정역할	참여적 경영형
통제제도	고객의 반응	비용중심	이익중심	투자중심	상이한 통제 목표의 수정
보수제도	적당주의	인사고과제도 도입	개인적 능력별 보너스지급	종업원특수별 이익분배제	팀보너스

2. 창의력을 기르려면 … 55

그러면 경영혁신을 이루기 위해 우리가 앞으로 나아가야 할 방향은 무엇일까?

경영관점에서 고려해 본다면, 과거 및 현재의 회사중심에서 미래에는 보다 더 고객을 중시하는 경향으로 바뀌어졌다고 할 수 있을 것이다. 다음의 〔표 2〕에서 나타난 바와 같이 특히, 회사의 목표가 이윤극대화였던 것이 고객만족과 고객가치를 창조하는 방향으로 바뀌어 감을 알 수 있다. 이윤극대화를 단적으로 단기 수익성의 극대화라고 한다면 고객을 중시하는 것을 장기적 수익성 기대의 극대화라고 할 수 있겠다. 다시 말하면, 공공기업에서 목표로 하는 수익성과 공익성의 공동 도달과 같은 성격을 사기업에서도 갖출 때가 됐다고 보여진다.

〔표 2〕 경영관점변화

구 분	과거나 현재	미 래
관 점	회사 중심	고객 중심
사 고	회사중심의 사고	고객중심의 사고
제 품	불량이 없는 제품	고객의 니즈에 맞는 제품
평 가 기 준	내부기준	고객만족도
이익의 원천	자본 노동생산성	품질, 서비스의 우수성
회 사 목 표	이윤 극대화	고객만족과 고객가치 창조
관 리 대 상	결과중시(사후평가)	과정중시(사전예방)
조 직	피라밋형 조직	역 피라밋형 조직
관 리	종적 경영관리	총체적(종적+횡적) 경영관리
업 무	부문별 최적화	전사적 최적화

차후 많은 사기업도 공기업과 같이 수익성과 더불어 고객에게 최고의 만족을 보여주어야 하는 공기업의 공익성 추구와 비슷한 개념이 발생될 것이다. 여러 목표를 달성하는데는 보다 많은 창의력이 회사전체에서 나타나야 함은 자명하다고 하겠다.

또한, 업무목표에서 바라다 볼 때 과거 및 현재에서는 부문별·부서별 최적화를 통하여 회사의 목표달성이 이루어지도록 하는 입장에서 수행되어 왔으나, 현재 또는 미래에는 전사적(全社的) 최적화를 꾀할 때만이 회사가 궁극적으로 도달하고자 하는 여러 목적을 달성할 수가 있다. 가령 비근한 예로, 신문지상이나 많은 경영관련 교육기관들이 '품질관리'관련 세미나 내지 교육을 하는 경우를 종종 본다. 그러나 과거의 품질관리는 단적으로 말하면, 최종 완제품에 대한 품질검사가 고작이었던 것을 부인할 수 없다. 즉, 통계학적으로 주로 완제품에 대한 표본검사를 하여 해당 완제품의 롯트에 대하여 합격·불합격 판정을 하는 방식이라고 생각된다. 이러한 통계적 품질관리만을 갖고는 고객중시의 시대에 버텨나가기를 바랄 수가 없다. 고객은 이제 불량품이 전혀 없는 제품을 요구하기에 이르렀고 이를 달성키 위해서는 작업자의 미숙이나 부주위로부터 발생되는 원인뿐만 아니라, 제품 사양의 설계 등의 초기단계부터 검사에 이르기까지 불량품이 될 근원적인 원인들을 미리 제거해야만 하게 되었다. 이를 위한 방법중에 「다구찌」 품질보증 방법이 있으며, 실제로 요즈음 많이 활용을 하고 있다.

부문최적화를 꾀했던 업무부서별 목표가 전사적 최적화로 변화될 수밖에 없었던 예의 하나로 운영과학(Operations Research)이란 경영최적화 방법을 들 수 있겠다. 원래의 운영과학이 지녔던 취지는, 물론 회사 전체의 운영을 최적화하는 데 있었는지 모르지만, 이론에 너무 치우쳐 개발되다 보니 특정 분야의 특정 가정하에서만 쓸 수 있는 이론 지향적 학문이 되었고 이를 실제 회사경영에 적용하다 보니 상당히 국부적인 분야의 최적화 도구가 되었다고 보아진다. 이제 이를 전사적

2. 창의력을 기르려면 ··· 57

입장에서의 최적화 도구로 만들기 위한 노력이 절대적으로 필요한 바, 이를 위해 컴퓨터의 도움을 받거나 혹은 복잡한 환경에서도 실현 가능한 의사결정분석의 적극적인 개입이 필요하다고 생각된다.

　그러면, 과연 전사적 고객중심의 창의력을 동원한 경영혁신 후에는 어떻게 되겠는가 혹은 어떻게 되어야 바람직할 것인가를 살펴본다면, 종업원 및 관리자들은 지시복종형에서 과감히 탈피하여 창의도전형이 되어 갈 것은 자명하다. 이면우 교수의 「W 이론」에서 지적한 바와 같이 우리가 미국이나 일본의 기술을 계속 답사나 하고 있는 경우에는 절대 선진국에 속하는, 나아가 선진국을 이끄는 나라가 될 수 없을 것이다. 우리 고유의 독창적 아이디어를 짜내어 세계시장에 도전해야만 할 것이다.
　일본은 과연 어떻게 현재에 이르러 다시금 강대국이 될 수 있었는가를 해석하는 관점은 여러 가지가 있겠으나, 그들은 원래부터 국민성이 무엇이든 가볍고 얇으며 정확한 것을 만들기를 좋아하는 품성을 지녔으며, 이 성향이 제조품에도 파급되어 오늘날의 분위기, 즉 작은 자동차를 선호하며, 작고 편리한 가전제품 등을 선호하게 된 국제시장에의 성향과 맞아 떨어졌음에 있다고 보아진다. 우리도 우리 나름대로 원래부터 우리의 잠재력속에 갖고 있던 성향을 도출시켜 꾸준히 개발할 때 차후 기술대국은 물론 경제대국으로의 진입이 가능하다고 볼 수 있다. 여기서 일본의 「후지킨」 회사의 예를 들려고 한다. 몇 년전, 일본의 10여 업체에 대해서 창의성있는 아이디어로부터의 기술혁신에서 어떻게 성공과 실패를 하게 되었는가를 실제 인터뷰를 통해 조사한 적이 있는데, 이때 「후지킨」이라는 교또우 근처의 중소기업을 방문하게 되었다. 우리가 그 회사에 도착한 것이 약속된 시각이었는데 4~5명의 그 회사안내원들이 정문 양옆으로 정열하여 대기하고 있었으며 그들의 안내를 받아 사장실로 인도되었다. 사장 책상위에는 일본 고유의 칠전

팔기 정신이기도 한 「다루마」 정신의 상징인 오뚜기가 크기별로 정돈되어 있었다. 사장 및 임원은 환대를 하면서 회사에 관한 팜프렛을 내놓았는데, 우리 상식의 팜프렛이라기 보다는 그 재질은 시험지였고 인쇄는 전근대적인 푸른색의 알콜 인쇄로 된 것이었다. 사장이 회사의 연혁 및 우리들의 질문에 성의껏 대답을 해 나가는 과정에서, 우리는 이 회사의 주력 생산품이 분사에 사용되는 초정밀 노즐이며, 많은 분량을 미국 항공 우주국인 「나사(NASA)」에 수출하고 있음을 알았고, 또한 우리가 시험지로 된 회사소개 팜프렛에 약간의 의아한 눈치를 감지했던지 사장은 자기네 회사의 축적된 노하우 덕분으로 기존 수요 물량도 채우지 못해 더 이상의 홍보나 광고를 할 필요가 없음을 강조하면서, 만일 홍보를 하여 타기업으로부터 추가적 수요 요구시 이에 부응할 수 없어 괜히 신용을 잃느니 차라리 더 이상의 홍보를 안하는 편이 낫다고 결정했음을 이야기했다. 그러면, 과연 그와 같은 작은 분야이긴 하나 세계 제일의 기술을 갖게 된 동기는 무엇인가를 물어보았더니, 그것은 일본의 「다루마」 정신으로부터 나왔다고 했다. 일본 청년도 옛날과는 달리 정신들이 대단히 해이해졌음을 사장은 재삼 지적하면서 이 정신을 과거 일본인들의 정신으로 돌려 놓기 위하여 지나치게 「다루마」 정신을 강조하는 것은 아니지만 「다루마」 정신을 통해 요즈음 젊은 청년들의 해이한 정신, 즉 습관적으로 해이해진 두뇌에서부터, 보다 넓게 그들의 잠재능력을 개발케 하는 방편의 하나로 사용하고자 「다루마」 정신을 부여하는 많은 교육을 하고 있으며, 아울러 공장내에는 누가 창의성 있는 아이디어를 많이 냈는가에 대한 커다란 현황판을 게시하고 있었다고 하였다.

제안 아이디어 건수에 비례하여 「다루마」를 부착시켜 놓는 방법을 통하여 고객 만족을 위한 창의성 개발을 추구하는 또 다른 예로서 세계적 회사인 일본 쏘니(Sony)사를 들 수 있다. 대부분의 사람들에게 쏘니(Sony)회사의 기업이미지는 「니즈(Needs)를 정확하게 포착하는 상품개발에 대한 독창적 발상 풍토와 미래 기술의 우위성을 계속적으로 밀고 나가면서 씨즈(Seeds) 선도형 마케팅을 국제시장에 적극적으로 전개하는 기업」으로 인식되어 있다. 또한, 그들은 경영혁신을 이루기 위하여 안간힘을 쓰고 있음을 알 수 있는데, 규모가 커지고 연륜이 오래될수록 자연스럽게 찾아오는 대기업병(관료병리현상)을 타파하고 조직에 활력을 불어 넣고, 환경변화에 따라 능동적으로 변신하여야 하는 바, 이를 위한 비결은 바로 조직구성원들에게 창의적 노력과 위험을 무릅쓰는 도전의식을 고취시키며, 이들이 갖는 무한한 능력을 최대로 발휘할 수 있도록 기업환경과 문화를 만들어 주는 것으로 요약될 수 있다.

또, 미국 스커치테이프 회사로 유명한 3M사를 살펴보기로 하자. 현재 3M 회사 매출액의 상당한 부분을 차지하고 있는 포스트-잇(Post-it)은 1970년 3M 부설연구소에서 최초 접착제를 개발했을 당시에 실패작으로 판정됐다고 한다. 여러 가지 관점에서 실패작으로 초기에 경영진이 판성했겠지만, 그와 같은 판정의 원인 중 하나는 당시 경영진이 포스트-잇 접착제를 그들의 고정관념하에서 '접착제의 본질은 접착하는데 있지 떨어지는데 있지 않다'고 생각하였기 때문에 실패작으로밖에 생각하지 않았던 것이다. 그들의 습관적 사고영역을 조금만 더 넓힐 수 있었다면 더 일찍 시중에 포스트-잇 제품을 내놓을 수 있었을 것이다. 그러나 그 이후 그 회사의 비서들이 사용해 본 결과, 여러 면에서 편리한 점이 나타나게 되어 10여 년이 지난 1981년에 판매가 시작되었다고 한다. 본래 이 포스트-잇의 시제품 제작은 3M 회사가 혁신 추진체제로 갖고 있던 것 중의 하나인「15퍼센트 규칙」에서 만들어진 것이라고 한다.「15퍼센트 규칙」이란 '모든 개인은 근무시간의 15퍼센트를 자기의 꿈을 실현하는 데 사용해도 좋다'란 것이며, 이 외에도「25퍼센트 규칙」(사업부 매출액의 1/4은 최근 5년간 개발한 신제품으로부터란 규칙), '걷지 않으면 넘어지지도 않는다(실패와 실험정신 고

양)'는 등 독창적 아이디어를 부단히 창출해 낼 수 있는 내부추진체제를 운영하고 있다.

결론적으로 경영혁신을 도모할 때 요구되는 요소로는 경영혁신을 하려는 의욕·능력 및 지속력(持續力)이며, 이러한 요소에 적극적인 활력요소가 되는 것은 새로운 아이디어를 만들어 내려는 힘인 창의력(創意力)과 새로운 아이디어를 실현시키려는 힘인 혁신력(革新力)이라 할 것이다.

☆ **독창적 아이디어를 창출할 수 있게 하는 창의성 기법**

우선 생산품의 계획 및 개발에 대한 아이디어를 창출함에 있어서, 단계별로 지속적으로 제반 아이디어를 선별(screening)하게 되는 작업이 매우 중요하다고 하겠다. 즉, 흥미있는 시장수요 조사단계, 신제품의 광범위한 아이디어 창출단계, 개발의 기본개념 정립단계, 개념의 기술적 전개단계 등에 걸쳐 많은 아이디어를 내고, 그 많은 아이디어들에 대해 단계별 선별작업을 하여 창의적 아이디어를 도출하게 되는 것이다. 우리가 사용하는 단어 중에 독창성(originality), 창의성(creativity), 혁신성이 있는데 독창성이란 흔하지 않은 새로운 것이며, 창의성이란 독창적인 것을 도출해 내는 성향이며, 이 창의성을 통해 독창성을 실체화시킬 때 이를 혁신성이라고 할 수 있다. 과연 창의성이란 선천적이냐 후천적이냐를 생각해 볼 때 많은 심리학자들이 선천성이 다분히 많이 개입되어 있다고 말하고 있으나 상대적으로 적은 부문이기는 하지만 후천적 개발가능성을 또한 지적하고 있다. 즉, 창의성은 후천적으로 우리가 느끼고 깨닫는 일련의 사고를 계속함으로써 향상되어질 수 있다는 것이다.

그러면 창의적 사고의 개발을 하기 위한 기본적 원칙들은 무엇인가? 후에 자세히 기술하겠지만 이를 위해서는 고정적, 습관적 관념을 넘어선 비연관 분야들과의 결합(association), 요약(abstraction), 복합(combination), 변환(variation), 구조변환(transfer of structures) 등의 테크닉을 활용해야 할 것이다.

창의성 있는 사람이 기본적으로 지향해야 할 성격은 무엇일까? 이에 대해 다음과 같이 이야기할 수 있다.

1. 문제를 분석하고 단순화시키려고 노력하는 성품
2. 한 분야의 개념을 다른 분야로 전환시켜 적용하려는 성격
3. 강한 성취동기를 갖는 태도
4. 일에 대한 열정적 태도
5. 문제 해결에 대한 강력한 호기심
6. 독립적 사고 및 임무수행 등의 독립성향
7. 광범위한 관심과 흥미
8. 강한 자기의존 성향
9. 자신 뿐만 아니라 주위 사람까지 자극

이러한 기본적 성격하에서 창의성 개발기법들에 대해 생각해 보기로 하자. 이들 기법들은 크게 두 가지로 분류될 수 있다. 즉, 적용원칙에 의한 분류와 아이디어를 유발시키는 동기에 따른 원칙에 의한 분류로 나누어진다. 첫째로, 적용원칙에 의한 분류는 다시 둘로 구분하여 참여자들의 직관력을 자극하는 방법들과 체계적으로 문제를 공격하기 위한 체계적 아이디어 창출방법들로 나누어지며, 둘째로 아이디어를 유발시키는 자극이나 동기에 따른 분류는 다시 둘로 구분하여, 기존 다른 아이디어 및 개념들과의 연상 및 변환방법들과 문제와 관련없는 느낌들과의 강제 대응방법들이 있다. 즉, 아이디어 창출촉진을 위한 창의성의 작용은 직관력과 체계적 논리력에 따라 이루어지며 이러

62 II. 혁신적 사고창출

한 직관력과 논리력은 연상과 대응이라는 자극방법에 따라 아이디어를 표출시키게 되는 것이다. 그러면 이상의 분류 및 구분에 따른 각각의 방법에 대해 생각해 보기로 한다.

① 직관적 연상법

참여자 각자의 직관력을 양성하고, 다른 참여자의 아이디어를 취할 수 있는 기회를 부여하며 연상 등에 의해 더욱 발전하게 하는 기법들로 다음의 기법들이 있다.

가. 두뇌회전 연상법(Brainstorming)

자유스러운 연상을 통해 아이디어를 얻는 방법으로 실제적으로 수행되는 기법들로는 첫째로, 「통상적 두뇌회전구술법」으로 6내지 12명이 자유스럽게 의견을 내되 4가지 원칙(제한된 아이디어의 비판이나 부언(附言)을 금한다. 최대한도로 자유스럽게 모든 아이디어를 제출토록 한다. 많은 아이디어 제출을 장려하고 고취한다. 타인의 모든 아이디어의 조합과 개선책을 추구한다)하에서 구술로 회의를 진행시켜 나간다. 둘째로는 「두 단계에 걸친 두뇌회전 구술법」으로, 일명 취약점 분석법으로서 처음에는 주어진 개념의 문제점 및 취약점을, 다음 단계에서는 이에 대한 개선점을 찾아 내게 한다. 셋째로는 「66토의법」으로 이는 대상이 비교적 대규모 그룹일 경우 이용되며 6명을 한조로 편성하여 6분간 토의한 후 여러 조가 경쟁을 하며 아이디어를 내는 방법이다. 넷째로는 「골든(Gorden)법」으로 토의 주재자만 정확한 문제를 알고 토의참가자에게는 모호하게 문제를 제시하여 광범위한 아이디어가 나오도록 유도하며 토의하는 방법으로 장시간(약 3시간 정도)이 소요되게 된다.

나. 두뇌회전 기술법(Brainwriting)

두뇌회전 연상법과 같이 자유연상에 의한 아이디어 개발방법이나 차이점은 구두대화 없이 아이디어가 기재된 종이를 서로 회람하며 새로운 아이디어를 계속 기록하게 하는 것으로 심사숙고형 문제에 적합하다고 본다. 세부수행방법들로는 첫째, 「635법」으로 6명이 한조로 세 개의 아이디어를 5분내에 기입하고 이를 5차례 회람하여 아이디어를 추가 또는 수정하는 토의방식으로 계산상 30분간 108건의 아이디어가 창출될 수 있다. 둘째, 「두뇌회전 공동기술법(Brainwriting pool)」으로서 이는 참가자들이 각자 5~10개의 아이디어를 기입한 후 중앙에 제시하여 회람 후 각자 자기 아이디어를 추가하는 방식으로 통상 20~25분간에 50~60개의 아이디어를 도출시키게 한다. 셋째, 「카드회람법」으로 각자 아이디어를 기입한 후 순서대로 돌아가며 아이디어를 추가하게 되는 것으로 20~25분간의 시간이 소요된다. 넷째, 「벽면전시법」으로 한쪽 벽면에 포스터 크기의 종이를 부착한 후 각자 아이디어를 기입하게 하는 방식으로 첫 아이디어 도출시 20~30분간의 시간소요가 예상된다. 다섯째, 「노트취합법(Collective notebook method)」으로 8~10명이 각자 공책에 적어도 하루에 한 가지 이상의 아이디어를 기입하여 일주일에 한번씩 서로 교환하여, 4주 후 아이디어를 취합하는 것으로 취약점 발견이나 미완결부분의 검색에 활용될 수 있다.

② 직관적 대응법(Intuitive confrontation)

직관적 연상방법들로 진행시 성공적이 아니라고 판단될 때 주로 사용하게 되는 방법들로 비연관된 분야의 다른 관점들을 활용하여 다루고 있는 문제와 강제로 연관시키는 방법이다. 세부 방법들은 다음과 같다.

가. 자극적 단어분석법(Stimulating word analysis)

일련의 단어리스트를 제시하여 이를 핵심단어로 하여 주어진 문제에 강제로 연관시켜 아이디어를 모색케 하는 것으로 이 방법은 비단 그룹에서만 아니라 개인적으로도 활용될 수 있다.

나. 소풍식 창조법(Excursion synectics)

　장시간에 걸쳐 창의적 과정에 따라 아이디어를 모색하는 방법으로 문제의 심도있는 분석 및 정의와 직접 유추, 개인적 유추 및 모순적 유추 등을 통한 아이디어의 잉태, 그리고 창출된 아이디어를 체계화하고 구체적 해결안을 모색하는 등의 아이디어의 조명, 나아가 타당성 단계 등의 창의적 과정에 따르는 아이디어 모색방법이다.

다. 시각적 두뇌회전 기술법(Visual confrontation)

　두뇌회전법에 의한 토의 후, 7장 정도의 연관된 그림을 나눠준 다음 문제와 무관하게 그 그림들을 검토하게 하여 두뇌 활동을 비연관 분야로 유도한 후, 1~2분 지난 다음 주어진 문제로 다시 복귀하여 아이디어를 창출하게 하는데, 그 후 20~30분 경과후에 서로 아이디어를 교환하게 된다.

③ 체계적 변화법(Systematic variation)

　이 부류의 방법들은 두 단계를 거치게 된다. 1단계로는 체계적으로 해결안의 기본적 개념과 방향을 설정하게 되고, 다음 단계로 복합과 변화를 통한 단계별 틀(frame work)을 작성하여 이를 통해 개별적으로 해결할 수 있는 안들을 도출하는 방식으로 진행된다. 많은 기능이나 세부 문제에 대한 기본적 해결안 제시를 위하여 형태분석표가 사용되고, 형태분석의 절차에 따라 방법이 전개된다. 즉, 문제의 분석과 형성을 우선하며 특정변수 또는 세부변수를 제시하게 하고, 해당 해결안을 탐색하여 형태분석표를 작성하고 최종 해결안을 선정하는 순서로 진행된다. 뒤에 설명될 체계적 대응법과의 차이는 본 방식은 두 가지만에 대한 고려가 아닌 다차원적 형태분석을 수행하게 한다는 데 있다.

가. 개념적 형태분석

기능이나 세부문제 등 많은 요인들과 대안들을 대비시킨 형태분석표를 활용하여 아이디어, 제품, 대상에 대한 체계적 분석을 실시하게 되며, 문제해결에 대해 유효한 기본적 개념도출을 위해서 문제를 성분별, 소문제별, 소기능별로 분해하여 특성에 따라 나열하여 각각의 해를 구한 다음 차후에 총괄적인 해를 구하기 위해 이들을 종합하게 된다.

나. 연속적 형태분석

여러 단계로 어떤 개념적 형태분석을 개발해 나가는 과정으로 신제품의 시장소개를 위한 전략개발 등에 유효하게 활용된다.

다. 수정적 형태분석

기존 기본 개념들의 파악으로부터 유효한 방향으로의 변환을 시도하는 방식으로 새로운 수요에 대응하기 위한 수정된 신제품의 개발시에 활용된다.

라. 점진적 요약의 형태분석

두뇌회전법으로 진행하되 아이디어의 소진 때마다 주재자가 근본문제가 무엇인가를 계속적으로 상기시키는 형태분석 방식이다.

④ 체계적 대응법(Systematic confrontation)

직관적 사고가 아닌 강제적 아이디어 도출 방법으로 체계적으로 사고를 자극하여 주어진 문제에 대한 아이디어를 효과적으로 유발시키게 하는 방식이다.

가. 형태론적 행렬표를 통한 분석방법

기능별/분야별 대응의 2차원 형태 분석 방식으로 혁신계획단계의 전략 수립시 유용하게 쓰이게 된다.

나. 효과적 자극개발을 통한 방법

주어진 문제와 유사한 부문으로부터 요구되는 해의 특성에 알맞는 자극적 용어를 체계적으로 제시하여 아이디어를 도출하는 방법이다.

☆ **창의성 개발기법의 효과적 사용을 위한 전제조건**

제시되어진 창의성 개발기법을 유효하게 활용하기 위해서 어떤 조건들을 미리 충족시켜야 하는가에 대해 알아보기로 한다 :

① 문제에 대한 정확한 분석을 통하여 완전한 파악과 이에 따른 올바른 정의를 할 수 있어야 한다.

② 적합한 팀의 구성이 중요한데, 이는 다른 배경을 가진 사람이 골고루 참여토록 구성되야 하며, 기업 외부의 소비자나 전문가의 비판을 받아들이되 지위나 권위가 높은 사람은 배제되어야 하고, 내성적이거나 눈치만 보는 사람은 제외되어야 한다. 좁은 분야의 전문가보다는 박식가(博識家: generalist)로 구성되어져야 한다.

③ 올바른 창의성 개발기법의 선정이 절대 필요한데 이를 요약하면,

    가. 많은 가용한 대안들 중에서 소수 요구조건을 만족하는 대안 선별시와 같은 탐색성 문제에 대해서는 두뇌회전법 등을 활용하면 좋다. 예로, '두꺼운 막의 순간접착제의 용도는 무엇일까' 같은 토의에서 사용하도록 한다.

    나. 인과관계, 규제조항, 형태분석 등의 분석성 문제에는 형태분석법, 노트취합방법 등이 활용된다. 예로, '가정용 냉방

실의 고객요구조건과 기능은 어떠하여야 하나'와 같은 문제 토의시에 사용된다.

다. 전혀 새로운 형체를 얻기 위한 각 성분 및 구조 결합 문제와 같은 구성상의 문제에 대해서는 대응법들이나 개념적 형태분석 등의 기법을 활용하면 좋다. 예를 들면, '나무분쇄기의 기본 개념 및 구성은 어떠해야 하는가'와 같은 주제의 토의에서 대응법들이나 형태분석 등이 사용될 수 있다.

☆ 업무 계층별로 창의력에 호소하여 개선 아이디어를 도출하는 방법들

기업내에 현재 많이 쓰이고 있는, 앞에서 설명한 창의성 개발기법을 실체화하여 사용하고 있는 개선된 방법들을 업무계층별로 구분하여 요약정리하면 다음(68면 참조)과 같이 나타낼 수 있다.

기업 내부의 계층별 창의성 도출은 계층별 조직이나 구조에 의해 분리되어 회의를 할 때는 일어날 수는 없는 것이며, 전사적인 입장에서 골고루 각 업무담당자가 참가하여 토의를 할 때 비로서 유효한 창의력 도출을 꾀할 수 있다.

이 장을 마감하기 전에, 「모토롤라」 사장인 「죠지휘시」의 조직구조에 대한 말을 음미할 필요가 있다. '회사의 조직은 고객을 위하여 만들어져 있지 않고 단지 내부 규칙을 보호하고 내부자들의 편의를 위하여 만들어져 있다는 점을 주의해야 한다. 고객들에 있어 회사 내부 규칙이나 내부자의 편의는 아무 의미가 없을 뿐 아니라, 오히려 장애

물로 작용될 수 있다. 회사의 조직은 종적으로 되어 있지만, 고객 요구를 만족시키는 창의적 업무는 횡적으로 이루어지게 되는 것이다.

업무계층	방법	내용
목표설정	선진비교방법 (Benchmarking)	분야별로 선진수준과 격차를 비교 분석하여 그 격차를 줄일 수 있는 계획을 수립하여 실행토록 하는 방법
	품질요구부응방법	고객의 막연한 요구수준을 구상화하여 기업 내의 제품은 물론 모든 프로세스설계에 직접적으로 반영시키는 방법
프로세스 개선	프로세스분석방법	프로세스를 업무별로 구분하여 이에 따른 합리적 흐름도를 구성시켜 병목공정이나 낭비요소를 제거하는 방법
문제해결 기법	두뇌회전연상방법	모든 아이디어, 원인, 해결방안 등을 도출하고 분석하는 방법
	리스트축약방법	많은 아이디어나 문제점 및 실행방안 등을 처음 그룹으로 분류하고 이를 축약시켜 나가는 방법
	중요도와 기대효과 비교행렬분석	품질개선과제들간의 우선순위 결정방법
	원인분석도	모든 가능한 문제원인들을 고기뼈 모양으로 도식화하여 원인들간의 상호 연관성을 알기 쉽게 표현하는 방법
	파레토그램	개별 원인들이 전체문제에 대해 차지하는 중요도를 도식화하여 우선순위 등을 쉽게 파악케 하는 방법

III. 불확실성하에서의 의사결정

1. 완전 불확실성하에서는 어떻게 의사결정을 할 수 있는가?
2. 불확실성을 나타내는 확률이란?
3. 확률을 이용하여 어떻게 의사결정을 할 수 있는가?
4. 위험을 분담하는 방법은 무엇일까?

1. 완전 불확실성하에서는 어떻게 의사결정을 할 수 있는가?

우리는 의사결정문제를 관련 요인에 대한 앞으로 나타날 불확실의 정도에 따라서 완전 불확실성, 불확실성 그리고 확실성의 세 가지로 구분하여 볼 수 있다.

완전 불확실성은 그 관련 요인이 앞으로 어떻게 일어날 것인가를 전혀 알 수 없는 경우이며, 불확실성은 일어나게 되는 경우에 있어서의 불확실성을 확실하지는 않지만 알 수 있는 경우이며, 확실성이란 관련 요인이 확실히 어떤 형태로 차후 일어나게 된다는 것을 명확히 아는 경우라 할 수 있다. 예를 들어, 이 개념들을 보다 자세히 설명하고자 한다. 당신은 2~3년간 여유를 갖고 돌릴 수 있는 얼마간의 상당

72 III. 불확실성하에서의 의사결정

히 많은 돈을 갖고 있는데, 지금 이 돈을 (은행이 망하지 않는 한) 위험이 전혀 없는 은행정기예금(CMA 등)에 맡길 것인가, 주식투자를 할 것인가, 사채시장에 내 놓을 것인가의 세 가지 대안들을 놓고 이 중 하나만을 고르려고 고민을 하고 있다고 하자. 이들 대안 선택에서 제일 걸림돌이 되는 것은 증권시장의 앞으로의 전망인데 증시의 전망을 예견하는 많은 연구소나 기타 자문기관이 있지만 어느 누구도 딱 붙어지게 예측을 하지 못하고 있다고 하자. 이때 당신의 의사결정문제를 다음과 같이 간단히 나타내 보자. 또한 당신이 예상하는 증시 전망에 따른 각 대안의 기대수익률도 다음과 같다고 하자.

(원금을 뺀 예상 연수익률)

구 분		증 시 전 망		
		a. 침체	b. 현수준	c. 활황
대 안	A. 정기 예금	15%	15%	15%
	B. 주식 투자	-10%	5%	30%
	C. 사채 시장	20%	10%	- 5%

표에 나타난 바와 같이, 당신이 생각하기에 주식투자에 있어서 증시가 만일 침체되면 마이너스 수익률이 될 수도 있으며, 증시가 활황일 때는 사채업자들이 약간 도산되어 그로부터 마이너스 수익률이 나타날 수도 있다고 생각하고 있다고 하자. 이를 간략히 표현하면,

$$\begin{array}{c} \quad\quad a \quad\, b \quad\, c \\ \begin{array}{c} A \\ B \\ C \end{array} \left[\begin{array}{ccc} 15 & 15 & 15 \\ -10 & 5 & 30 \\ 20 & 10 & -5 \end{array} \right] \end{array}$$

와 같은 행렬(Matrix)이 되는데, 이를 의사결정행렬이라고 한다.
 앞에서 서술한 바와 같이, 증시 전망에 있어 침체나 현수준이나 활황에 대한 전망이 전혀 예견되지 못할 때 이를 완전불확실성하에 있다고 하고, 가령 침체가 대략 50% 정도, 현수준이 대략 50% 정도이나 활황은 결코 일어나지 않는다고 예견되는 상태는 불확실성하에 있다고 분류되며, 반면 침체가 100%로 침체만이 예견된다고 하면 이를 확실성 하의 상태로 분류하게 된다(이 경우의 의사결정은 간단하다. 즉, 사채시장에 돈을 내놓으면 된다). 본 절에서는 우선 완전 불확실성의 경우에 대한 다섯 가지 판단기준에 대해 기술하기로 한다.

① 염세주의적(Pessimistic) 판단
 투기를 좋아하지 않는 보통의 사람들은 상당히 보수적 또는 염세적 성향을 갖고 있는 바, 이들은 대안 선별시 모든 불확실 경우에 대해 각 대안이 가장 나쁠 때에 최소 얼마를 벌어들일 수 있는가를 보고, 그 최소치들 중에서 가장 높은 값을 나타내는 대안을 택하려고 한다. 즉, 앞의 예에서 보면,

	a	b	c	최소치
A	(15)	(15)	(15)	15*
B	(-10)	5	30	-10
C	20	10	(-5)	-5

 ( )는 각 대안 선택시 얻어지는 값들 중 최소치를 표시한 것이다. 이 표에 의해, 염세주의적 판단하에서는 정기예금에 돈을 예치하는 대안 A를 택하게 된다.

② 낙관주의적(Optimistic) 판단

모든 일을 낙관적으로 바라다 보는 사람들도 있다. 꼭 투기성향이 높은 사람이라고 볼 수는 없지만 경험이 부족하든지 생각이 짧아서도 이러한 경향은 나타나게 된다. 따라서 이러한 사람들은 언제나 크나큰 위험을 안고 다닌다는 것을 명심해야 할 필요가 있다. 이 성향의 사람은 완전 불확실성하에서는 대안 선별시 모든 불확실의 경우에 대해 각 대안이 가장 좋을 때에 최대 얼마를 벌어들일 수 있는가를 살펴보고 그 최대치들 중에서 가장 높은 값을 보이는 대안을 선택하게 된다. 앞의 예에서,

	a	b	c	최대치
A	(15)	(15)	(15)	15
B	-10	5	(30)	30*
C	(20)	10	-5	20

( )는 각 대안 선택시 얻어지는 값들 중에서 최대치를 표시한 것이다. 이 표에 의해, 낙관주의적 판단하에서는 주식투자의 대안 B를 선별하게 된다.

③ 절충적 입장에서의 판단

앞선 두 판단의 절충적 입장에서 바라다 보려는 시도로 우선 예를 들어 살펴보면,

	a	b	c	최소치	최대치	절충치(α최소치+$(1-\alpha)$최대치) 단 $0 \leq \alpha \leq 1$
A	15	15	15	15	15	$\alpha \times 15 + (1-\alpha) \times 15 = 15$
B	-10	5	30	-10	30	$\alpha \times (-10) + (1-\alpha) \times 30 = 30 - 40\alpha$
C	20	10	-5	-5	20	$\alpha \times (-5) + (1-\alpha) \times 20 = 20 - 25\alpha$

1. 완전 불확실성하에서는 어떻게 의사결정을 할 수 있는가? 75

절충치를 비교하여 가장 높은 값으로 대안을 선별하게 된다. 이 경우 A대안은 15, B대안은 30-40α, C대안은 20-25α인데, 만일 염세적·낙관적 입장이 반반인 판단을 선호하는 경우, 다시 말하면 α=0.5인 경우는 A대안은 15, B대안은 10, C대안은 7.5로 A대안, 즉 정기예금을 하게 된다. 그러면 여기서 어떻게 낙관과 염세주의 절충인 α의 값을 알 수 있을까? 여러 방법이 있겠으나 그 중 간단한 것을 소개하면 당신 마음속으로 단지 주식투자와 정기예금의 대안만이 있다고 할 때, 또한 증시가 침체와 활황 두 가지로만 나타난다고 하자. 대안 1은 주식투자 경우로 침체를 기준으로 활황시 1이라는(단위는 무엇이라도 좋다) 가치를 기대할 수 있으며, 대안 2는 증시에 아무영향 없이 v라는 가치를 얻을 수 있다고 하자. 이때 두 대안이 동일한 가치, 즉 차이가 없는 대안이라고 말할 수 있는 v값을 보여줄 수 있다면 앞에서의 절충기준에서 구하고자 하는 α값은 α=(1-v)라고 표현될 수 있다. 왜냐하면,

	증시 침체 활황	(염세적) 최소치	(낙관적) 최대치	절충치
대안1 : 주식투자	0 1	0	1	(1-α)
대안2 : 정기예금	v v	v	v	v

대안 1과 대안 2가 차이가 없이 같다면,

　　1-α = v 라서 α = (1-v)이다.

이 α값을 활용하면 앞의 예를 풀 수 있다.

④ 최대 후회를 최소화하는 판단
우리는 투자 등에 있어서 투자대상 하나에만 국한하여 잘잘못에

대한 평가를 하지 않고 다른 투자대상들에 대하여도 비교하여 잘잘못을 가리는 습성이 있다. 가령 당신은 주식투자에서 최소한 원금에 관해서만 생각한다고 할 때, 증시침체로 인해 반정도를 잃어버렸다고 하자. 다시 생각해 보면, 그 돈을 주식투자 대신 CMA 등 안정적 고수익 은행상품 등에 투자하였다면 반을 잃기는커녕 높은 수익을 내어서 원금의 두 배나 그 이상이 되었을 수도 있다. 이러한 식의 손실을 통상 기회비용 또는 손실이라고 한다. 이러한 점에 착안을 두어 본 판단에서는 모든 불확실의 경우에 대한 기회후회(손실) 중에의 최대치(최대기회 후회)를 제일 적은 값으로 나타내게 되는 대안을 선별하려는 것이다. 앞의 예로부터,

	a	b	c			a	b	c	최대기회후회
A	15	15	15	기회후회 A		5	0	15	15*
B	-10	5	30	--------> B		30	10	0	30
C	20	10	-5	C		0	5	35	35

예로, 기회후회는 만일 증시가 침체(a)라면 사채시장(C)이 20으로 제일 높고 이에 비해 정기예금(A)은 5만큼 손해이며 주식투자(B)는 30만큼 손해인 것이다. 이 판단으로는 최대기회후회값이 제일 적게되는 정기예금(A)을 선택하게 된다.

⑤ 동일확률을 부여하는 판단

앞으로의 일어날 상황에 대해 모른다는 것은 일어날 상황들에 대해 동일한 확률값을 갖게 하고 문제를 풀면 된다라고 생각할 수 있다. 가령 내일 비가 오겠는가 맑겠는가 하는 것에 대해 아무 자료도 갖고 있지 않고 암실같이 창도 없고 더구나 밖의 습도도 알 수 없는 에어콘이 가동중인 방안에서 무작정 추측하라고 하면 많은 사람들은 반반이

1. 완전 불확실성하에서는 어떻게 의사결정을 할 수 있는가? 77

라고 대답할 것이다. 이와 같이 완전 불확실성하에서는 일어날 상황들에 대해 각각 동일 확률을 부여하자는 데서 시작된 판단이다. 앞의 예에서,

a	b	c	기대치
15	15	15	15*
-10	5	30	8
20	10	-5	8 (= 20 × 1/3 + 10 × 1/3 + (-5) × 1/3)

확률 : 1/3 1/3 1/3

　이 판단에 의하면 정기예금(A)의 대안을 선택하게 된다. 그러나 완전불확실성하의 상황에 동일확률을 부여하는 것은 문제가 있다는 학자들이 있다. 가령 동전을 던져 앞면이 나오거나 뒷면이 나오는 확률을 우리에게 묻는다면 50 대 50이라고 할 것이다. 여기서 우리는 동전의 앞면과 뒷면이 동일 물질로 만들어져 있다면, 100번 동전을 던지면 대략 50번 앞면이 나온다는 사실을 알고 있다. 이것은 완전불확실성을 나타내고 있는 것은 분명히 아니다. 그러나 어떤 사기꾼이 앞면과 뒷면의 금속재질을 다른 것을 사용해서 만든 동전이 있을 수도 있는 상황에서 과연 우리가 완전불확실성이라고 생각해서 50 대 50이라고 말할 수 있겠는가? 다시 말하면 무지(無知)가 동일확률을 나타내는 것이라는 것을 음미해 볼 필요가 있다.
　이상 다섯 가지 판단에서 보면 판단에 따라 서로 다른 대안이 선택될 수 있다는 것을 알 수 있다. 그러면 이들을 통합할 수 있는 합리적인 판단은 무엇인가? 합리적인 판단을 이야기하기 전에 이러한 합리적인 판단들이 갖추어야 될 기본성격을 규명하는 일이 필요하다.

III. 불확실성하에서의 의사결정

☆ 합리적인 판단이 갖추어야 할 기본성격들이란 무엇인가?

여기서 제시될 기본성격들은 우리가 차후 사용하게 될 판단이 얼마나 합리적 판단인가를 보여주게 된다. 본 절에서는 8가지 기본성격들에 대해 기술하기로 한다.

> ○ 기본성격 1 : (완전순위) 사용될 의사결정판단은 모든 대안들에 대해 완전한 순위를 줄 수 있어야 한다. 단, 동일순위를 가질 수는 있다.

앞서 제시된 다섯 가지의 판단들은 이 기본성격을 만족하고 있음을 알 수 있다. 왜냐하면 각 대안들은 판단에 따라 어떤 특정 대표치로 표현되고 그들 중에서 제일 많거나 제일 적은 값을 실제로 최선의 대안으로 고르나, 대표치들을 순서대로 나열하면 곧바로 대안들의 순위를 나타내기 때문이다.

두번째 특성을 고려하기 위하여 만일 2개의 대안과 2개의 불확실상황이 있는 경우인,

$$\begin{array}{c} & a\ \ b \\ A & \begin{bmatrix} 10 & 0 \\ 8 & 3 \end{bmatrix} \\ B & \end{array}$$ 를 고려할 때 A가 B보다 낫다면 행을 서로 바꾼,

$$\begin{array}{c} & a'\ b' \\ A' & \begin{bmatrix} 0 & 10 \\ 3 & 8 \end{bmatrix} \\ B' & \end{array}$$ 일 때도 A'가 B'보다 나아야 하며,

1. 완전 불확실성하에서는 어떻게 의사결정을 할 수 있는가? 79

$$\begin{array}{c} & a"\ b" \\ A" & \begin{bmatrix} 8 & 3 \\ 10 & 0 \end{bmatrix} \\ B" & \end{array}$$ 일 때도 B"가 A"보다 나아야 하는,

기본성격을 갖추고 있어야 한다. 즉,

○ 기본성격 2 : (라벨에 대한 무관) 대안의 선별판단은 상황이나 대안들에 사용된 라벨과는 무관해야 한다.

○ 기본성격 3 : (단위에 대한 무관) 의사결정행렬칸에 나타나는 값들을 단조증가의 형태로 바꾸었을 때에도 대안 순위에는 차질이 있어서는 안된다.

즉,

$$\begin{array}{c} & a\ \ b \\ A & \begin{bmatrix} 10 & 0 \\ 8 & 3 \end{bmatrix} \\ B & \end{array}$$ 에서 A가 B보다 우위이면, 각 칸의 값들을 2배하고 5를 더한,

$$\begin{array}{c} & a\ \ b \\ A' & \begin{bmatrix} 25 & 5 \\ 21 & 11 \end{bmatrix} \\ B' & \end{array}$$ 에 같은 판단을 적용할 때 A'가 B'보다 우위가 되어야 한다는

것이다. 이것이 타당한 이유는 설령 우리가 단위를 잘못잡아 측정했더라도 단위와 상관없이 대안순위가 결정되어야 함을 의미한다.

III. 불확실성하에서의 의사결정

○ 기본성격 4 : (단순지배) 의사결정행렬에서 어떤 대안이 다른 특정대안보다 모든 불확실성의 상황들에 대해 우위에 있으면, 특정대안은 이 대안에 대해 열세이므로 사전제거할 수 있어야 한다.

예를 들면,

$$\begin{array}{c} & a & b \\ A & \begin{bmatrix} 10 & 8 \\ 5 & 3 \end{bmatrix} \\ B & \end{array}$$ 이면, A가 항상 B보다 우위에 있다는 것이다.

따라서 대안 B를 사전에 제거할 수 있다.

○ 기본성격 5 : (부적절한 대안과 무관) 우리가 대상으로 하고 있는 대안들에 대해 우선순위가 결정되었을 때, 대상 대안들 밖의 새로운 대안이 출현함으로써 기존의 대안들간의 서로의 순위가 뒤바뀌지 말아야 한다.

예를 들어, 가령 어떤이가 앞에서 보인 ④번째 판단, 즉 최대후회를 최소로 하는 판단하에,

두 대안 $\begin{array}{c} & a & b \\ A & \begin{bmatrix} 8 & 0 \\ 2 & 4 \end{bmatrix} \\ B & \end{array}$ 을

1. 완전 불확실성하에서는 어떻게 의사결정을 할 수 있는가?

두 불확실성 상황 a, b하에서 하나만 선택해야 하는 경우 기회후회는,

$$\begin{array}{c} & \begin{array}{cc} a & b \end{array} & \text{최대기회손실} \\ A & \begin{bmatrix} 0 & 4 \\ 6 & 0 \end{bmatrix} & \begin{array}{c} 4^* \\ 6 \end{array} \\ B & & \end{array}$$

로서 최대기회후회를 최소화하는 대안 A를 택하게 될 것이다. 그러나 이때 새로운 대안 C가 불확실한 상황 a와 b에 대해 각각 1과 7을 나타내게 된다면 이때 의사결정행렬은,

$$\begin{array}{c} & \begin{array}{cc} a & b \end{array} \\ A & \begin{bmatrix} 8 & 0 \\ 2 & 4 \\ 1 & 7 \end{bmatrix} \\ B & \\ C & \end{array}$$

이 되고, 이때 기회후회는,

$$\begin{array}{c} & \begin{array}{cc} a & b \end{array} & \text{최대기회후회} \\ A & \begin{bmatrix} 0 & 7 \\ 6 & 3 \\ 7 & 0 \end{bmatrix} & \begin{array}{c} 7 \\ 6^* \\ 7 \end{array} \\ B & & \\ C & & \end{array}$$

이 되어 대안 B가 선택되게 된다. 다시 말하면 새로운 대안의 출현으로 두 대안 A와 B가 순서가 엇갈림을 알 수 있다. 따라서 최대후회를 최소로 하는 판단은 기본성격 5를 만족시키지 못함을 알 수 있으며, 일반적으로 합리적인 판단으로는 활용하기 어려운 점이 있다. 본 예는 마치 주말에 영화구경과 연극구경만을 대상으로 했을 때 영화구경가기로 결정한 연인들이 길에 가다가 멋진 연주회 광고를 보고 세 대안을 모두 고려할 때 연극구경을 가기로 결정하는 것과 같다고나 할 것이다. 다시 말하면, 기존 대안보다 부분적으로 상황에 따라 열세인

III. 불확실성하에서의 의사결정

대안의 출현으로 기존 우선순위 질서가 흐트러짐을 보이는 예라 하겠다.

다음의 기본성격을 규명하기 전에, 의사결정행렬의 변화된 모양을 살펴보기로 하자.

$$\text{대안들} \begin{array}{c} A \\ B \end{array} \begin{array}{cc} a & b \\ \left[\begin{array}{cc} 6 & 4 \\ 3 & 8 \end{array}\right] \end{array} \begin{array}{c} \text{최소치} \\ 4^* \\ 3 \end{array} \Rightarrow \begin{array}{c} A' \\ B' \end{array} \begin{array}{cc} a' & b' \\ \left[\begin{array}{cc} 16 & 4 \\ 13 & 8 \end{array}\right] \end{array} \begin{array}{c} \text{최소치} \\ 4 \\ 8^* \end{array}$$

두 의사결정행렬을 살펴보면 단지 상황 a가 a'로 변했을 때 각 대안 A, B의 결과치가 각기 10만큼 더 커진 16과 13으로 바뀌었을 뿐임을 알 수 있다. 그러나 앞서 설명한 판단기준인 ①염세주의적 판단, 즉 각 대안의 최소치를 제일 높은 값으로 갖는 대안을 고르는 판단에 의하면 앞의 의사결정행렬에서는 대안 A를, 뒤의 행렬에서는 대안 B를 고르게 된다. 이를 ①염세주의적 판단 대신에 ④최대후회를 최소화하는 판단을 사용하게 되면, 기회후회는

$$\text{대안들} \begin{array}{c} A \\ B \end{array} \begin{array}{cc} a & b \\ \left[\begin{array}{cc} 0 & 4 \\ 3 & 0 \end{array}\right] \end{array} \begin{array}{c} \text{최대후회} \\ 4 \\ 3^* \end{array} \text{이고} \begin{array}{c} A \\ B \end{array} \begin{array}{cc} a & b \\ \left[\begin{array}{cc} 0 & 4 \\ 3 & 0 \end{array}\right] \end{array} \begin{array}{c} \text{최대후회} \\ 4 \\ 3^* \end{array}$$

이 되어 동일한 기회후회값들을 나타내며, 이 판단하에는 항상 대안 B가 선택됨을 알 수 있다. 따라서, 다음의 기본성격을 규명할 필요가 생기게 된다.

○ 기본성격 6 : (각 상황에 따른 결과치에 상수(일정한 값)를 더하는 것과 무관) 각 상황에 대해 일정한 어떤 값을 더하게 되도 대안들간에 우선순위에는 변함이 없어야 한다.

이 기본성격은 약간의 논란이 있지만 일반적으로 받아들여지는 성격으로 되어 있다. 다음의 예를 살펴보기로 하자. 지금 다음과 같은 세 개의 의사결정행렬이 있다고 하자.

$$A \begin{bmatrix} a & b \\ 0 & -8 \\ -10 & 0 \end{bmatrix}, \quad A' \begin{bmatrix} a & b \\ 20 & 0 \\ 20 & 0 \end{bmatrix}, \quad A'' \begin{bmatrix} a & b \\ 10 & -4 \\ 5 & 0 \end{bmatrix}$$

분명히 두번째 의사결정행렬에서는 대안A'와 B'는 무관하며 동일하다. 또 세 행렬을 관찰하여 보면 처음 행렬의 하나하나의 결과치에 두번째 행렬의 상응하는 결과치를 더하여 반으로 나눈 것이 세번째 행렬의 상응하는 결과치로 나타난 것임을 알 수 있다. 보기로, 첫 행렬의 하단 첫부분 -10과 둘째 행렬 하단 첫부분 20의 합인 10을 반으로 나눈 5가 세번째 행렬 하단부분에 들어 있다. 첫번째 행렬과 두번째 행렬의 값을 반반씩 하여 합한 경우라 이는 마치 공정한 동전을 던져 앞면이 나오면 첫번째 행렬을 뒷면이 나오면 두번째 행렬을 택하여 그 후 선택된 행렬에 대해 대안 결정을 하면 되는 것이다. 여기서 두번째 행렬이 택해진 경우(동전이 뒷면이 나와서)에 있어서는 대안A'를 고르거나 대안 B'를 고르거나 마찬가지이므로 결국 처음 의사결정행렬에서 A를 고르면 이는 자동적으로 세번째 행렬에서 A"를 고르게 됨을 의미하게 된다. 이러한 논리가 바로 기본성격 6을 지원해 주고 있다.

또한 기본성격 3을 이용하여 세번째 의사결정행렬의 모든 값을 곱절했을 때,

$$\text{대안들 } \begin{matrix} A'' \\ B'' \end{matrix} \begin{matrix} a & b \\ \begin{bmatrix} 20 & -8 \\ 10 & 0 \end{bmatrix} \end{matrix}$$ 이 되고 이는 처음 행렬의 첫행에 각기 20을 더한 셈이 된다.

이러하게 기본성격 3을 바탕으로 기본성격 6을 논리적으로도 표현할 수 있다(이때 논란이 되는 이유 중에는 실제 느끼는 가치가 두배로 느껴지겠는가 하는 효용가치(Utility value)에 대한 고찰이 필요하게 되며, 본절에서 완전불확실성에 대한 기술을 하고 있는데 동전던지기와 같은 반반의 확률적 개념이 사용될 수 있겠는가 하는 의문을 던지게 되는 것이다).

완전 불확실성하라면,

$$\begin{matrix} \text{대안} A \\ B \end{matrix} \begin{matrix} a & b & c \\ \begin{bmatrix} 6 & 0 & 3 \\ 0 & 6 & 3 \end{bmatrix} \end{matrix}$$ 인 의사결정행렬에서 특정 상황 a, b, c에 의한 순서에 구애를 받지 말아야 할 것이다.

즉, 대안 A와 B는 무관하여 동일순위어야 한다. 따라서 다음의 기본성격을 규명할 수 있다.

○ 기본성격 7 : (대안별 상황순서와 무관) 어떤 대안에 상황별로 나타난 결과치를 섞어 재정리 하여도 그 대안은 대안들 중에서 동일순위라야 한다.

1. 완전 불확실성하에서는 어떻게 의사결정을 할 수 있는가? 85

이것만으로는 완전불확실성의 특성 표현이 미흡하다고 생각된다. 불확실성 상황이란 생각보다도 많을 수도 있을 수 있기 때문이다. 예로 두 의사결정행렬

$$\text{대안} \begin{array}{c} A \\ B \end{array} \begin{array}{cc} a & b \\ \left[\begin{array}{cc} 9 & 4 \\ 2 & 6 \end{array} \right] \end{array} \qquad \text{대안} \begin{array}{c} A' \\ B' \end{array} \begin{array}{cccccc} a & b & c & d & e & f \\ \left[\begin{array}{cccccc} 9 & 4 & 4 & 4 & 4 & 4 \\ 2 & 6 & 6 & 6 & 6 & 6 \end{array} \right] \end{array}$$

에서 볼 때 처음 의사결정행렬의 불확실성 상황 b는 불확실성하에서 얼마나 나타나는가 하는 것은 알 수 없으므로, 처음 행렬과 두번째 행렬은 불확실성하에서 동일함을 알 수 있다. 이를 바탕으로 다음 기본성격을 규명한다.

> ○ 기본성격 8 : (불확실성 특정상황의 반복과도 무관) 불확실성하에서 특정 상황에 대한 대안별 결과치가 부수히 반복되어 새로운 의사결정행렬을 구성하여도 새롭게 구성된 의사결정행렬에서의 대안별 우선순위와 원래의 행렬에 상응했던 대안별 우선순위는 동일하여야 한다.

◇ **기본성격들의 종합**

앞서 기술한 5가지의 판단들에 대해 각 기본성격 만족여부를 살펴보면 다음과 같다.

III. 불확실성하에서의 의사결정

판단 기본성격	염세주의적	낙관주의적	절충적	최대후회 최 소 화	동일확률부여
1. 완전순위	O	O	O	O	O
2. 라벨과 무관	O	O	O	O	O
3. 단위와 무관	O	O	O	O	O
4. 단순지배	O	O	O	O	O
5. 부적절대안과 무관	O	O	O	X	O
6. 상수가산과 무관	X	X	X	O	O
7. 상황순서와 무관	O	O	O	X	O
8. 상황반복과 무관	O	O	O	O	X

만족 못되는 경우를 살펴보기로 하면, 첫째 경우 최대후회 최소화 판단에서 기본성격 5(부적절 대안과 무관)가 만족 못되는 경우의 예로는,

```
        < 의사결정행렬 >              < 기회손실행렬 >
              a b c                      a b c      최대손실
기존 대안들 A ⎡ 6 0 3 ⎤   기회손실  A ⎡ 0 9 3 ⎤    9
           B ⎣ 0 3 6 ⎦    ──▶    B ⎣ 6 6 0 ⎦    6
──────
새로운 대안 C ⎡ 2 9 4 ⎤           C ⎡ 4 0 2 ⎤    4*
```

1. 완전 불확실성하에서는 어떻게 의사결정을 할 수 있는가? 87

즉, 새로운 대안 C 출현시 대안 C가 물론 선택되지만 이때 기존 대안들의 순위는 대안 B가 대안 C보다 앞서 있다. 그러나 대안 C 출현 전에는

< 기회손실행렬 >

$$\begin{array}{c} & \begin{array}{ccc} a & b & c \end{array} & \text{최대손실} \\ A & \begin{bmatrix} 0 & 3 & 3 \\ 6 & 0 & 0 \end{bmatrix} & \begin{array}{c} 3^* \\ 6 \end{array} \\ B & & \end{array}$$

대안 A가 대안 B보다 낫다고 판정된다.

둘째 경우, 염세주의적·낙관주의적 및 절충적 판단이 기본성격 6을 만족 못시키는 경우를 살펴보자.

보기로,

$$\begin{array}{c} & \begin{array}{cc} a & b \end{array} & \text{염세주의적} & \text{낙관주의적} & \text{절충적}(\alpha=1/4) \\ A & \begin{bmatrix} 6 & 4 \\ 3 & 8 \end{bmatrix} & \begin{array}{c} 4^* \\ 3 \end{array} & \begin{array}{c} 6 \\ 8^* \end{array} & \begin{array}{c} 22/4 \\ 27/4^* \end{array} \\ B & & \end{array}$$

로 표현되며, 이를 첫 상황에서의 결과치에 10을 가산하였을 때,

$$\begin{array}{c} A & \begin{bmatrix} 16 & 4 \\ 13 & 8 \end{bmatrix} & \begin{array}{c} 4 \\ 8^* \end{array} & \begin{array}{c} 16^* \\ 13 \end{array} & \begin{array}{c} 52/4^* \\ 47/4 \end{array} \\ B & & \end{array}$$

로 표현되어, 자명하게 기본성격 6을 세 관점 모두가 만족하지 않음을 알 수 있다.

III. 불확실성하에서의 의사결정

세째 경우, 최대후회 최소화 판단이 기본성격 7(상황순서와 무관)을 만족 못시키는 경우로서, 이는 첫째 경우 예에서 대안 A와 B는 분명히 상황순서를 바꾸었을 때도 두 대안이 동일하지 못함을 보이게 되어 기본성격 7에 위배됨을 보이고 있다.

마지막 경우, 동일확률부여 판단이 기본성격 8(상황반복과 무관)을 만족 못시키는 경우로는, 기본성격 7에 의해서 발생되는 많은 상황들에 대해 동일확률부여를 하게 되면 반복이 많이 된 동일상황에 보다 많은 가중치를 주게 되어 그쪽으로 편향된 대안별 우선순위가 발생되어 절대로 동일한 우선순위를 유지할 수 없게 된다.

요약하면, 이상의 8가지 기본성격들을 모두 만족하는 현재까지의 판단은 없음을 알 수 있다. 따라서 어떤 판단을 우리가 사용하기에 앞서 앞의 어떤 기본성격을 무시해도 좋은가를 먼저 고려해야 할 것이다. 가장 바람직하다고 생각되는 판단은 동일확률부여 판단으로, 이는 8가지 기본성격 중에서 논란이 되지 않는 기본성격 1, 4, 5, 6, 7을 만족하고 있기 때문이다.

이제 우리가 완전 불확실성이 아닌 불확실성 문제를 뒷절에서 다룸에 있어서 차후에는 기본성격 7과 8은 논외로 하여야 할 것이다.

2. 불확실성을 나타내는 확률이란?

일반적으로 불확실한 사실을 나타내고자 할 때 우리는 확률이란 용어를 쓰는 데 익숙해져 있다. 우선 확률에 대한 소위 고전적 정의는 불확실한 사건들이 전체적으로는 대상집단 전체를 나타내며(collectively exhaustive), 각각은 서로 중첩됨이 없이(mutually exclusive) 구성되어 전체가 n개의 결과를 가질 때 특정사건 A가 n_A개의 결과로 나타난다면, 이 특정사건 A가 일어날 확률은 n_A/n이다'라고 하고 있다. 이 개념으로 확률을 해석하면 의사결정에 있어 문제점을 발견하게 된다. 첫째, 문제는 이 개념이 갖고 있는 '동일 가능성'의 전제가 우리가 다루고자 하는 의사결정문제에서는 거의 없다는 것이다.

예를 들면, 만약 당신이 도매상으로서 주문량을 결정해야 한다면 각각의 수요량은 각각 얼마의 확률로 나타날 것인가? 생산공정에서 각 공정별로 개별 불량률은 얼마인가? 등에 있어 확률로 표현하고자 하는 대상들의 조건이 각각 다르고 또한 시간에 따라 변하기도 해서 모두가 새로운 대상이므로 동일가능성은 실제에 있어 만족되기가 어렵다. 둘째, 문제는 확률을 정의하기 위한 가정인 '대상집단 전체를 나타내며 서로 중첩점이 없음'에는 주관적 판단이 요구된다는 것이다.

예를 들면, 동전던지기에서 앞면과 뒷면은 중첩이 없고 집단전체를 나타내는 것으로 생각되지만, 만약 동전이 모서리로 '선다면' 어떻게 되는가? 물론 이는 결과집단을 (앞면, 뒷면, 모서리)로 확장하면 된다. 그러나 이는 동일한 확률을 갖는다는 전제를 위반하게 된다. 만약 우리가 동전은 모서리로 설 수 없다고 확신하더라도 우리는 동일한 기회를 갖는 것에 대한 의문, 즉 동전이 구부러지거나, 한면이 무겁거나, 던지는 사람이 결과를 조작할 수 있는 의문을 역시 가질 수 있다. 물론 동전던지기는 우리의 관심사인 경영의사결정문제와는 다를 수 있다고 보아지나, 문제는 동전던지기와 같이 간단한 것에서 조차 고전적 개념으로 확률을 결정하고자 할 때에도 주관적인 판단이 필요하다는 것이다.

확률의 또 다른 관점은 상대적 빈도의 관점이다. 즉, 상대빈도의 정의는 '불확실한 어떤 사건이 많은 수(m)가 발생했을 때, 또한 각 결과가 상호 독립적일 때 사건 A가 m_A번 발생했다면 A의 확률은 상대빈도 m_A/m이 된다'라고 이야기 한다. 일반적으로 상대빈도의 관점은 확률에 대한 직관적 개념과 일치하는데, 즉 구부러진 동전을 100번 던졌을 때 70번 앞면이 나왔다면 앞면이 나올 확률은 70/100, 즉 70%인 것이다.

고전적인 경우와 같이 상대빈도관점 역시 주관적 판단을 요구한다.

첫째, 몇 번 시도를 할까 하는데 주관성이 개입된다는 것이고,

둘째, 각 사건발생이 상호독립성을 만족하느냐 하는 점이다.

임의의 한 사건발생은 바로 전 사건발생결과에 의해 심각한 영향을 받을 수 있기 때문이다. 가장 중요한 주관적 판단은 비교가능의 문제이다. 즉, 한 상황에서 얻은 확률은 다른 상황에서는 좋은 참고가 될 수도 있고 안 될 수도 있다. 예를 들면, 1월 중에 얻은 매일매일의 수요량에 대한 상대빈도 확률이 과연 2월의 수요에 대한 좋은 추정치가 될 수 있겠느냐 하는 점이다.

결론적으로 상대빈도 관점은 상호독립적인 많은 사건에 대한 반복가능한 상황이 요구된다. 반면, 고전적 관점은 상호배타적이고 가능성이 같고 전체를 포괄하는 상황이 요구된다. 의사결정자는 이들 두 관점으로는 불확실 상황을 풀 수 없게 된다. 예를 들어, 전에는 전혀 경험하지 못한 상황, 다시는 안 일어날 상황 등이 의사결정자가 실제 자

주 접하게 되는 문제들이다. 즉, 새로운 상품이 잘 판매될 수 있을까? 새로운 제조공정은 성공할 것인가? 주어진 입찰에서 성공할 확률은? 등과 같은 문제를 접하게 될 때, 우리는 주관적 확률이라는 또 다른 개념의 확률이 요구되게 된다.

☆ 주관적 확률이란 과연 무엇인가?

주관적 확률이란 경험적·직관적인 것으로 확률의 고전적 개념이나 상대적 개념에서 정의되는 제약을 불필요하다고 보는 실제적 확률을 말한다.

어떤 의사는 "완전회복될 가능성이 확률 80% 이상이다"라고 하든가, 어떤 국회의원 입후보자는 "내가 당선될 가능성이 경쟁자보다 높다"라고 말하는 것을 본다. 어떤 사람들은 이들의 표현에서 '가능성이 높다'라든가 '확률 80%'는 정확히 정의되지 않았기 때문에 의미가 없다고 주장할 수도 있을 것이다. 그러나 이들의 표현이 의미하는 바는 명확하다고 볼 수 있으며, 확률의 사용은 자연스러운 것이며, 확실하지 않은 상황에서 의사소통을 하는 경험적 방법인 것이다. 이러한 관점에서 확률은 특별한 다른 정의가 필요없는 한 개인이 경험적으로 부과하는 그 자체의 불확실성의 표현이며, 우리가 차후 해야 할 것은 이러한 주관적 확률을 중심으로 한, 관측 등을 통해 불확실성에 대한 표현을 더욱 개선시켜 나아가야 하는 것이다. 따라서 주관적 확률이란 '개인이 불확실한 사건에 대해서 갖는 발생에 대한 믿음의 정도를 0과 1사이의 수치로 나타낸 것이다. 확률 0은 그 사건이 불가능하다는 믿음을 나타내며 확률 1은 그것이 확실하다는 믿음'을 나타낸다.

객관적 확률을 주장하는 사람들은 많은 시도나 실험을 할 수 있는 상황을 중시하고, 주관적 확률을 주장하는 사람들은 확률이란 사용하는 사람의 개인적인 지식의 상태를 반영한다고 주장한다.

이 두 관점의 차이를 밝히기 위해서 간단한 예를 생각해 보자. 어떤 모임에서 사람들이 동전던지기를 하여 도박을 한다고 가정해 보자. 일부는 객관론자이고 나머지는 주관론자라고 할 때, 동전의 정밀검사 후에 모든 사람은 앞면이 나올 확률이 0.5라고 믿게 되었다. 그리고 동전이 던져졌다가 마루에 떨어졌다. 결과를 살펴보기 전에 앞면이 나왔을 확률이 얼마냐고 묻는다면, 객관론자들은 확률을 빈도수나 물리적 과정의 특성이라고 간주하기 때문에 "이는 0 또는 1이다. 우리는 어느 것인지 모른다"라고 하는 반면에 주관론자들은 이를 부정하면서 "이는 아직 0.5이다. 아무 것도 바뀐 것이 없다. 왜냐하면 우리는 아직 결과를 모르기 때문에 우리의 그에 관한 지식상태는 동일하고 따라서 우리의 확률은 0.5로 동일하다."라고 할 것이다.

이 예는 의사결정에서 주관적 관점을 택함으로써 확률이 얼마나 유용한가를 보여준다. 만일 당신이 동전 앞면이 나오면 1만원을 받는 게임을 할 권리를 갖고 있을 때, 동전을 던지고 결과를 보기전에 다른 사람이 당신에게 이 게임을 5천원에 팔라고 할 때 당신은 어떻게 할 것인가? 주관적 관점에서는 이 결정에 0.5의 확률부여를 할 것이지만, 객관적 관점에서는 다른 방도를 강구해야만 한다.

주관적 관점을 채택한다고 해서 객관적인 증거에 대한 고려를 배제하는 것은 물론 아니다. 단지 고전적 관점이나 상대빈도 관점에서 얻은 확률도 주관적 판단을 포함한다는 사실을 명백히 인식하는 것이다. 주관적 판단은 개인의 지식상태를 반영하는 것이다. 따라서 확률 자체는 주관적이고, 개인의 경험과 정보의 상태를 근거로 한다. 또한 주관적 확률을 채택함으로써 '동일한 발생가능 사건들', '반복된 시도 등 모형화 할 수 없는 많은 중요한 문제에 확률의 개념을 확장시킬 수 있다.

2. 불확실성을 나타내는 확률이란? 93

☆ 확률을 주관적으로 평가함에 있어서 고의적이건 무의식적이건 간에 잘못되는 경우가 종종 있을 수 있는데, 그 원인과 수정대책은 없는 것인가?

사람들이 불확실성을 인식하고 평가하는데 있어서 거리를 인식하고 평가하는 것과 같이 타당한 근거나 자기중심의 생각으로 직관적인 평가를 하게 된다. 이러한 불확실성에 대한 주관적 평가는 대체적으로 합리적인 해답을 도출하곤 한다. 예를 들면, 유능한 자동차운전자는 자기운전실력과 차의 속도를 감안하여 추돌사고를 피할만큼 정확한 차간거리를 평가할 수 있는 것과 같이, 유능한 기업경영자는 그 기업이 이익을 낼 수 있을만큼 충분히 불확실한 요인들을 평가할 수 있다. 그러나 조직적으로 왜곡되거나 삐뚤어진(편향) 주관적 판단은 잘못된 답을 유도하며 때로는 심각한 결과를 낳기도 한다.

거리추정의 예를 든다면, 사람들은 멀리 떨어진 물체의 거리를 추정할 때 시계(視界)가 나쁘면 일반적으로 과대추정하여 실제보다 멀게 추정하게 되며, 맑은 날씨의 경우에는 과소추정하여 실제거리보다 가깝게 느낀다. 사람들은 거리추정에 있어 "희미함"을 마치 실제거리가 멀기 때문으로 간주하기 때문에 시계가 좋고 나쁨에 따라 규칙적이고 조직적인 편향을 갖게 된다. 거리가 먼 물체는 대체로 희미하게 보이기 때문에 이같이 희미함을 단서로 하는 것은 타당성이 있을 수는 있으나 동시에 예측오차를 낳을 가능성이 있음을 알아야 한다. 안개속에서 운전자들이 차간거리를 실제보다 먼거리로 느껴, 실제로 차간거리를 안전제동거리보다 좁혀 많은 추돌사고가 나는 것에 대한 한 이유가 된다고 보아진다.

불확실성하의 인식의 잘못됨은 잘못된 왜곡을 낳는다.

예: 거리평가에 있어서 안개의 희미함이 미치는 영향

여기에서 우리는 3가지 특징을 주목해야 한다.

첫째, 우리는 일반적으로 우리의 주관적 판단에 대한 밑바탕의 원인들을 인지하지 못한다. 실제 조사결과 대부분의 사람들은 거리판단에 있어서 '희미함'이 영향을 미치는 원인임을 알지 못한다. 둘째, 우리가 잘못된 판단의 영향요인들을 알아낸다고 해도 이를 통제하기가 어렵다. 실제 우리가 왜 그렇다는 것을 알고 있다 해도 희미함 가운데서 보이는 물체는 더 멀리 보인다. 그러나 셋째로, 사람들은 편향되어 짐을 알 수 있고 이를 효과적으로 조정하려는 의식적인 노력을 할 수 있다. 마치 안개속을 항해하는 배의 선장처럼 의식적으로 배간간격을 안개속에서 그의 느낌보다 더 멀리 떨어뜨려 통제할 수 있다. 불확실성에 대한 확률평가에서도 이와 같이 사람들이 의존하는 주관적 판단의 형태에 따라 잘못된 각기 다른 형태의 조직적인 편향을 통제하여야 한다.

☆ **불확실한 사건에 대한 확률평가시 올바르게 표현되지 못하게 되는 편향이란 무엇인가?**

우선 이 논의를 위해서는 우리가 불확실한 사건에 대해 머리속으로 이미 관련된 지식을 갖고 있다고 가정하자. 물론 이 지식은 새 정보를 받아들임으로써 변할 수도 있다. 우리의 머리 속에 내재되어 있는 불확실한 사건이 나타날 확률을 분포의 모양으로 나타낼 때, 의식적이거나 잠재의식적으로 나타나는 반응결과와 지식의 정확한 표현의 차이를 편향(bias)이라고 한다.

편향은 여러 가지 형태로 나타난다. 원래의 분포모양보다 전반적으로 한쪽 방향으로 치우쳐 표현된 것을 「위치편향」이라 하고, 분포의 모양의 전반적 변화를 「변화성 편향」이라 하는데 일반적으로 이 두 편향이 복합적으로 나타나게 된다. 특히, 변화성 편향은 종종 확률이 실제상황보다 분산폭이 더 좁아지는 성향을 나타내는 「중심편향」으로 주로 나타난다. 아래 그림은 이를 표현하고 있다.

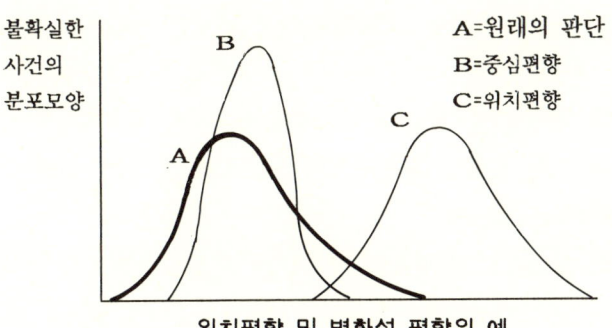

위치편향 및 변화성 편향의 예

◇ 왜 확률표현시에 편향은 일어나는가?

편향이 일어나는 원인으로는 대별하여 자신의 이해관계를 내세운 「의도적 편향」과 근원적으로 인지를 잘못하게 됨으로써 오는 「인식적 편향」으로 구분된다.

의도적 편향은 확률평가자가 그 자신의 표현에 따라 의사결정자로부터 서로 다른 보상이 있을 때 의식적 또는 잠재의식적으로 그의 확률평가치를 조정함에 따라 나타난다. 예를 들면, 판매관리책임자는 판매예측에 있어서 의도적으로 낮은 예측을 하려고 한다. 왜냐하면 실제 판매량이 그의 예측치에 대해 초과달성했을 때 그는 최고의사결정자인 사장으로부터 우수하다는 평가를 받을 수 있다고 기대하기 때문이다.

또한, 일반적으로 확률평가자는 불확실한 사건이 나타날 결과치에 대한 범위를 그가 실제 믿고 있는 것보다 좁은 범위로 압축해 표현하려고 한다. 왜냐하면 그가 다른 사람들보다도 그 불확실한 사건을 더 명확히 알고 있다는 소위 그의 전문성의 우수함을 보여주기를 원하기 때문이다.

즉, 의도적 편향이 왜 생기게 되는가에 대한 명쾌한 해답은 '서로가 자신의 만족을 극대화하려고 하기 때문이다'라고 말할 수 있다. 이러한 의도적 편향을 제거할 수 있는 방법으로는,

① 확률평가자로부터 올바른 확률표현이 나오도록 보상을 변화시키며 유도하거나,
② 문제를 여러 부분으로 분해하여 평가토록 하거나,
(예를 들면, 생산량/매년=생산량/매일×생산일 수 등으로 분해)
③ 예측을 하거나 목표를 설정하기보다, 먼저 서로 의사소통을 원활하게 하는 데 중점을 두어야 한다.

불확실한 사건이 일어날 확률을 평가하는 사람이 아무리 정직하더라도, 즉 그가 의도적으로 편향을 시키지 않는다고 해도 그는 근원적으로 인지를 잘못하게 됨으로써 오는 인식적 편향을 갖게 된다. 인식적 편향은 불확실한 사물에 대한 인식을 처리하는데 있어서 의식적이거나 잠재의식적으로 그의 반응이 조정받는 것으로써 상당히 조직적으로 일어나는 것으로 알려져 있다. 예를 들면, 주관적 판단에 영향을 주는 정보는 최근의 것이 가장 잘 머리 속에 기억되기 때문에 이에 집착하여 판단하게 된다. 인식적 왜곡은 주관적 판단의 근원적 잘못에 의해 발생되는 것이다. 이 인식적 왜곡은 잘 알 수도 없고 통제할 수도 없는 것 같이 생각되나 주의깊은 노력으로 교정될 수 있다.

◇ 인식적 왜곡(편향)은 어떻게 일어나게 되며, 이에 대한 교정방법은 어떠한가?

인식적 왜곡은 주관적 판단의 잘못에 따른 것이므로 주관적 판단이 어떠한 정보의 상황하에서 일어났는가를 명백히 하여 잘못 편향됨을 최소화해야 한다.

자주 발견되는 주관적 판단의 오류로는 다음의 다섯 가지가 있다.

① 정보의 잘못된 유용성에서 기인

불확실한 사건이 일어날 확률에 대한 평가는 개인의 기억이나 형상화된 정보에 근거하게 된다. 예로 생산공정에서 일어날 사고의 확률은 과거 실제 일어난 사고들의 기억을 통하여 평가된다. 정보의 유용성이란, 적절한 정보를 기억하거나 형상화하는데 있어서 얼마나 쉽게 할 수 있는가의 정도를 말한다.

처음 출연했을 때 강한 감명을 준 정보는 기억되기 쉽다. 또한 객

98 III. 불확실성하에서의 의사결정

관적 과거업적보고서나 현재의 사업계획서는 역시 쉽게 불확실성을 예측하는데 이용할 수 있다. 최근의 정보는 오래된 정보보다 쉽게 기억하고 있으므로 유용성이 정도이상으로 높은 경우가 자주 발생하며 많은 비중이 주어지게 된다. 예를 들면, 판매량예측에 있어서 경쟁자의 최근 정보는 과거의 많고 정확한 정보보다 훨씬 큰 영향력을 미치게 된다. 다른 예로, 우리는 통상 원자력발전소의 안전성에 대해 높게 평가해 오고 있다가도 최근 소련 채르노빌 원자력발전소의 사고 등에 접해 연일 그때 방사능에 오염된 유럽산 오렌지 등이 잘못 국내에 수입됐다는 등 핵사고 관련기사가 신문·잡지 등에 나타남으로써 정도이상으로 원자력발전소 사고의 확률을 높게 평가하게 된다. 즉, 쉽게 받아들여 연상할 수 있고 쉽게 시각화가 가능한 특정자료를 너무 믿음으로써 특정정보에 치우쳐 불확실성에 대한 판단이 잘못되는 경우이다.

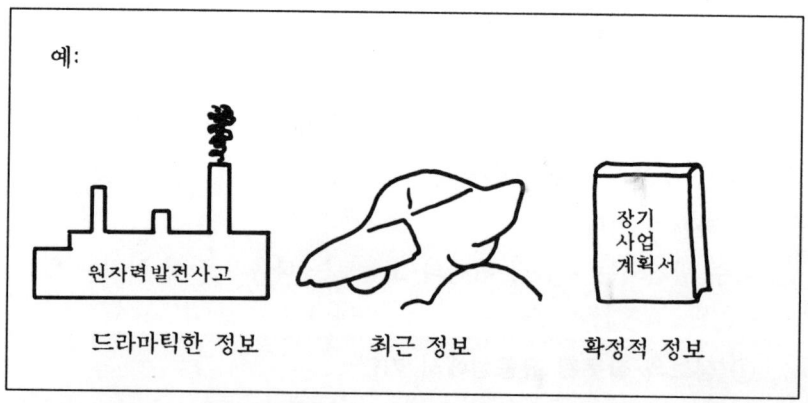

⊙ 이러한 정보의 잘못된 유용성에 의한 왜곡은 미래시점에 우리가 처해 있다고 가정하고 시간을 거꾸로 거슬러 올라가 가상적 현재의 상황을 추리하여 이것과 실제의 현재상황을 맞추어 생각함으로써 이 왜곡됨을 없앨 수 있다.

② **특정정보에 지나친 집착 및 그에 따른 잘못된 조정에서 기인**

지나친 집착과 잘못된 조정이라는 왜곡은 우리가 가장 쉽게 접할 수 있는 정보의 불확실성 평가과정에서 특정정보를 마치 대표치나 기준치인양 세워놓고, 차후 모든 평가를 이러한 편파적인 기준치를 중심으로 부적절하게 조정해 나갈 때 발생하게 된다.

예를 들면, 기업에서 아무리 급조되고 충실치 못한 사업계획서라도 한번 작성되면 이를 미래예측의 기준으로 하여 모든 세부계획이나 대책을 세우게 된다. 또한 금년 판매량예측은 작년도 판매량만을 기준으로 하기 쉽고, 최대 및 최소판매량을 작년판매의 월 최대량 및 최소량의 기준으로 생각하기 쉽다. 최초의 불확실성 평가는 뒤따르는 평가들에 대한 기준으로 여러번 사용된다. 특히 처음의 평가가 특정수치값이었다면 계속되는 평가치들도 이를 기준으로 삼기 쉽다. 이같은 경우가 정보의 지나친 집착으로 나타나게 된다. 집착은 어떤 정보가 진행과정의 초기단계에서 과대평가되었을 때 더욱 강하게 나타나게 된다. 이 경우 불확실성에 대한 확률분포의 모양은 실제 상황보다 특정치에 집중되어 분산폭이 좁아지는 경우가 되는 중심편향이 나타나게 되는 경우가 많다.

불확실사건에 대한 초기평가자료와 그에 연연한 조정은 잘못된 불확실성 평가를 낳게 한다.

또한, 한 특정사건에 대한 확률에 집착될 때, 그 사건에 유관되는 사건들에 대한 확률이 과대평가되게 된다. 이에 대한 대비책으로는 확률계산을 즉흥적이 아닌 체계적으로 해야 하는 것이 하나의 방법이다.

2. 불확실성을 나타내는 확률이란? 101

위 예에서 체계적 확률로 생각할 때 내년 호경기시에 매출액이 백억이 넘을 확률이 90%이므로 내후년 호경기시 매출액이 2백억이 넘을 확률은 90%보다 훨씬 적다는 것을 알아야 한다. 가령, 호경기와 불경기가 나타날 확률을 반반이라고 하면, 내후년 호경기시 2백억이 넘을 확률은 20%밖에 안된다는 것이다.

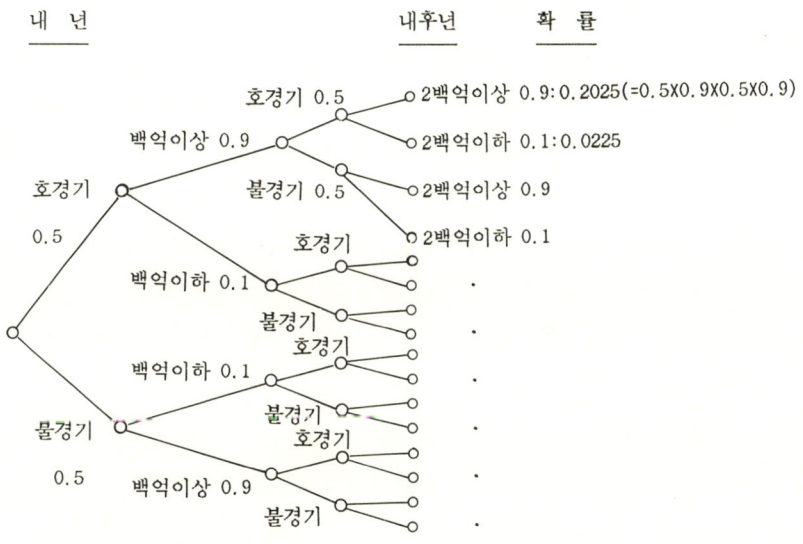

즉, 성급하게 하나의 특정확률에만 집착하게 되면 얼마나 어리석은 판단을 하게 되는가를 알아야 한다.

◆ 지나친 집착과 그에 따른 조정의 왜곡현상을 줄일 수 있는 방법으로는,

    가. 확률평가자가 스스로 잘 알고 있는 측정단위(무게관련이라면 파운드인지 킬로그램이든지, 토지관련이라면 평인지 제곱평방미터인지)에 의한 평가가 이루어지도록 하거나,

    나. 대표치나 기준치를 먼저 평가하도록 하지말고 극단적(비관적, 낙관적)인 경우들을 먼저 평가 및 설명토록 하며, 그후

에 대표치나 기준치를 평가하도록 하거나,
다. 위와 마찬가지로 하되, 초기 대표치의 한 특정값의 평가대신에 불확실결과치가 나타날 범위에 대한 평가가 이루어지도록 해야 한다.

③ 정보의 대표성에서 기인

대표성의 의미는, 특정사건이나 샘플의 확률은 이들이 추출된 과정이나 모집단의 특성을 얼마나 대표하고 있는가 또는 얼마나 모집단의 특성을 대변하고 있는가 하는 정도를 말한다고 볼 수 있다. 대표성에서 문제가 있는 특정정보를 접하고 성급하게 이것이 마치 전체를 나타내고 있다고 판단함에 따라 우리는 또다른 왜곡을 하게 되는 것이다. 예를 들면, 사람들은 일련의 불확실량의 평균값에 대한 확률분포가 전체 모집단의 확률분포보다도 더욱 평균값에 집중되는 분포를 가짐에도 불구하고 전체 모집단의 확률분포를 대변한다고 생각하는 경우가 많다. 다른 예로, 한 의사가 "수두를 앓는 사람은 모두 빨간 반점이 있다"라는 정보를 "이 사람은 빨간 반점이 있으니까 수두에 걸렸다"라고 잘못 추론하는 경우가 있다는 것이다.

왜냐하면, 빨간반점이 나타나는 수두말고도 다른 병이 얼마든지 있다는 사실, 즉 사전지식을 무시했기 때문이다. 이러한 잘못된 대표성에 관한 왜곡은 일반적으로 과거의 경험이나 정보를 무시하는데서 생기게 된다.

예를 들면, 제품개발 전에 많은 잠재수요가 있으리라 판단되었던 새 제품을 이제 시판할 것인가를 결정해야 하는 회사가 있다고 하자. 그 제품에 대해 시장조사를 하였더니 비교적 불리한 결과가 나왔다. 이 실험의 결과를 고려하여 시장수요가 낮다고 성급히 재평가하였다면 이같은 재평가는 대표성의 왜곡을 보인 것이라 할 수 있다. 즉, 최종시장규모를 예측하는데 적중률이 높지 않은 시장조사를 너무 중시하여 높은 수요가 있을 것이라는 사전적 판단을 무시한채 평가한 것이다. 이 경우와 같이 개개의 가설에 직접 관련된 정보에만 집중하고 확률평가상에 중요한 비중을 가질 수 있는 일반적 정보를 무시하고 평가하는 경향이 있다.

대표성에 관한 왜곡을 줄일 수 있는 방법은,

가. 과거지식이나 경험을 충분히 되살려 평가토록 하거나,

나. 최근의 새로운 지식이나 경험과 사전의 정보를 분리하여 사전 정보가 최근의 정보에 의해 개선되도록 충분히 검토하고 평가하여야 하는 것이다.

④ 감추어진 가정들에서 기인

주관적 판단은 보통 다양한 묵시적 가정들에 의해 영향을 받기 쉽다. 따라서 이러한 감추어진 가정들을 갖고 불확실성을 평가할 때 전체적인 면에서의 불확실성이 잘 반영되지 못하게 된다.

예를 들면, 전문 기업경영인이 미래의 영업전망에 대한 불확실성 평가에서 정부의 강력한 규제, 노동쟁의, 까다로운 수요자와의 협상, 전쟁 등과 같은 특수한 상황들의 발생가능성을 고려하지 않을지도 모

른다. 또한 그는 그같은 희귀한 사건을 고려할 필요조차 없다고 생각할 수 있다. 나아가 만약 이런 그의 생각을 뒤엎게 될 상황이 발생하여 영업전망이 그가 평가했던 영업전망의 범위를 벗어났을 경우에도 그는 우리가 기대한 것 만큼 놀라지 않은 것이다. 오히려 그는 판단시 고려해야 할 필요가 있다고 생각지 않았던 희귀조건들 때문이라고 정당화하려 할 것이다. 물론 모든 묵시적 가정들을 고려하도록 그를 의무지울수는 없을지 모른다. 그러나 최소한 그가 사용하는 전제조건들을 설명하고 기술해야 할 의무는 있어야 한다.

전문가의 마음속에만 있고 언급이 안된 가정들에 의해 불확실성 평가는 왜곡된다.

◈ 이러한 묵시적 가정에 의한 왜곡을 줄이기 위해서는,
  가. 극단적인 결과를 제시하고 이에 대한 설명을 하도록 하며,
  나. 가정들이나 조건들을 자세하게 기술해 보거나,
  다. 불확실성 문제를 분해하여 하나하나 차례대로 조건부로 평가하도록 하여야 한다.

⑤ **발생 가능이 희박한 시나리오에서 기인**
　사람들은 어떤 사건이 발생할 수 있는 설득력 있는 가상적 시나리오를 얼마나 잘 세울 수 있는가에 따라 그 사건에 발생확률을 높이 부여하는 경향이 있다. 즉, 설득력있는 시나리오를 찾을 수 없으면 그 사건은 발생하지 않을 것이라고 생각한다. 또한 여러 시나리오가 그 사건발생을 구성할 수 있거나, 하나의 시나리오가 논리적으로 잘 맞을 경우 그 사건발생확률이 높다고 생각한다.
　한 시나리오의 신빙성은 그 사건의 본질적인 '논리적' 확률보다는 일반적인 설득력에 의존하기 쉽다. 예를 들면, 높은 판매량을 기록할 사건에 대한 확률평가는 시장조사자가 잘 달성될 수 있는 시나리오를 구성하는 데 있다. 즉, 어느 시장에 침투하고 합리적인 마케팅 노력으로 어느 정도의 침투력을 보이느냐는 시나리오를 잘 세울 수 있느냐 없느냐에 따라 확률이 변한다. 법정에서의 판결도 피고나 원고에 의해 제시되는 일련의 증거로부터의 일관성있는 시나리오 여부에 따라 판단하게 되는 것과 같다.
　결론적으로, 잘 짜여진 가정의 가상적 시나리오에 의해 높은 발생확률로 불확실한 사건이 일어난다고 왜곡되는 경향이 있다. 그러나 사실은 그 잘 짜여진 가정이 일어날 확률은 희박한 경우가 많다. 겉보기에 훌륭한 가상적 시나리오에 사람들은 왜곡되어지며 그 시나리오가 실제로 발생할 확률이 매우 낮을 수 있다는 것을 주의하지 않는다.

이러한 발생 가능성이 거의 없는 시나리오나 가정들로부터의 왜곡을 방지하기 위한 대책은 앞서 설명된 '감추어진 가정들에서 기인'되는 왜곡의 방지책과 동일하다.

☆ 주관적 확률부여를 쉽게 할 수 있는 방법은 없는가?

확률부여의 여러 방법이 있지만, 간단하기로는 「확률원판」을 이용하는 방법을 들 수 있다.

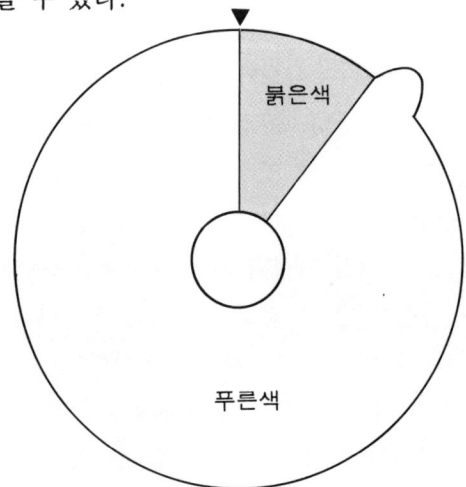

2. 불확실성을 나타내는 확률이란?

　　확률원판은 푸른색 원판과 붉은색 원판의 두 개의 원판이 같은 중심을 갖도록 겹쳐 구성하되 각각 원판의 반지름을 잘라서 서로 엇갈려 겹치도록 한다. 따라서 이 확률원판은 간단한 조정으로 두 원판의 상대적 크기를 보여줄 수 있다. 예를 들어, 내년도 예산생산량이 100만 개를 넘을 확률을 알고자 하면 붉은색 원판의 크기를 점차 크게 하여 이에 상응하는 확률을 알아내게 된다.

　　확률원판을 이용하면 확률을 0에서 1까지 연속적으로 변화시킬 수 있는 장점이 있는 반면, 작은 부분의 크기를 구분하기 어렵기 때문에 0.1이하나 0.9이상의 세세한 확률을 얻는데는 부적절하다는 단점이 있다. 확률원판을 대신할 수 있는 방법은 자와 유사한 수평봉을 사용하는 것이다. 표시지침의 왼쪽, 오른쪽이 각 사건을 나타내고 표시지침의 이동으로 확률을 구하는 것이다. 또 다른 방법은 두 가지 색을 가진 1000개의 작은 공을 넣은 광주리를 이용할 수도 있다. 그러나 확률원판은 확률부여과정을 현상화하기 쉽기 때문에 광주리 이용보다 유용하다.

☆ **불확실한 사건에 대해 주관적 확률은 실제로 어떻게 평가할 수 있으며, 어떻게 활용되고 있는가?**

　　딱딱한 방법들의 소개보다는 다음의 예를 통하여 주관적 확률을 손쉽게 평가할 수 있는 방법을 알기 바라며, 이를 바탕으로 활용될 수 있을 것이다.

　　본 예의 대화는 의사결정자인 피실험자와 불확실성 평가를 보조하여 주고 있는 의사결정분석가 사이에서 이루어지고 있다.

분 석 가 : 나는 당신이 어떻게 불확실한 사건의 발생률 p를 갖는 확률의 분포를 찾아낼 수 있는가 하는 것을 보여주려고 합니다. 예를 들어, 한국의사들 중 금주주의자가 아닌 사람으

로 구성되는 집단을 고려해 봅시다. 그리고 p를 지난 1년 동안 소주보다 맥주를 더많이 마신 의사들의 비율이라고 합시다. 혹시 당신은 의사들의 음주습관에 대해 알고 계시는지요?

피실험자 : 자세히는 모릅니다만, 아마도 제가 개인적으로 알고 있는 3~4명의 의사들에 의하면 의사들도 법률가나 치과의사 또는 엔지니어와 크게 다르지는 않을 것으로 생각합니다. 문제는 당신의 질문에 내가 어떻게 대답해야 할 지를 모르겠군요. 나는 p가 얼마인가에 대해 아주 막연한 생각조차도 할 수 없군요.

분 석 가 : 좋습니다. 나는 오히려 그같은 상황을 원하고 있읍니다.

피실험자 : 나는 당신이 내가 p에 대한 최상의 추정치를 말해주길 바란다고 생각하고 있읍니다만, 내가 과연 그렇게 할 수 있을까요?

분 석 가 : 아닙니다. 사실 나는 최상의 추정치란 것이 큰 의미를 갖는다고 생각하지 않습니다. 자, 우선 워밍업을 위해 몇가지 질문을 드리겠읍니다. 당신은 p가 0.10 이하 또는 이상의 어느 쪽이라고 생각하십니까?

피실험자 : 그것은 쉽지요. 이상입니다.

분 석 가 : 그러면 p가 0.90 이상 또는 이하의 어느 쪽입니까?

피실험자 : 이하입니다.

분 석 가 : 보십시오. 쉽지 않습니까? 당신은 p에 관해 어느 정도 알고 있읍니다. 앞으로의 질문에 대해서는 숙고해서 답하시기 바랍니다. p의 값이 그 이상인지 이하인지 결정하기가 아주 어려운 점을 찾아 주십시오. 다시 말해, p가 그 이상 또는 그 이하에 속할 가능성이 같은 값을 찾아 보십시오.

피실험가 : (잠시 생각한 후에) 0.60쯤 되겠지요. 잘은 모르겠지만 맥주를 좋아하는 의사가 더 많을 것으로 생각이 됩니다. 그렇지 않을까요?

분 석 가 : 이에 대해 너무 고민할 필요는 없습니다. 다음에 당신은 이 생각을 수정할 수도 있습니다. 지금 당신은 p가 0.60 이하 또는 이상이 될 가능성이 같다고 하였습니다.

피실험자 : 그렇습니다. 그렇지만 '가능성이 같다는 것'이 무엇을 의미하는지 잘 모르겠군요.

분 석 가 : '가능성이 같다는 것'은 p가 0.60 이하에 속할 때 당신이 어떤 바람직한 상금을 얻는 것과 p가 0.60 이상에 속할 때 똑같은 상금을 얻게 되는 경우, 즉 두 가지 경우가 당신에게는 차이가 없다(indifference)는 것을 말합니다. 좀 더 극단적으로 얘기한다면 당신의 생명이 걸려 있을 때도 $p \leq 0.60$이나 $p \geq 0.60$을 선택할 가능성이 서로 같은 때를 말합니다.

피실험자 : 알겠습니다.

분 석 가 : 결과적으로 당신은 주관적 판단에 의해 0.60이 0 과 1 사이의 구간을 같은 가능성을 가진 두 개의 구간으로 나누었습니다. 그러면 이번에는 이 구간들을 다시 각각 두 개의 가능성이 같은 구간으로 나누는 과정을 반복해 주십시오. 예를 들어, 당신은 p가 0.20 이하일 때와 0.20과 0.60사이 중 어느 쪽이 가능성이 크다고 생각하십니까?

피실험자 : 0.20과 0.60사이입니다.

분 석 가 : 0과 0.58사이입니까? 0.58과 0.60사이입니까?

피실험자 : 0과 0.58사이입니다.

분 석 가 : 좋습니다. 그러면 0과 0.60사이를 p가 동일한 가능성을 갖고 속한다고 판단되는 두 구간으로 나누어 주십시오.

피실험자 : 만약 p가 0.60 보다 크면 어떻게 됩니까?
분 석 가 : 지금 그것은 논외입니다. 만약 당신이 p*라는 특정한 숫자를 제시한다면 이것은 0과 p*사이의 구간과 p*와 0.60 사이의 구간의 어느 쪽을 선택해도 상금을 받을 가능성이 같다는 것을 의미합니다. 만약 P가 0.60보다 크다면 두 구간 중 어디에도 포함되지 않으므로 어느 구간을 선택해도 당신을 상금을 받을 수가 없습니다.
피실험자 : 알았습니다. 나는 0.50이 0과 0.60사이를 가능성이 동일한 두 구간으로 나눈다고 생각합니다.
분 석 가 : 앞의 질문과 비교해서 내가 "그림 p가 0.60이하라고 가정합시다. 그러면 당신은 0과 0.60사이의 구간을 어떻게 동일한 가능성을 가진 두 구간으로 나눌 것인가"라고 질문하는 편이 당신에게 더 쉬웠으리라고 생각합니까?
피실험자 : 같은 질문이 아닙니까?
분 석 가 : 나는 그렇다고 생각합니다. 당신은 어떻게 생각합니까?
피실험자 : 같은 질문인 것 같군요. 그러나 두번째 방법이 답변하기에 더욱 쉬운 것 같습니다.
분 석 가 : 계속 진행합시다. 이번에는 p가 0.60 이상이라고 가정합시다. 그러면 당신은 0.60과 1.00사이의 구간을 어떻게 동일한 가능성을 가진 두 구간으로 나누겠읍니까?
피실험자 : 0.70입니다. 즉, 0.60과 0.70사이의 구간이 0.70 이상의 구간과 동일한 가능성을 갖는다고 봅니다. 그러나 나는 0.60이 불확실한 숫자이기 때문에 0.50과 0.70에 대해서도 확신을 가질 수가 없군요.
분 석 가 : 잘 알고 있습니다. 당신은 지금 아주 정상적으로 진행하고 있습니다. 지금까지 당신은 0.60, 0.50. 0.70의 세 숫자를 제시하였는데 이를 그림으로 나타내면 다음과 같습니다.

2. 불확실성을 나타내는 확률이란? 111

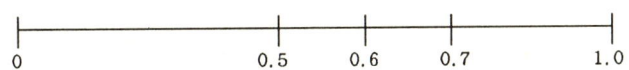

당신이 제시한 숫자에 따르면 당신은 p가 4개의 구간, 즉 [0, 0.50], [0.50, 0.60], [0.60, 0.70], [0.70, 1.00]에 속할 가능성이 같다고 하였습니다.

피실험자 : 그렇습니다.

분 석 가 : 그렇다면 지금부터 재검토를 하도록 하겠습니다. 다음 질문은 당신을 혼돈시키려는 것이 아니라 여러 가지 다른 각도에서 검토해 보고자 하는 것입니다. 예로써 당신은 p가 [0.50, 0.70]의 구간에 속하는 것과 아닌 것은 어느 쪽이 더 가능성이 크다고 봅니까?

피실험자 : 그 구간의 경우가 가능성이 큰 것 같군요. 그러고 보니 이것은 조금전의 대답과 일치하지 않는군요. 그렇지 않습니까?

분 석 가 : 예, 일치하지 않습니다. 그렇지만 대부분의 사람들도 마찬가지입니다. 아마도 의식적으로 일치되도록 한다면 도움이 될 것입니다.

피실험자 : 0.60을 바꾸고 싶지는 않군요. 그러나 0.70에 대해서는 0.68로 바꾸고 싶은 생각이 드는군요. 즉 p가 [0.50, 0.68]의 구간에 있을 가능성이 절반이라고 봅니다.

분 석 가 : p가 [0.60, 0.68] 또는 [0.68, 1.00]의 구간에 있을 가능성이 같다는 뜻입니까?

피실험자 : 그렇습니다. 그러나 우리가 이 작업을 다시 시작하고 지금까지의 대화를 모두 잊어버리기로 한다면 나는 0.50, 0.60, 0.40, 0.55의 숫자는 어떻습니까?

분 석 가 : 그것은 유사한 결과라고 볼 수 있습니다. 그런데 0.20,

0.40, 0.55의 숫자는 어떻습니까?

피실험자 : 전혀 그렇게 생각지 않습니다. 그렇지만 만약 내가 '예'라고 대답한다면 어떻게 합니까?

분 석 가 : 그렇다면 나는 그 세 숫자를 조정하는 적당한 과정을 진행시킬 것입니다. 자, 계속 진행합시다. 가령 0.2 분위수란 것을 작은 쪽으로부터 생각하여 20%가 되는 때의 값이라고 한다면 나는 0.60을 당신의 주관적인 0.50 분위수(fractile)로 간주하고, 0.50을 주관적인 0.25분위수로, 0.68을 주관적인 0.75분위수로 간주할 것입니다. 그리고 간단히 다음과 같이 나타낼 것입니다.

$p_{0.25}=0.50$, $p_{0.50}=0.60$, $p_{0.75}=0.68$

이 숫자들 외에도 다른 숫자들이 몇 개 더 있으면 좋을 것입니다. 당신은 [0, 0.50]사이의 구간을 동일한 가능성을 가진 구간으로 어떻게 나눌 수 있습니까?

피실험자 : 0.42입니다.

분 석 가 : 이것은 $p_{0.125}=0.42$를 의미합니다. [0, 0.42]는 어떻게 나눌 수 있습니까?

피실험자 : 0.36입니다.

분 석 가 : 이것은 $p_{0.0625}=0.36$을 의미합니다. 이번에는 [0.68, 1.00]의 구간을 나누어 보십시오.

피실험자 : 0.75로 나눌 수 있습니다.

분 석 가 : 이것은 $p_{0.875}=0.75$를 의미합니다. 다시 [0.75, 1.00]을 나눈다면 어떻게 됩니까?

피실험자 : 0.80입니다.

분 석 가 : 이것은 $p_{0.9375}=0.80$을 의미합니다. 그러면 당신의 주관적 판단을 표로 요약해 봅시다.

2. 불확실성을 나타내는 확률이란? 113

분 위 수	주관적인 추정값
0.0625	0.36
0.125	0.42
0.25	0.50
0.50	0.60
0.75	0.68
0.875	0.75
0.9375	0.80

이제는 대화를 끝내고 이 데이터를 이용하여 어떻게 두 가지 형태의 그래프를 그릴 수 있는지를 보이기로 하자. $p_{0.125}=0.42$라는 것은 $p \leq 0.42$라는 사건에 대한 피실험자의 주관적 확률이 0.125임을 나타낸다. 즉, 피실험자가 "술을 마시는 의사 중에서 42% 이하가 소주보다 맥주를 좋아한다"라는 사건에 1/8의 확률을 부여한다는 것이다. 즉,

$$p^*(p \leq 0.42) = 0.125$$

다음 그림은 위의 표를 기초로 하여 매끄러운 곡선으로 나타낸 것이다.

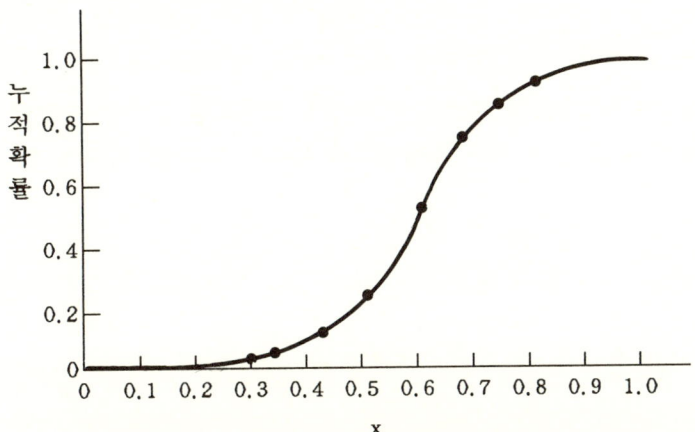

의사들 중 소주보다 맥주를 더 좋아하는 그룹의 비율에 대한 주관적 누적확률분포(앞의 데이타와 비교)

위 그래프는 x축의 각 점에 대해 소주보다 맥주를 더 많이 마시는 의사의 비율 p가 x이하가 될 확률을 나타내 준다. 이 그래프는 불확실한 비율 p에 대한 '주관적인 누적확률분포'라고 한다.

만약 점들과 그래프 위에 표시된 점들 중 어느 한 점이 다른 점들과 매끄럽게 조화를 이루지 못하고 많이 떨어져 있다면 분석자는 피실험자에게 평가를 조정하도록 유도할 수 있다. x값이 0.36이하일 때와 0.80이상일 때는 대략적으로 그린 것이나, 만약 문제의 성격이 양쪽 극단부분을 중요시해야 한다면 충분한 데이터를 얻을 때까지 피실험자에게 구간을 계속 나누도록 하는 것이 좋다.

위의 그래프로부터 피실험자의 p가 어느 특정구간에 속할 주관적 확률을 쉽게 얻을 수 있다. 예를 들어, 사건 $0.40 < P \leq 0.50$의 p^*값은 다음과 같이 구할 수 있다.

$$p^*(0.40 < p \leq 0.50) = p^*(p0.50) - p^*(p \leq 0.40)$$
$$= 0.25 - 0.10 = 0.15$$

다음 그림은 p가 10개의 연속적인 구간 [1, 0.10], [0.10, 0.20], …, [0.90, 1.00]에 속할 확률을 나타내는 막대그래프(Histogram)이다. 이 그림에서 구간 [0.40, 0.50]의 높이는 0.15가 된다. 이 막대그래프를 기초로 매끄러운 그래프를 그리면 이것이 바로 불확실한 비율 p에 대한 피실험자의 주관적 확률밀도함수가 된다.

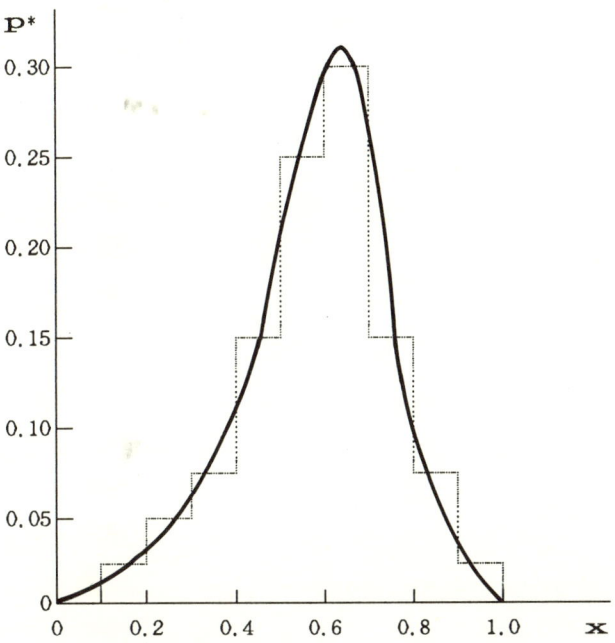

의사들 중 소주보다 맥주를 더 좋아하는 그룹의 비율
P에 대한 주관적 확률분포

☆ 기업의사결정에서 주관적 확률평가의 활용 예

　기업경영의 실제 의사결정문제에서 주관적 확률평가는 간편하다는 잇점외에 실질적이고 즉각적인 이득을 주고 있다는 사례연구가 있다. 한 예로서 미국 유수업체인 「Morgan Guaranty Trust Company」에서 주관적 확률평가를 이용하여 성과를 거두고 있다는 사례연구발표를 하였다. Morgan사는 회사의 자산과 부채의 비율을 좌우하는 미래의 이자율 예측에서 이에 대한 불확실성을 막대그래프를 써서 계량화하는 방법을 쓰고 있다. 예를 들면, Morgan사의 경영자는 미래 이자율 변화추이를 보고 이에 따라 3개월만기 CD(90-days Certificate of Deposit)를 더 사야 할 것인지 팔아야 할 것인지를 결정해야 한다. 향후 이자율이 오를 것으로 예상되면 CD를 더 많이 사고, 내릴 것으로 예상되면 CD를 많이 팔아야 하는 것이다.

이 경우 이자율은 회사로서는 통제할 수 없고, 또한 예측하기 어려운 여러 변동요인에 의존한다. 따라서 계량경제학적인 예측방법도 종종 틀리고, 또 예측수치에 대해서도 여러 전문가들간에 그 타당성에 대한 의견이 모두 다른 경우가 종종 있다.

이러한 문제에 대한 접근방법으로 Morgan사는 사내의 여러 금융전문가를 활용하여 주관적으로 이자율변동에 대해 주관적 확률을 평가하고 이를 종합하여 기업의 투자결정에 활용한다. 또한, 이 방법의 사용은 대체로 정확한 이자율예측이 가능하고 회사의 의사결정에 상당히 도움이 되었다는 결과를 발표했다.

구체적인 진행절차는, 첫째, Morgan사는 사내의 최고의 전문가로 하여금 3개월 후의 이자율에 대해 각각 주관적 확률을 막대그래프로 평가하도록 한다.

둘째, 이들 위원회를 소집하여 여러 전문가(Morgan사는 7인으로 구성)가 주관적으로 평가한 확률에 대해 상호의견교환 및 토의토록 한다. 이러한 토의과정에서 전문가들은 각자의 확률평가에 대한 타당성을 설명하고, 다른 사람의 의견을 들어 각자의 생각을 정리 종합해 보는 것이다.

셋째, 본인 각자의 최초 확률평가를 이들 토의과정을 통해 얻은 정보와 결합하여 최종적으로 각자의 주관적 확률을 평가한다.

넷째, 이들 각 전문가의 의견을 종합하여 하나의 확률분포(막대그래프)를 얻는다. 이 과정에서 여러 전문가에 대한 비중(weight)를 주는데 있어 차등을 둘 수도 있고 균일하게 할 수도 있다. Morgan사의 경우는 모든 전문가 의견에 동일한 비중을 두어 이들의 산술평균으로 종합확률분포를 얻는다.

다섯째, 이들 확률분포를 의사결정문제와 관련시켜 최고경영자에게 대안선택에 관한 조언을 하는 것이다. 한편, 위원회의 위원들은 각자의 담당부서의 의견을 종합청취하여 자신의 주관적 확률평가에 도움을 얻을 수도 있다. 이 같은 절차의 예를 그림으로 표현하면 다음과 같다.

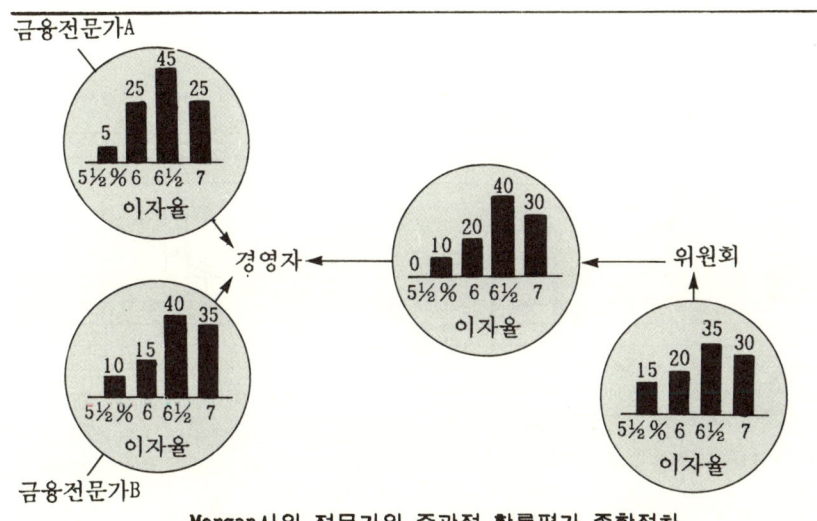

Morgan사의 전문가의 주관적 확률평가 종합절차

실제 이같은 주관적 확률평가의 성과를 보기 위하여 다음 그림과 같이 주관적 예측치와 실제값의 비교를 하였다. 실선은 실제 3개월 만기 CD의 이자율이고, 점선은 3개월 전에 주관적 확률평가를 통해 얻은 예측치(기대치)들이다. 검은 점은 예측이 이루어진 시점의 실제이자율을 나타내고 점의 아래 위로 그려진 수직선은 확률평가의 한 단위 표준편차를 나타낸다. 그림에서는 "75% 신뢰구간"을 나타낸다.

그림의 결과를 해석해 보면 예측치와 실제값이 상당히 근접하고

118 III. 불확실성하에서의 의사결정

있는 것을 볼 수 있고, 특히 75% 신뢰구간을 벗어나는 경우가 한번도 없다는 것을 볼 수 있다. 한편 오차 이상으로 중요한 것은 향후 오를 것인가 내릴 것인가의 방향에 대한 것인데, 예측치의 경우는 항상 옳은 방향으로 예측했음을 알 수 있다. 이는 검은 점(예측 당시의 이자율)이 실선(3개월 후 실제값)과 점선(3개월 후 예측치)사이에 있는 경우가 하나도 없음을 검토함으로써 알 수 있다.

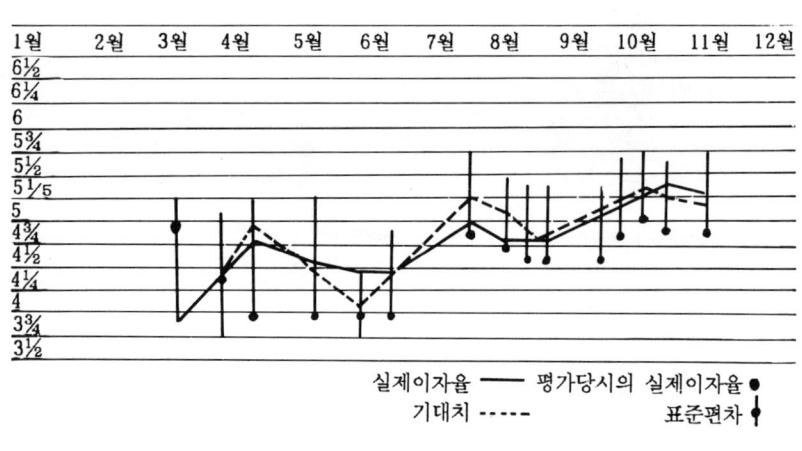

주관적 예측치와 실제값의 비교도

☆ 정확한 확률평가가 이루어지도록 평가자 스스로 평가를 개선시킬 수 있는 방도는 없는가?

보다 정확한 확률의 평가개선을 위해 사용할 수 있는 방법중의 하나는 잘못된 평가에 따른 벌칙점수를 부과하여 이 점수가 가능한 한 적게 되도록 스스로 노력하는 방책이 있다.

2. 불확실성을 나타내는 확률이란?

예를 들어, 자신이 비올 확률이 0.7이라고 느꼈을 때, 내일 실제로 비가 오면 0.3만큼 잘못한 셈이고 이를 벌칙점수로 생각할 수 있다. 왜냐하면 완벽한 예측가라면 비올 확률을 1이라고 평가했었을 것이기 때문이다. 또한 비가 오지 않았다면 0.7의 벌칙점수를 얻게 된다 (마찬가지 이유로 완전한 예측가라면 0으로 확률평가를 했었기 때문에).

그러나 이러한 벌칙점수체계는 바람직하지 못한 것이다. 이는 확률평가시 자신이 실제 느끼는 확률보다 다른 평가를 함으로써 더 나은 (벌칙점수로는 더 적은) 벌칙점수를 얻게 되기 때문이다. 이를 설명하면, 앞의 예에서 비가 올 확률을 70%라고 했고 다음날 실제 비가 오게 되면 100점 기준하에 30점의 벌점을 받게 되고, 비가 올 확률은 70%이니까 0.70 × 30=21점이 되는 셈이고, 반면 비가 안오면 70점의 벌점을 비가 안올 확률 30%로 받아 벌점 21점(=0.30 × 70)을 받게 되어 전체적으로 벌점 42점을 받게 된다. 즉, 자신이 비올 확률을 70%라고 느끼고 이를 정확히 자신의 의사결정에 반영시켰을 때 42점의 벌점을 받게 되는 셈이다.

한편 자신이 내일 비가 올 확률을 70%라고 믿고 있지만, 고의적이건 자신의 잘못이건간에 내일 비가 꼭 온다고, 다시 말해서 내일 비가 올 확률을 100%라고 했을 경우를 생각해 보자. 내일이 되어 실제 비가 왔다면 벌점은 0점으로 없을 것이지만, 실제 비가 안왔다면 벌점은 100점이 된다. 이 경우 그의 현재에 있어서 전체 벌점은 비가 안올 확률이 30%로부터(비가 올 확률이 70%이기 때문에) 30점이 된다. 앞에서 진실대로 행위를 했을 때의 42점에 비하면 진실로부터 잘못된 경우가 벌점 30점으로 오히려 벌점을 덜 받게 된다. 따라서 벌점계산방식을 추정하는 것과 실제 나타나는 현상과의 단순한 차로만 하는 것은 적절하지 못하다.

벌점계산방식을(추정하는 것과 실제 나타나는 현상과의 차) 제곱의 형태로 사용했을 때, 우리가 원하는, 잘못 예견했을 때 더 큰 벌점을 받게 되는 벌점방식이 된다. 이 경우 앞의 예제에서 비가 올 확률을 70% 라고 진술했을 때, 실제 비가 왔다면 100점 기준에서,

$100 \times (1-0.7)^2 = 9$, 즉 9점 벌점이 되고 비가 오지 않았다면
$100 \times (1-0.3)^2 = 49$ 의 벌점 49점을 받게 된다.

비가 올 확률이 70%, 따라서 비가 오지 않을 확률이 30%이므로 전체적 벌점은 $0.7 \times 9 + 0.3 \times 49 = 21$, 즉 21점의 벌점을 받게 된다.
만약 고의적이건 무의식적이건 잘못으로 비가 확실히 온다고 했을 경우에 그의 전체적 벌점은 $30(=0.7 \times 0 + 0.3 \times 100)$점을 받게 된다. 따라서 이 제곱형태의 벌점계산방식을 우리가 불확실성의 확률평가에서 활용한다면 진실한 표현을 했을 때 벌점을 덜 받게 되는 계산방식이므로 이를 반복수행함으로써 불확실성에 대한 정확한 평가가 이루어지는 연습이 될 수 있다.

벌점계산방식을 그림으로 나타내면 다음과 같다.

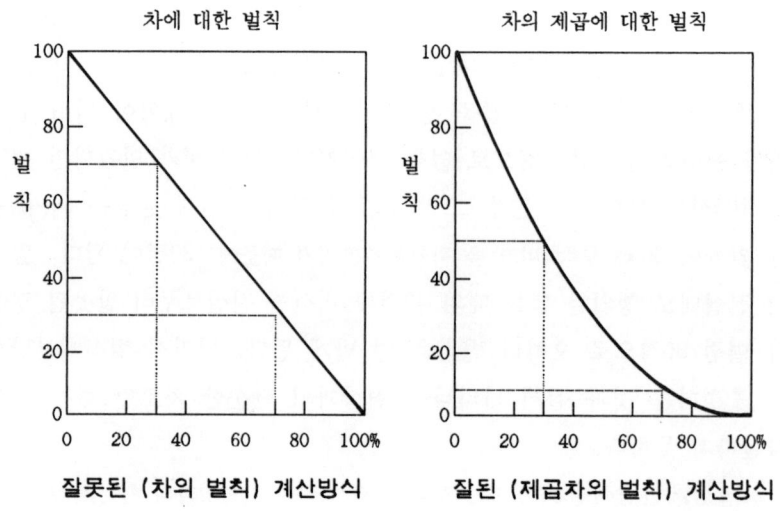

잘못된 (차의 벌칙) 계산방식   잘된 (제곱차의 벌칙) 계산방식

2. 불확실성을 나타내는 확률이란?

또한 본질적으로 얼마나 잘 불확실성을 자신이 평가하고 있는가 하는 것에 대한 측정이 필요한데, 이를 위해서는 자신이 불확실성을 표현한 확률별로 실제로 맞춘 비율을 아래와 같이 도표화하여 반복적으로 검증하는 일이 필요하다. 다시 말하면, 자신의 확률평가를 분석해 보기 위해서 자신의 각 확률에 대해서 맞춘 비율을 구한다. 즉, 자신이 진술한 확률평가를 구분하여 각 평가확률에 대해서 맞춘 비율을 구한다. 보기로 비가 올 확률이 70%라고 했던 총평가일수 100일중에서 실제로 비가 온 날수가 60일이었다면 이 비율 확률 70% 구분에 대해서 맞춘 비율은 60일/100일이라서 60%인 셈이 되어, 차후 자신이 70%라고 느껴도 하향조정하여 60%로 교정하는 것이 바람직할 것이다.

따라서 자기자신의 이와 같은 구분별 맞춘 비율에 관한 도표를 준비하여 활용한다면, 많은 연습후 불확실성에 대한 정확한 평가를 유도할 수 있으며, 근시적으로는 현재 자신의 평가를 교정시키는데도 활용될 수 있을 것이다.

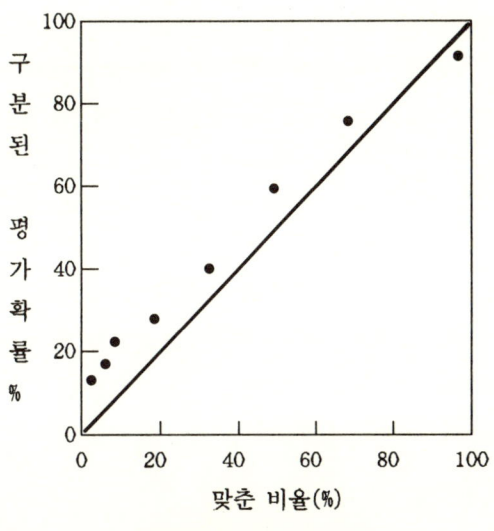

확률구분별 맞춘 비율

3. 확률을 이용하여 어떻게 의사결정을 할 수 있는가?

통상적으로 불확실한 미래에 대해서 많은 사람들은 확률적 처리를 하고 있다. 성공하거나 실패할 확률이 반반이라든지 아파트분양에 당첨될 확률이 6대 1이라든지, 자신이 알게 모르게 우리는 확률을 사용하고 있다. 이러한 상황하에서 만약 당신이 합리적 의사결정을 하려고 할 때, 논리적 사고의 기본적 방향은 어떻게 설정해야 할까?

다음의 가상적 예는 비록 간단하기는 하나 의사결정관련 사전지식이 없더라도 합리적 의사결정과정의 일례를 충분히 살펴볼 수 있게 한다.

> 당신의 귀여운 딸이 이틀 후에 결혼피로연을 갖을 예정으로 있는데, 어디서 하면 좋을지를 당신은 미리 결정해야 한다. 가장 좋기는 야외잔디밭에서 하는 것이나, 그날 비가 올 수도 있기 때문에 실내에서나, 지붕이 있는 야외(편의상 '준야외'라고 하자)에서 해야 하는지를 망설이고 있다.

제일 먼저 당신은 의사결정문제가 명확히 무엇인가를 말할 수 있어야 한다. 즉, 이 경우는 '피로연하는 장소결정'인 것이다. 이에 따른 당신이 콘트롤할 수 있는 대안은 '야외잔디밭에서/준야외에서/실내에서'라고 하는 세 가지로 한정지워진다.

여기서 당신은 다른 성격의 요소를 발견하게 된다. 이는 피로연 당일의 기후를 보이는 '맑음/비'와 같은 당신이 콘트롤할 수 없는 불확실성을 보이는 요소들이다.

3. 확률을 이용하여 어떻게 의사결정을 할 수 있는가? 123

　　대안선별시에 기준이 될 수 있는 결과에 대한 명확한 개념을 설정하는 것이 또한 중요하다. 이를 우리가 종종 사용하고 있는 나무가지 모향의 의사결정트리(tree)를 이용하여 나타내 보자.

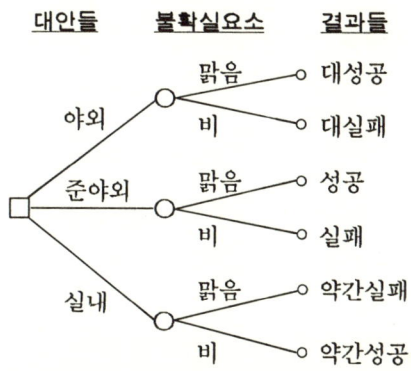

　　그림에서의 결과들에 대한 표현인 언어적 표현 그대로 사용하려면 퍼지(Fuzzy)개념을 이용하여야 하나, 본 예제에서는 언어적 표현을 수치로 바꾸어 생각하기로 한다. 야외에서 하려고 모든 준비를 했는데 그날 비가 왔을 경우, 즉 대실패의 결과를 금전적 가치로 0원이라고 할 때, 비가 오는 대신 어떤 전지전능한 자가 나타나 날씨를 맑게 해 줄 수 있었을 경우, 즉 '대실패'로부터 '대성공'으로 바꾸어 주었을 경우에 당신이 지불할 수 있는 댓가는 얼마이겠는가? 이에 대해 당신이 천만원이라고 했다고 하자. 이어서 "덜 바람직한 결과를 좋은 결과로 바꾸어 주는 전지전능한 자에게 당신은 그 댓가로 얼마를 지불하겠는가?"와 같은 질문을 계속함으로써 언어적 결과표현을 수치화한 다음과 같은 그림을 얻을 수 있을 것이다.

124 III. 불확실성하에서의 의사결정

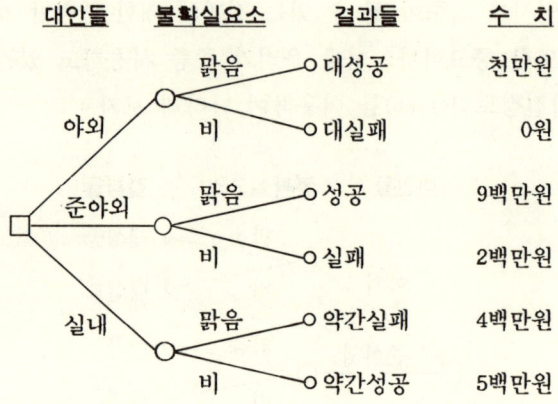

이때 막연하기는 하나 당신은 당일의 날씨에 대한 정보를 신문이나 TV의 일기예보를 통해, 맑을 확률이 40%이고, 따라서 비올 확률이 60%가 되리라고 생각하고 있다. 확률을 넣어 다시 종합하여 보면 다음과 같이 된다.

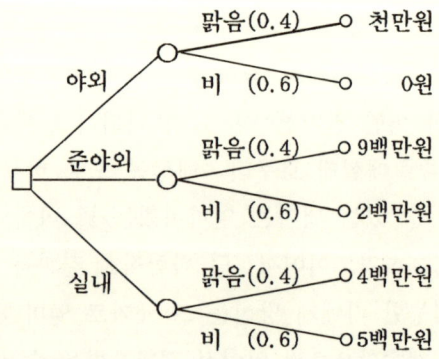

이를 토대로 각 대안의 기대치를 알아보아 어떤 대안이 좋은 것인가를 결정해 보자. 야외에서 하기로 한 결정에 대해서는,

(천만원 × 0.4) + (0원 × 0.6) = 4백만원

이 기대치가 된다.

같은 산출과정을 다른 두 대안에도 적용하여 그려보면 다음과 같

이 된다.

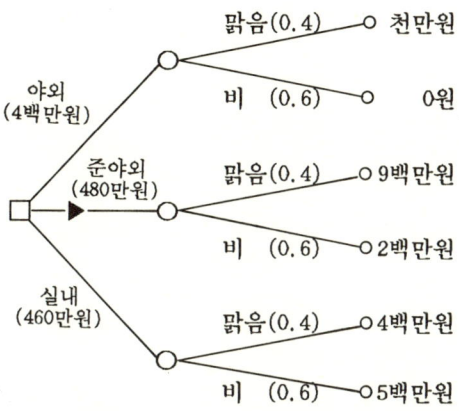

그림에서 보는 바와 같이 준야외에서 하기로 했을 때의 기대치가 480만원으로 다른 대안들에 비해 제일 높은 값이므로 준야외에서 하는 대안을 당신을 고르게 될 것이다.

날씨에 대해 완전한 정보, 즉 정확히 맞힐 수 있는 자가 있다고 하면 당신은 그에게서 날씨에 대한 정확한 정보를 얻는 댓가로 얼마까지 지불할 수 있겠는가? 만일 그가 '맑다'고 예언하면 당신은 야외에서 피로연 준비를 하면 될 것이고, '비'라고 예언하면 당신은 실내에서 하여야 할 것이다. 또한 당신은 지금 그가 '맑다'고 예언할 확률은 앞서 기술된 바와 같이 40%라고 믿고 있으며, '비'라고 할 확률이 60% 라는 것을 믿고 있다.

이를 토대로 정리한 그림은 다음과 같다.

III. 불확실성하에서의 의사결정

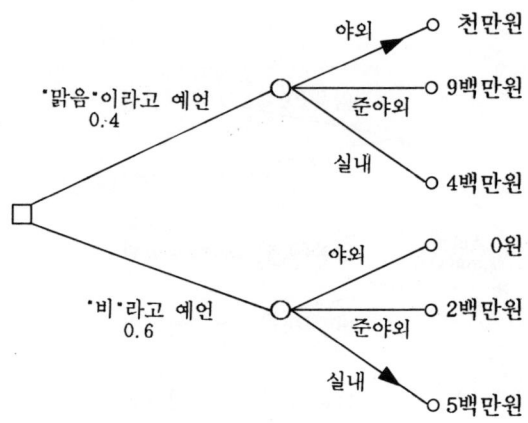

날씨를 정확히 예견할 수 있는 자를 활용할 때 당신은 얼마만큼의 기대치를 얻을 수 있는가?

1000만원 × 0.4 + 500만원 × 0.6 = 700만원이다.

따라서 그를 이용했을 때 우리가 지불할 수 있는 최고액은 앞서 계산된 예견자가 없을 경우의 480만원과의 차인 220만원인 셈이 된다. 이것은 무엇을 말하는가? 완전한 정보를 우리에게 제공해 주는 경우에 우리가 손해를 안볼 최고액, 즉 완전정보의 가치인 것이다. 예를 들면, 신상품을 시장에 내놓기 전에 시장조사를 하게 되는데 시장조사로부터 얻어지게 되는 정보에 대비한 시장조사비용의 상한금액을 위와 같은 요령을 확대하여 얻을 수 있을 것이다.

만일, 당신은 정확한 예견자를 능가하여 전지전능한 자를 알고 있다고 하자. 즉, 당신이 원하는대로 날씨를 만들어 줄 수 있는 자를 활용할 수 있다면, 그의 댓가로 당신은 얼마를 지불하겠는가? 이때, 그를 활용한다면 당신은 그에게 맑게 해달라고 할 것이고, 당신은 물론 안심하고 야외에서 피로연을 할 수 있게 될 것이다.

이를 나타내면,

3. 확률을 이용하여 어떻게 의사결정을 할 수 있는가? 127

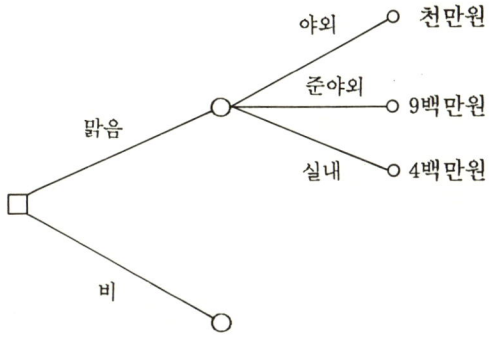

와 같고 이때 당신이 얻게 되는 기대치는 확실히 천만원이다. 따라서 그를 이용하지 않았을 때의 차는 천만원 - 480만원 = 520만원이다. 이는 마치 비오는 것에 관계없이 야외에서 하는 느낌을 줄 수 있는 야외파티용 프라스틱집같은 기구가 있다면 이에 대해 지불할 수 있는 금액은 분명 이 차액보다 적어야 할 것이다.

앞서 날씨가 맑거나 비가 올 확률을 확정적으로 수치화하여 설명하였는데 사실상 이를 정확히 나타내기는 어렵다. 따라서 날씨가 맑을 확률을 P라고 놓고 P에 따라서 대안선택이 어떻게 달라지는가를 생각하기로 하자. 일반적인 경우인 P에 대한 의사결정트리는 다음과 같다.

(단위 : 만원)

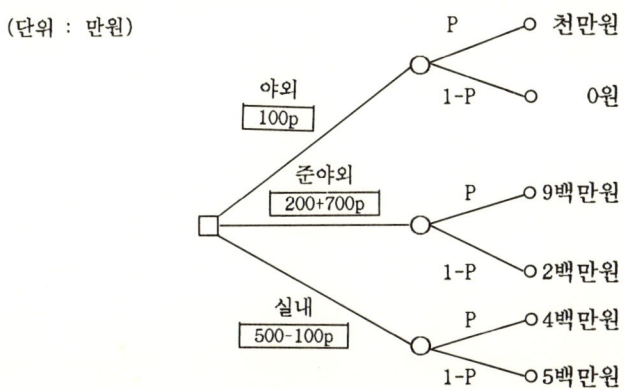

또한, 정확한 예견자를 활용하는 경우에는,

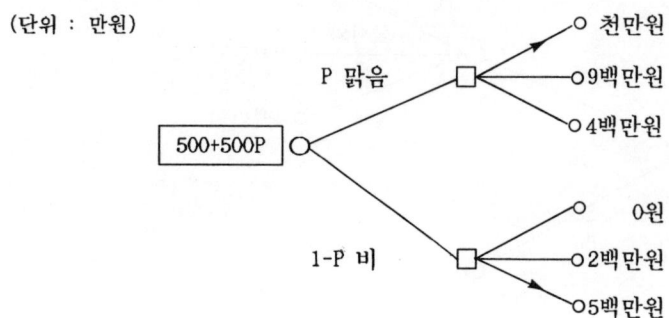

이를 종합적으로 p에 따라 나타내면 다음과 같다.

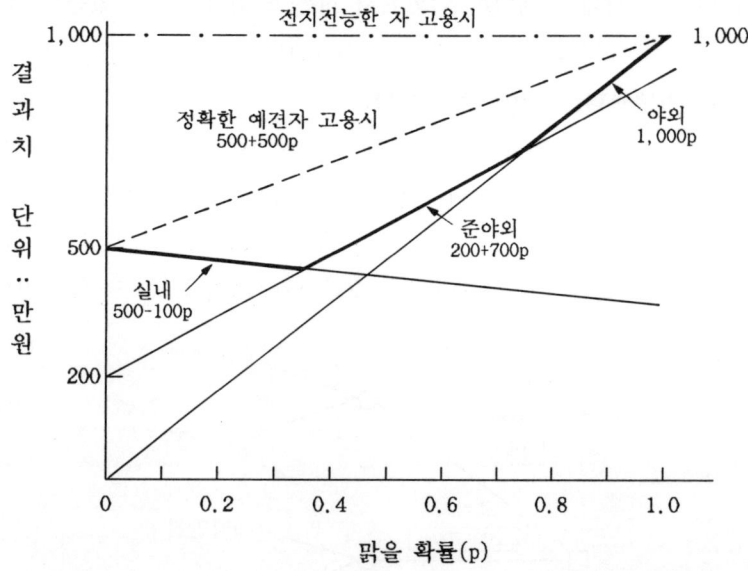

굵은 선은 원래 결정(정확한 예견자나 전지전능한 자 도움없이)을 나타냄.

위 그림에서 실내, 준야외, 야외의 대안들에 대한 기대치들 중에서 높은 결과치를 갖는 쪽으로 선별하여 행동을 하니까 p의 값이 낮

3. 확률을 이용하여 어떻게 의사결정을 할 수 있는가? 129

을 때(비올 확률이 높을 때)는 실내에서, p의 값이 높을 때(맑을 확률이 높을 때)는 야외에서, 중간일 때는 준야외에서 하게 됨을 굵은 선으로 나타냈다.

위 그림에서 알 수 있듯이 당신이 틀림없이 당일 비가 온다고 믿거나(P=0), 또는 틀림없이 맑다(P=1.0)고 믿는다면 그와같은 상황하에서 정확한 예견가로부터의 정보에 대한 가치는 없는 것이다. 다시 말하면, 당신이 틀림없이 비가 온다고 믿는다면 당신은 실내에서 피로연을 하도록 할 것이며, 예견가도 비가 온다고 할 것이므로 그의 정보에 대한 가치는 없는 것이다.

앞의 확정적 확률이 아닌 일반적 표현(P로 표현된)으로의 대안선별을 보여주는 것은 매우 유용할 것이다. 왜냐하면 스스로 정확한 확률을 추정한다는 것은 실제로 어려운 일이므로 대략적인 행동에 대한 판단을 적절한 p의 범위에 견주어 결정함이 낫다고 보며, 시간이 지나감에 따라 p의 값이 주위 정보변화에 맞추어 변화되어가므로 그때마다 새로이 계산을 할 필요없이 앞의 도표만 준비하고 계속 활용할 수 있을 것이다. 이와 같이 의사결정에 도움을 주는 의사결정지원시스템들은 항시 유연성이라든가 융통성 있는 형태로 구성되어져야만 한다. 그 이유는 이와 같은 의사결정지원시스템들의 유연성이 모형밖의 다른 많은 영향요인들을 소화시켜 나갈 수 있기 때문이다.

앞에서 완전정보에 대한 이야기를 하였는데, 현실적으로 세상에 있는 많은 정보들은 완전치 못한 실정이다. 즉, 우리가 접하게 되는 정보들은 거의가 불완전정보인 셈이다. 그러면 어떻게 우리는 불완전정보하에서 문제를 풀어 나갈 수 있을 것인가? 앞의 예를 계속 활용하여 설명하기로 하자.

당신은 날씨에 대한 정확한 정보를 어떻게 하면 얻을 수 있을까 고심하며 길을 걷다가 우연히 길거리에서 "정밀날씨예보기"라는 기구를 소리치며 팔고 있는 행상을 보게 되었다. 이 기구의 뒷면에 있는

130 III. 불확실성하에서의 의사결정

기구명세표에는 80%의 정확도가 있음이 나타나 있었다. 즉, 이 예보기의 예보이력실험자료에는 실제로 맑은 날씨에 대해 80%의 확률로 "청명"이라고 예보했고, 또한 실제로 비가 온 날씨에 대해 80%의 확률로 "우천"이라고 예보했다고 설명되어 있었다. 이때 이 예측기를 살 필요가 있겠는가 하고 고민하게 되었다. 이는 마치 불확실한 정보를 제공받게 될 시장조사 등에 있어 이 시장조사를 얼마의 돈을 투입하여 해야하는가, 또는 불확실한 정보를 제공해 주게 되는 각종 컨설턴트 등에 얼마의 돈을 주어 위탁을 하여야 하는가 등의 문제로도 발전시켜 생각할 수 있을 것이다.

여하튼, 이 날씨예보기를 살 것인가 말 것인가를 포함하는 의사결정으로 생각할 때, 아래 그림에서 보다시피 예보기를 사기로 결정한 경우에 있어 예보기가 "청명"이라고 예보했을 때 실제 맑을 확률이나, "우천"이라고 예보했을 때 실제 비가 올 확률 등의 확률치를 알 수 없어 각 기대치를 계산할 수 없다.

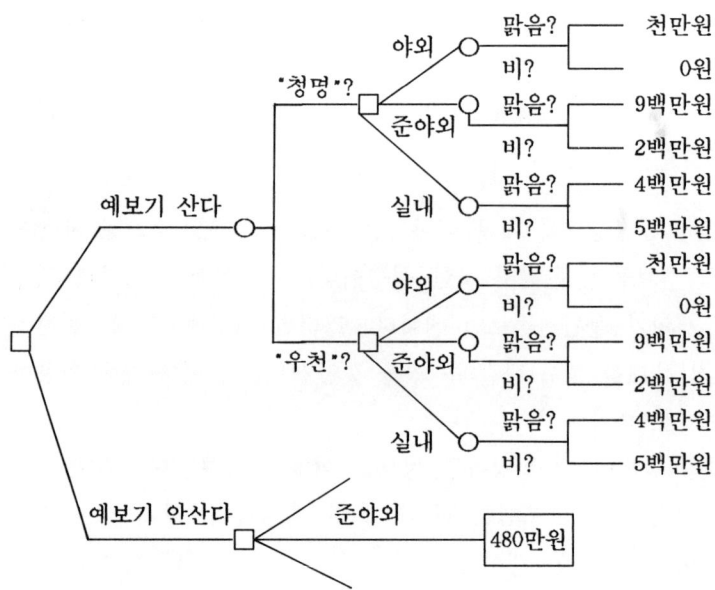

3. 확률을 이용하여 어떻게 의사결정을 할 수 있는가? 131

그러나, 당신은 지금 실제 맑았을 경우에 예보기가 맞출 확률이 80%라고 알고 있으며, 비의 경우에도 예보기가 맞출 확률이 80%라는 것을 알고 있다. 또한 당일 비가 올 확률을 앞에서와 같이 60%라고 믿고 있다. 이를 날씨-예보관계로 나타내면,

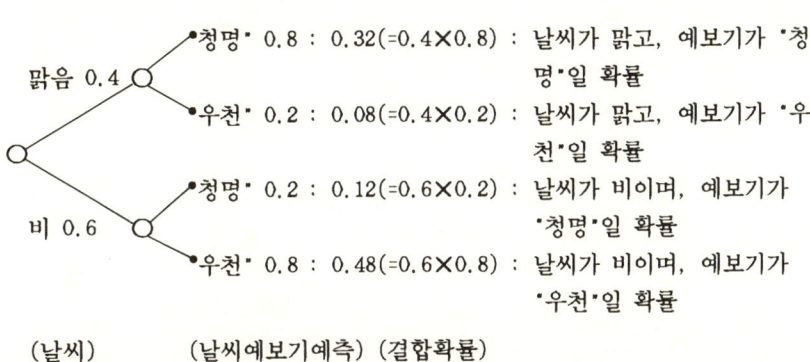

여기에서부터 예보-날씨관계를 구할 수 있다.

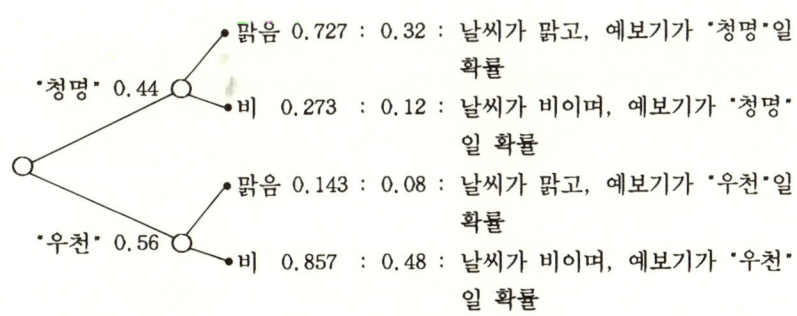

위 예보-날씨관계의 "청명"에 대한 확률은 앞선 그림의 날씨-예보관계의 "청명"들의 확률의 합(0.32와 0.12)인 0.44이며, "우천"의 경우는 0.08과 0.48의 합인 0.56이 된다.

또한, 예보-날씨관계에 있어서의 예측이 "청명"일 때, 날씨가 맑

132 III. 불확실성하에서의 의사결정

음의 확률은 0.32÷0.44=0.727로부터 0.727이 된다.
　이와 같은 계산을 반복함으로써 예보기 구매를 포함한 의사결정문제에 대한 의사결정의 각 기대치를 얻을 수 있다.

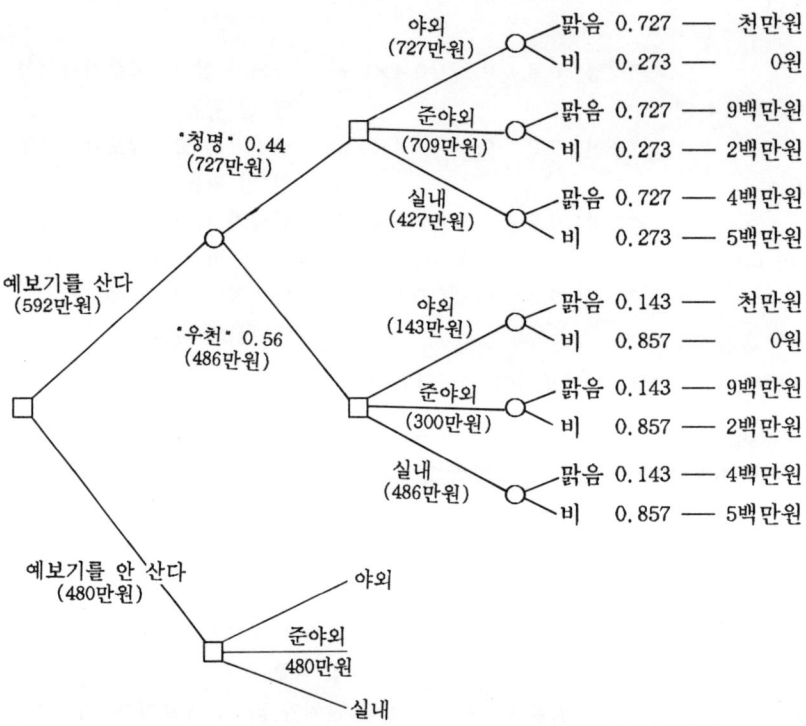

　날씨예보기로 얻어지는 부가적 가치는 예보기를 살 경우의 기대치 592만원과 안사는 경우의 기대치 480만원의 차인 112만원이 된다. 따라서 이 불완전한 정보를 주게 되는 예보기를 112만원보다 싸게 구매할 수 있다면 당신은 기대치를 높일 수 있는 셈이 된다.
　앞서 보인 바와 같이 완전정보의 가치는 물론 112만원보다 높은 220만원이다.

　결론적으로 이 예제를 통해 의사결정분석에 대한 기본적 이해를

3. 확률을 이용하여 어떻게 의사결정을 할 수 있는가? 133

할 수 있게 되었다. 다시 말하면,
- 현재 주어진 여러 정보를 바탕으로 간단하지만 **논리적 틀**(의사결정트리 등)을 사용하게 되면 보다 합리적인 의사결정을 할 수 있다.
- 완전정보의 가치란 마치 정확한 예견자에게서부터 우리가 정보를 얻고자 할 때 우리가 지불해야 하는 댓가의 상한액이다.
- 불완전정보의 가치란 우리가 실제 생활에서 불확실한 정보를 보다 확실한 정보로 전환시킬 때에 그의 댓가로 지불해야 하는 가치인 것이다.

4. 위험을 분담하는 방법은 무엇일까?

다음과 같은 (마치 동전던지기 게임과 같은) 로터리(lottery)를 생각해 보자.

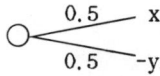

즉, 0.5의 확률로 x원을 얻거나 y원을 잃거나 하는 게임이다. 이 로터리를 (x, y)-로터리(lottery)라 부르기로 하자. 만약 x=100만원, y=1만원이라면 이 게임은 누구나 하려 할 것이다. 그러나 x=1만원, y=100만원이라면 누구나 하지 않을 것이다. (x, y)=(50만원, 50만원) 또는 (60만원, 50만원)이라면 어떨까? 이런 경우는 개인성향에 따라 크게 차이가 있을 것이다. x를 0원과 1,000만원 사이에 한정시켜 놓고 생각해 보자(이후부터 편의상 만원의 단위를 없애겠다). 이 금액 사이에 있는 모든 x에 대하여 위의 로터리를 받아들일 수 있는 y를 어느 한 개인에게 물어, 아래 그림과 같은 그래프를 작성할 수 있다. 그리고 이 그래프에서 거절영역과 수락영역이 하나의 곡선에 의하여 나뉘어짐을 알 수 있다.

4. 위험을 분담하는 방법은 무엇일까? 135

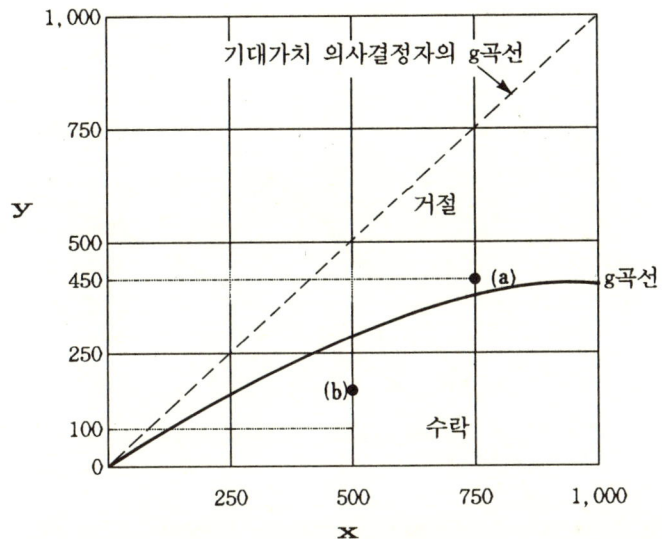

즉, 곡선의 윗부분에 속하면 이 로터리를 하지 않고, g곡선의 아래부분에 속하면 수락하게 된다. 이렇게 거절과 수락을 구분해 주는 곡선을 "g곡선"이라 한다. 예를 들어 보자.

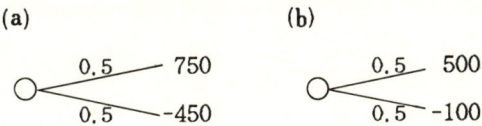

(a)의 로터리는 그림에서 거절영역에 있으므로 거절하게 되고, (b)의 로터리는 수락영역에 있으므로 수락하게 된다.

다른 예로,

$$\bigcirc\begin{matrix}0.5 \longrightarrow 1000\\ 0.5 \longrightarrow -500\end{matrix}$$

인 투자안이 있다고 하고, 이때 두 명의 서로 다른 위험기피성향의 투자자들에 대한 g곡선은 다음 그림과 같다고 하자.

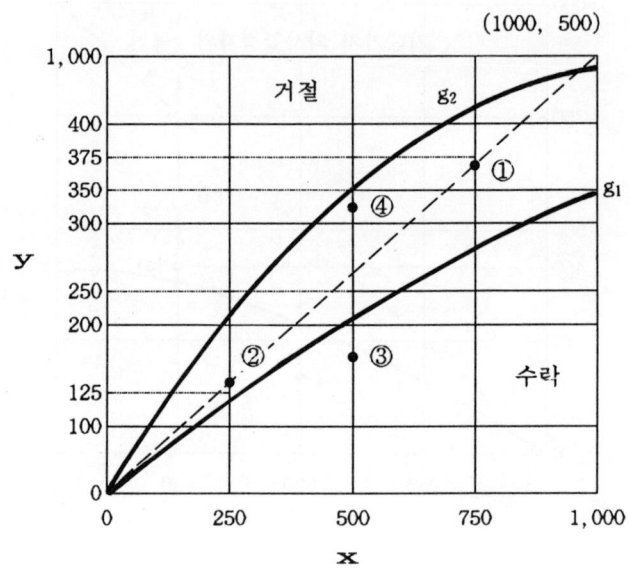

그림에서 g_1곡선은 첫번째 투자자의 g곡선이고, g_2는 두번째 투자자의 g곡선을 나타낸다. 그림에서 알 수 있듯이 이 로터리를 투자자 1이나 2에게 개별적으로 제시했을 때 각각 거절당하게 된다.

그러나 이를 나누어 투자하면 어떻게 될까? 특정비율로 나누어 투자하는 경우를 생각해 보자. 즉, 투자자 1의 분할비율을 r_1, 투자자 2의 분할비율을 r_2라고 하자. 물론 $r_1+r_2=1$이다. 예를 들어,

$r_1 = \dfrac{3}{4}$, $r_2 = \dfrac{1}{4}$ 이라면 투자자 1의 로터리는 앞의 예로부터

$$\circ\!\!\begin{matrix}0.5 \longrightarrow 750\\ 0.5 \longrightarrow -375\end{matrix}$$ 가 되며 투자자 2의 로터리는 $$\circ\!\!\begin{matrix}0.5 \longrightarrow 250\\ 0.5 \longrightarrow 125\end{matrix}$$ 가 되어,

이 두 투자자는 원래의 $\circ\!\!\begin{matrix}0.5 \longrightarrow 1000\\ 0.5 \longrightarrow -500\end{matrix}$ 인 로터리를 공동분할하게

된다. 이를 위 그림에서 살펴보면, 투자자 1에 대한 것은 점①인 셈이며, 투자가 2에 대한 것은 점 ②인 셈이 된다. 그림에 나타난 것과 같이 투자가 2는 점 ②를 수락하게 되나 투자자 1은 점 ①을 거절하게 된다. 다시금 그림을 살펴볼 때, 원래 게임인

○〈 0.5 — 1000
      0.5 — -500

를 분할하였을 때 발생가능한 모든 로터리의 분할들은 X=0과 Y=0인 점에서 X=1,000과 Y=500인 점을 연결하는 대각선상에 있음을 알 수 있다(점 ①, 점 ②도 이 선상에 물론 있다). 투자자 2는 이 대각선이 자신의 g_2곡선보다 밑부분에 있는 경우도 있어 잘만 분할하면 투자자 2를 만족시킬 수 있음을 알 수 있다. 그러나 이 대각선은 g_1의 곡선 윗부분에만 존재하여 모든 경우에 있어 투자자 1을 만족시킬 수 없다.

다시 말하면, 공동투자를 유도하려고 하려면, 투자자의 모든 g곡선이 이 대각선과 교차를 하여야 한다는 것이다. 위 그림에서 보인 바와 같이 투자자 1의 g_1곡선은 대각선과 교차가 안 됨으로 인해서 어떠한 분할도 투자자 1을 만족시킬 수 없음을 안다. 다시 말하면, 투자자 1을 수락하도록 할 수 있는 분할비율은 있을 수 없다.

그러나 만약 투자자 1에게 ○〈 0.5 — 500
                              0.5 — 175
(점 ③)을, 투자자 2에게는

○〈 0.5 — 500
    0.5 — -325
(점 ④)를 제시한다면,

(참고로, 물론 둘을 합하면 ○〈 0.5 — 1,000
                              0.5 — -500
인 원래 게임이 된다)

앞 그림으로부터 모두 수락되게 됨을 알 수 있다. 이와 같이 비례하지 않게 나눔으로써 모두를 투자에 참가시킬 수 있다.

이번에는 위험분담의 방법을 좀더 일반적으로 설명하기로 한다. 이런 작업을 수행하기 위해 앞의 로터리를 다음과 같은 표로 나타낸다.

로 터 리			분할의 한 예	
상 태	확 률	지 불	1	2
S_1	0.5	1000	500	500
S_2	0.5	-500	-175	-325

표의 왼쪽에는 로터리를 나타내었고 오른쪽에는 두 사람 모두 수락하는 분할을 나타내었다.

위에서 행한 똑같은 분할을 다른 형태로 표시해 보자. 우선 투자자 2가 50을 투자자 1에게 주고 1과 2의 분할비율을 각각 0.45와 0.55로 한 것과 같다. 이런 작업을 수행한 것이 다음에 나타나 있다.

상 태	투자자 1의 분할	투자자 2의 분할
S_1	50 + 0.45(1,000) = 500	-50 + 0.55(1,000) = 500
S_2	50 + 0.45(-500) = -175	-50 + 0.55(-500) = -325

이때 투자자 2가 투자자 1에게 50을 준 셈이 되는데 이것은 비례하지 않는 분할에 대한 보상으로서 참가보상금(Side payment)이라 부른다.

결론적으로 이야기하면, 위험기피성향이 서로 다른 사람들로 하여금 공동투자를 하게 하려면, 적절한 참가보상금과 같은 것을 위험기피성향이 높은 사람들에게 주고 그 후 비례하여 분할하는 방식을 택하면 될 것이다.

IV. 대안 선정의 손쉬운 방식

1. 필요없는 대안을 버리자.
2. 대안간 우위를 어떻게 표현할까?
3. 흔히 쓰이고 있는 「의사결정트리(Tree)란」?
4. 의사결정트리를 쉽게 만드는 영향도란?

1. 필요없는 대안은 버리자.

　일반적으로 하나의 관심사에 관하여 여러 가지 대안들이 있을 수 있으며 이 여러 가지 대안들 모두에 대해서 비교분석을 면밀히 하여 최적의 대안을 선정하기에는 너무도 많은 노력과 시간이 소비되게 됨은 물론, 너무도 많은 대안들 중에서 자칫 잘못된 대안을 최종적으로 고르게 되는 경우도 있다.
　실제로 많은 대안이 있는 경우, 이들 중의 상당수는 최적결정으로는 도저히 채택이 될 수 없거나 채택될 가능성이 적은 경우가 종종 있다. 따라서 일차적으로 사전에 이들을 선별한 후에 선별된 소수의 대안들에 대해 보다 충분한 시간과 노력을 갖고 보다 더 심도있는 면밀한 분석을 할 수 있다면, 보다 최적에 가까운 결정을 손쉽게 내릴 수 있는 것이다. 따라서 이 절에서는 쉽게 선별가능하거나 또는 쉽게 선별이 가능하지는 않더라도 간단한 분석을 통해 사전선별을 가능하게 하는 방법에 대해 보기와 함께 알아보고자 한다.

　① 첫째 보기로, 만일 당신은 애인과 함께 다음 주말에 영화, 연극, 야구구경 중 무슨 구경을 할 것인가를 일주일 전에 결정하려고 하고 있다고 하자.
　다음 주말 날씨상태에 대해서는 아무런 정보가 없는 상태이므로 각 날씨에 따른 구경별 애인의 만족도를 당신은 나름대로 높은 만족도일수록 수치를 높게 하여, 다음 도표와 같이 평가할 수 있다.

날씨상태＼대상	영화	연극	야구
맑음	5	3	8
흐림	6	4	3
비	7	6	2

이때 도표에서 보는 바와 같이, 영화구경이 연극구경보다 어떠한 날씨상태에서도 우위에 있음을 알 수 있고 따라서 연극구경을 대상에서 제거할 수 있게 된다. 그러나 나머지의 영화구경이나 야구구경은 날씨상태에 따라서 선호가 달라지므로 어느 것도 더 이상 제거할 수 없다. 본 보기에서는 세 가지 대안들에 대해 고려했지만, 더 많은 대안들이 있다면 하나의 대안에 대해 열등한 대안들을 발견함으로써 사전에 많은 열등한 제안들을 제거할 수 있다.

② 둘째 보기로, 앞서 남은 두 개의 대안(영화구경과 야구구경)에 대해서 어떻게 하면 최종대안을 고를 수 있는가를 생각하자.

날씨상태＼대상	영화	야구
맑음	5*	8
흐림	6	3
비	7	2*

앞서 설명한 것과 같이 이때 보수적인 관점에서 가장 나쁠 때에 얻어지는 만족도 중에서 큰 값의 대안을 택한다면, *표한 것과 같이, 어떠한 날씨상태라도 영화구경은 5 이상의 만족도를 제공할 수 있는 반면에, 야구구경은 비가 올 경우 2의 만족도밖에 제공하지 못하므로

1. 필요없는 대안은 버리자.   143

영화구경을 선택하게 된다. 그러나 이러한 보수적 관점은 비합리적임을 다음 보기에서 알 수 있다. 가령,

날씨상태 \ 대상	영화	야구
맑음	5*	10,000
흐림	6	10,000
비	7	2*

라면, 보수적 관점에서 마찬가지로 영화구경이 선택되지만 표로부터 야구구경이 아주 우세하기 때문에 상식있는 사람들은 '야구구경'을 택하기를 원할 것이다.

③ 셋째 보기로, 낙관적 입장에서 둘째 보기를 바라다 본다면 날씨의 모든 변화에 대해 가장 높은 만족도를 보이게 되는 수치를 비교하여 그 중 높은 만족도를 보이는 대안을 선택하게 될 것이다.

날씨상태 \ 대상	영화	야구
맑음	5	8*
흐림	6	3
비	7*	2

따라서, 위 표에서 나타난 바와 같이 야구구경을 선택하게 될 것이다. 그러나 이 낙관적 입장 역시 비합리적임을 다음 보기에서 볼 수 있다.

IV. 대안선정의 손쉬운 방식

날씨상태＼대상	영화	야구
맑음	5	8*
흐림	6	-10,000
비	7*	-10,000

즉, 위 표에서 마찬가지로 낙관적 관점에서 야구구경을 택하지만 야구구경이 흐림과 비에 극히 낮은 만족도를 보이므로, 상식있는 사람이라면 '영화구경'을 택하기를 원할 것이다.

④ 넷째 보기로, 앞서 설명된 바와 같이 최대후회를 적게 하는 쪽으로 대안을 선별하기를 원하는 관점에서 둘째 보기를 바라다 볼 때,

날씨상태＼대상	영화	야구
맑음	5	8
흐림	6	3
비	7	2

(만족도)

이 보기에 대한 후회(날씨상태 각각에 따른 가장 좋은 대안에 대한 각각의 나쁜 대안의 만족도 차)는 다음과 같은 표를 나타낼 수 있다.

날씨상태＼대상	영화	야구
맑음	3	0
흐림	0	3
비	0	5
대안별 최대후회	3*	5

(후회)

1. 필요없는 대안은 버리자. 145

따라서 최대후회를 적게 하는 대안인 '영화구경'을 택하게 된다. 그러나 이때 당신의 친구가 날씨가 맑다면 야구구경보다는 애인과 산책하는 편이 낫다며 새로운 대안인 '산책'을 제시했다고 하자. 또한 당신은 세 대안에 대한 만족도의 평가를 다음과 같이 했다고 하자.

날씨상태 \ 대상	영화	야구	산책
맑음	5	8	12
흐림	6	3	3
비	7	2	1

(만족도)

표에 나타난 바와 같이 맑은 날씨하에서 '산책'은 매우 높은 만족도를 애인과 가질 수 있으나 만일 비가 오는 날씨라면 비포장도로에서의 산책은 야구구경보다도 못한 결과를 낳을 것이라고 당신이 생각하고 있다고 하자.

이에 대한 후회들은 다음과 같은 표로 나타낼 수 있다.

날씨상태 \ 대상	영화	야구	산책
맑음	7	4	0
흐림	0	3	3
비	0	5	6
대안별 최대후회	7	5*	6

(후회)

위 표(후회)에서 나타난 바와 같이, 공연히 친구가 '산책'이란 대안을 제시함에 따라서 앞서 선택된 '영화구경'으로부터, 이제는('산책'대안이 택해지기는 커녕) '야구구경'이 더 나은 대안으로 선택됨을 알 수 있다. 이와같이 최대후회를 최소화하는 관점에서의 대안선택기준도 비합리성을 갖고 있음을 알 수 있다.

그러면 과연 우리는 어떠한 기준하에서 대안을 선별해야 하겠는가?

여기서 우리가 간과해서는 안될 것은 앞서 든 모든 보기에서의 날씨상태에 대해 우리는 아무 정보도 갖고 있지 않았다는 점이다. 즉, 불확실성중에서도 완전한 불확실성 상황하에서의 보기들이었다고 볼 수 있다. 그러나 실제로 완전한 불확실성하의 상태는 그리 흔하지 않다. 날씨만 하더라도 정확도의 차이는 있겠지만 나름대로의 정보를 얼마든지 구할 수 있다. 즉, 라디오나 TV 등의 관상대원의 정보나 하다못해 신경통환자 등의 조언을 들어서까지 노력만하면 불확실성에 대한 정보를 얻을 수 있는 것이다. 오히려 문제는 완전불확실성이냐 아니냐가 아니라, 불확실성의 껍질을 벗겨내는 데 얼마나 시간과 비용이 들

1. 필요없는 대안은 버리자.   147

어가느냐가 문제인 것이다.

앞의 보기에서 만일 날씨에 대한 정보가 불확실하지만 대체로 맑음쪽에 치우쳐 있어 그에 따른 영화구경과 야구구경의 만족도의 분포 모양이 다음과 같다고 하자.

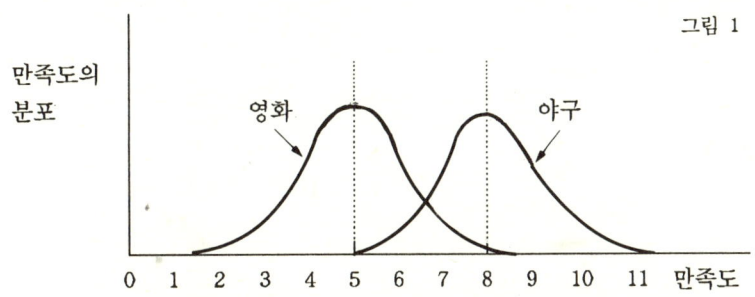

그림 1

위 그림에서 보는 바와 같이, 일기예보에서 '맑음'이란 것이 정확히 어느 정도 구름이 하늘에 있어야 하는가에 대해 일반적으로 규정된 바가 없을 것이다. 따라서 날씨가 맑을 때 영화구경을 하여 기대되는 대표값이 5징도란 것이지만 실제로는 5를 중심으로 분포되어 있는 것이다. 마찬가지로, 야구구경은 만족도 8을 중심으로 분포되어 있는 것이다.

이렇게 불확실성이 개입되어 있는 경우가 현실적인데, 이때 어느 대안이 과연 나은 것인가? 위 그림에서 영화와 야구구경을 비교해 볼 때 자명하게 야구구경이 영화구경보다 나은 것 같이 보인다. 왜 그럴까? 이는 야구구경의 대표치인 기대치가 8이며, 영화는 5이므로 일단 기대치면에서 야구구경이 높으며, 두 대안 모두 비슷한 정도의 분산된 분포를 갖고 있다. 우리는 주식투자에 있어서 대상주식을 고르는데 과거 수익률이 높으며, 되도록 분포가 기대수익률 근처에 밀집되어 있는, 다시 말해서 위험이 적은 주식들을 고르고 있다는 것과 같은 논리를 이에 적용할 수 있는 것이다. 그러나 이렇게 수익률만을 이용해서

148 IV. 대안선정의 손쉬운 방식

대안선별을 하기는 일반적으로 어렵다. 이에 대한 보기로 다음의 분포를 생각해 보자.

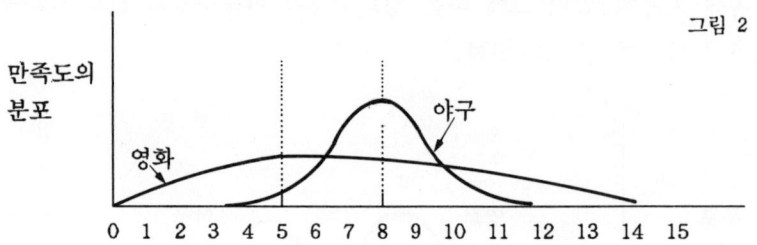

그림 2

위 그림에서는 어느 대안이 나은 것인지를 쉽사리 발견할 수가 없다. 왜냐하면 야구구경은 만족도의 대표치가 8로 영화구경의 5보다 높고 분산 역시 영화구경보다 작아 위험도 덜하지만 만족도 12이상은 도저히 기대할 수가 없다. 따라서 야구구경이 꼭 나은 대안이라고 볼 수 없다. 특히 낙관론자인 경우에는 분포의 오른쪽 끝의 높은 만족도에 관심이 있기 때문에 오히려 영화구경을 더 나은 대안이라고도 생각할 수 있을 것이다. 편의상, 누적분포의 개념을 소개하기로 한다. 누적분포란 일반적 분포를 누적된 확률로 바꾸어 그린 것으로, 그림으로 표현한다면, 어떤 만족도의 분포가 다음과 같다면,

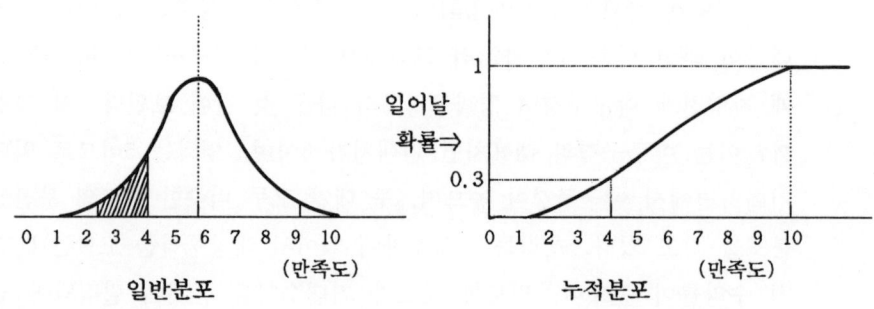

이에 대한 누적분포는 옆 그림과 같이 나타나게 된다. 예로, 일반분포에서 만족도 4이하가 나타날 확률이 30%(소수로 0.3)이라면 누적분포

1. 필요없는 대안은 버리자. 149

는 만족도 4가 일어날 확률(세로축) 0.3을 갖도록 표현하게 되는 것이다.

이와같은 누적분포개념을 이용하여 앞의 예를 비교할 때 만족도의 분포를 보이는 앞의 그림 1을 누적분포로 나타내면 다음과 같다. 즉,

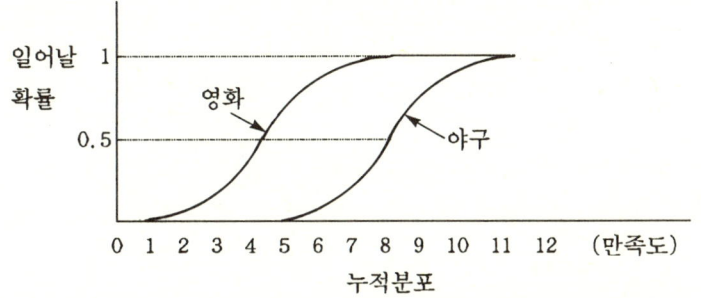

그림에서 보는 바와 같이, 특정한 어떤 만족도에 대해 그 특정치 보다 같거나 작게 일어날 확률이 항상 '야구구경'보다도 '영화구경'이 모든 만족도에 대해 높으므로(바꾸어 말하면, 특정한 어떤 만족도보다 그 이상의 높은 만족도를 당신에게 줄 확률이 '야구구경'이 '영화구경'보다 높으므로) 당신은 손쉽게 '야구구경'을 선호한 것이다. 이와같이 불확실성하에서 기대되는 결과에 대한 일반분포를 누적분포화하여 모든 결과치에 대해 서로의 대안들이 교차되지 않는다면 우리는 손쉽게 대안을 선별할 수 있다.

그러나 대안들의 누적분포가 교차된다면 어떻게 하여야 하는가?
보기를 위해 우선 앞의 그림 2를 누적분포로 도시해 보자.

150 IV. 대안선정의 손쉬운 방식

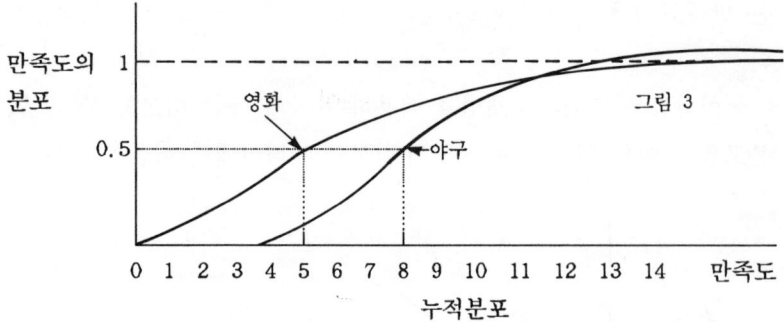

그림 3

이 누적분포에서 알 수 있듯이, 두 개의 대안이 만족도 10 근처에서 서로 교차되어, 앞서 설명한 바와 같이 모든 만족도에 대해 어떤 대안도 다른 대안을 지배하고 있지 못하다. 보다 일반적인 이 경우에 대해 우리는 앞서 그림 2에서 설명했던 말을 정리해 볼 필요가 있다. 즉, 우리는 되도록 기대되는 대표치(기대치)가 높은 쪽으로, 그리고 분포정도가 적은(위험이 적은) 쪽으로 대안을 고르려고 한다는 점이다. 이를 한마디로 위험기피 성향을 갖고 있다고 이야기 한다.

위험기피성향을 다르게 설명하기도 하는데, 가령 어떤 사람이 당신에게 내기를 하자고 하는데 그가 이야기하기를 "동전의 앞면이 나오면 10,000원을 주고, 뒷면이 나오면 10,000원을 내야 합니다. 이 내기를 합시다. 물론 동전던지기에 있어서 앞면과 뒷면이 나올 확률은 반반이며, 원하신다면 경찰관이 동전을 던지게 할 수도 있읍니다"라고 했다고 하자. 이 내기를 당신은 하겠는가?

일반적으로 이 내기를 하려는 사람은 없을 것이다. 기대치는 분명히 하나 안하나 마찬가지인 0원이므로, 이 내기를 하려는 사람이 반정도는 되어야 하는데, 대부분의 사람들은 이 내기를 하지 않으려 한다. 이 성향을 위험기피성이라고 한다.

다시 돌아가서, 기대치가 높고 분포정도가 넓지 않은 대안을 택하

1. 필요없는 대안은 버리자. 151

게 되는 위험기피성에 있어서 어떻게 하면 누적분포그림을 이용하여 대안들 비교를 할 수 있는가에 대해 이야기하기로 한다.

먼저, 기대치가 높고 낮음을 어떻게 하면 손쉽게 알 수 있을까?

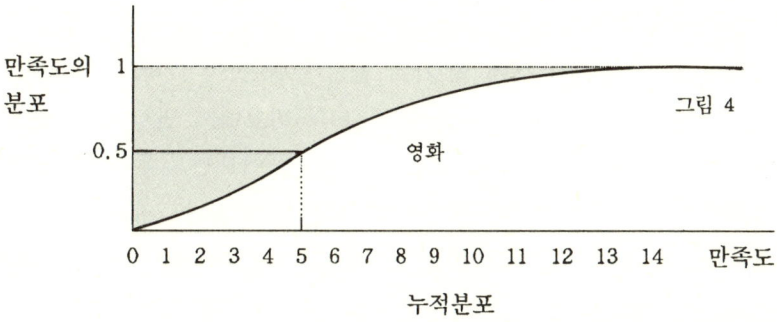

이론적으로, 위 그림의 빗금친 부분의 넓이가 '영화구경'에 대한 기대되는 만족도인 기대치를 나타내며, 누적분포의 경사가 가파르면 가파를수록 분포의 정도는 좁음을 의미한다. 이것을 바탕으로 해서 앞의 그림을 다시 보면,

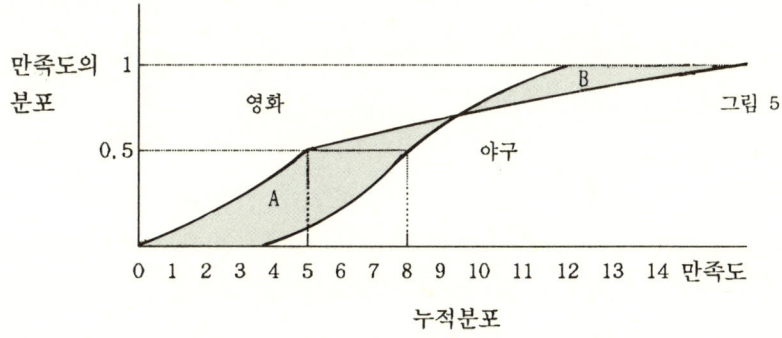

그림 4에서의 기대되는 만족도를 알아내는 요령으로부터 그림 5에 나타난 것을 보면, 넓이가 야구구경이 영화구경보다 넓음을 알 수 있다(즉, 면적 A에서 면적 B를 뺀 차이만큼). 따라서 야구구경이 영화구경

보다 높은 기대만족치를 당신에게 줄 것이다. 또한 분포면에서 보면 야구구경이 영화구경보다 경사가 더 가파르므로 야구경기가 분산이 적은, 다시 말해서 위험이 적은 대안인 것이다. 따라서 당신은 지극히 당연히 '야구경기'가 '영화구경'보다 좋다고 판단하게 될 것이다.

이 절을 끝내기 전에 한 가지 음미해 볼 것이 있다.
만일 그림 5의 면적 A와 면적 B의 비교에서 면적 B가 면적 A 보다 크게 되면 어떻게 될 것인가? 이를 풀어보면, 기대만족도면에서 영화구경이 야구구경보다 높은 만족도를 주게 되나, 위험(분산)면에서 영화구경이 야구구경보다 넓은 분포를 갖고 있어 많은 위험이 내포되어 있음을 알 수 있다. 따라서 기대만족도과 위험분산면에서 특정대안이 모두 낫다고 할 대안이 없으므로 이 설명이상의 세밀한 분석이 이루어져야 할 것이다.

☆ 대안선별에 있어서의 주의사항은 무엇인가?

앞에서도 언급했듯이 간단한 방법을 통해서 문제의 규모를 줄일 수 있다는 점에서 대안선별은 그 가치가 인정되지만 잊어서는 안될 사항이 있다. 실제로 대안선별은 원칙적으로 두 대안들 간의 상대비교로서 일어나기 때문에 모든 면이 비슷하고 한 두군데에서 약간 열등한 위치에 있는 대안들이 주로 배제대상이 된다. 따라서 대안선별 후에 남은 대안들은 일반적으로 최선책과 최악책의 대안들인 경우가 많다. 따라서 대안선별을 할 때에 이러한 사실을 명심하는 것이 필요하다. 보기를 들면, 4개의 대안들의 결과치에 대한 누적분포가 다음과 같다고 하자.

1. 필요없는 대안은 버리자. 153

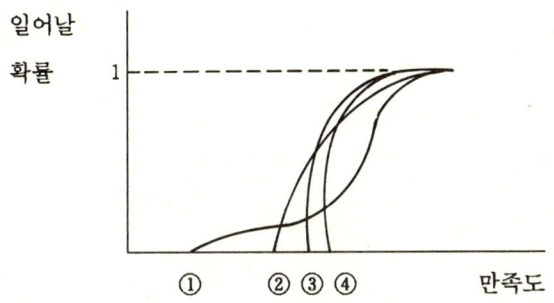

이때 대안 ④보다는 대안 ③이 낫다는 것을 확실히 알 수 있다. 또한, 대안 ④는 대안 ②보다 앞서 설명된 기준에 의해서 낫다는 것을 알 수 있다. 그러나, 대안 ④가 대안 ①보다 낫다고는 말할 수 없어, 대안 ④를 최종 대안으로 선택할 수는 없다. 즉, 대안 ①과 대안 ④가 남게 된다. 그러나 일반적으로 보통의 사람들에게 좋아하는 순서대로 대안을 나열해 보라고 하면, 대안 ④, 대안 ③, 대안 ②, 대안 ①순으로 될 것이다. 즉, 대안선별에 의해 제거되고 남은 최종적인 관심의 대안들은 최선책 ④와 최악책 ①을 남겨 놓게 되는 것이다(대안선별을 함에 있어서 종종 이용되는 다른 방법은, 적은 결과치쪽에서의 누적확률값이 미리 의사결정자가 지정한 값이하를 만족하는 대안들에 대해서 각 대안의 기대치를 상호비교하는 방법도 있다).

2. 대안간 우위를 어떻게 표현할까?

  우리는 의사결정분석에 있어서 의사결정트리 등 많은 방법이 있다는 것을 알고 있다. 이 분석방법 등을 통하여 얻어진 결과를 어떻게 하면 효과적으로 상대편 또는 최고의사결정자에게 이해시켜 가장 나은 대안을 선별할 수 있게 할 수 있는가가 이제 중요한 문제로 등장할 때가 되었다.

  마지막 선별과정 전에 아무리 많은 노력을 들여 분석하고 정리하였더라도 마지막 과정으로서 이들 결과치를 일목요연하게 상대방이나 최고의사결정자에게 납득시키지 못한다면 지금까지의 모든 노력이 허사가 될 것이다. 여기서 우리가 주의해야 하는 것은 의사결정트리방법에서와 같이 하나의 개념으로 성격이 다른 모든 결과특성들을 통일하여 하나의 단위에 대한 결과로 나타내 대안별 비교할 수 있으며, 이와는 달리 모든 결과의 특성들을 있는 그대로 비교하여 대안을 선별하는 방식이 있음을 알아야 한다.

  하나의 개념, 즉 하나의 단위로 모든 결과치를 나타내는 것은 물론 쉽지는 않을 수 있으며, 현실적이 아닐 수도 있는 단점이 있으나, 일단 한 단위로 통일되면 대안간의 비교는 쉬워진다는 장점이 있다. 이때 통일된 단위로 통상적으로 쓰이는 것은 「화폐단위(즉, '원')」일 수도 있고, 임의의 「효용가치」로 표현될 수도 있다. 다음 그림은 불확실성하에서 나타나게 될 화폐단위인 '원'으로 표현된 대안간의 비교예를 보여준다.

  〈예〉 당면한 의사결정문제는 ① 기존의 공장을 폐쇄하고 100명의 근로자를 해고하느냐, ② 실패할지도 모를 새로운 기술을 이용하기 위해 기존 공장을 개선하느냐 하는 것이라고 하자. 이때 두 대안의 분석 결과를 화폐단위로 통일하여 현재가치로 표현하게 되면 다음과 같이 두 대안이 표현될 수 있다.

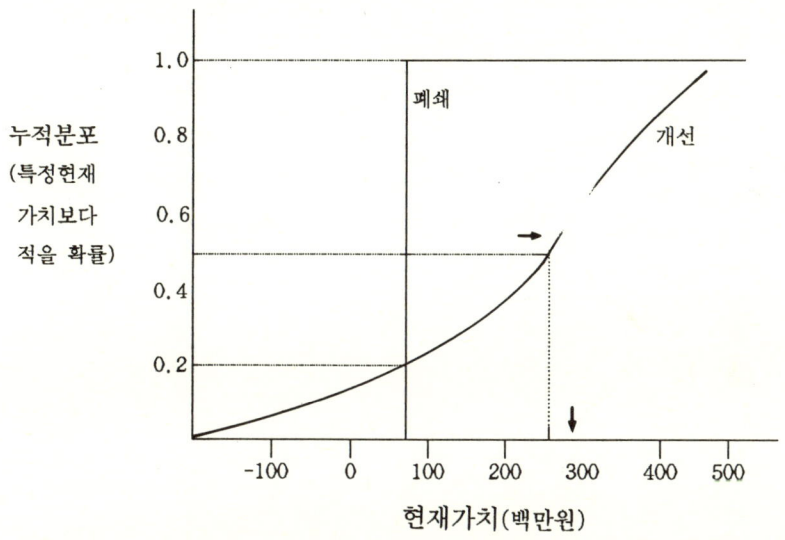

(100명의 근로자를 해고한다면 사회적으로 물의를 일으켜 회사 이미지 손실을 가져오게 되나 잔여가치를 보아 7억원 정도의 현재가치를 낳으며, 새로운 기술을 받아들여 개선을 꾀할 때 잘못 실패하게 되면 최악의 경우 잔여가치로 100억원의 피해를 입는 경우)

  이 도표에서 대안선별을 위해 각 대안의 대표치를 고려할 때 '개선'안이 25억원(중앙값)이며, '폐쇄'안의 7억원으로 '개선'안이 우세하나 '개선'안은 폭넓게 분산되어 있어 위험하다. 특히, '폐쇄'안보다 '개선'안이 나쁜 결과를 낳을 확률은 약 20%정도로 의사결정자가 이 확률을 감수한다면 '개선'안이 낫다고 볼 수 있다.
  이를 하나의 단위로 표현하기 어려울 경우에는 관련 측정단위를 그대로 살려 표현하게 되는데, 더구나 결과치에 대한 명확한 평가가

156 Ⅳ. 대안선정의 손쉬운 방식

사실상 곤란할 때는 다음의 정책도(policy diagram)를 이용하게 된다. 아래의 정책도는 한 예를 보여준다.

현재 의사결정문제인 기존 공장을 폐쇄하고 100명의 근로자를 해고하거나, 만약 실패한다면 공장이 문닫게 될지도 모를 새로운 기술을 활용하여 공장을 개선시키려 하는 두 대안에 대한 정책도를 보여준다.

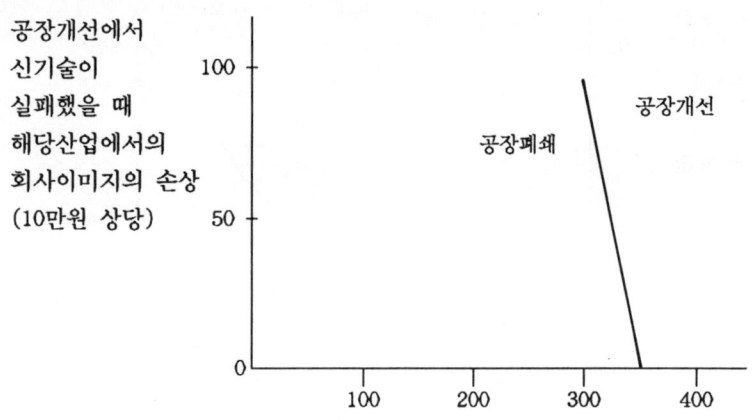

정책도의 다른 예로 다음과 같은 것을 들 수 있다.

기존 공장의 공해문제로 인한 근로자의 수명 등 환경에 관한 영향이 지적되었을 때, 공장을 현상태로 둘 것인가, 개선시킬 것인가 또는 새롭게 대체할 것인가를 결정해야 할 경우 다음과 같이 각 결과특성치를 그대로 살리면서 명확한 평가없이도 정책도를 작성할 수 있을 것이다.

2. 대안간 우위를 어떻게 표현할까? 157

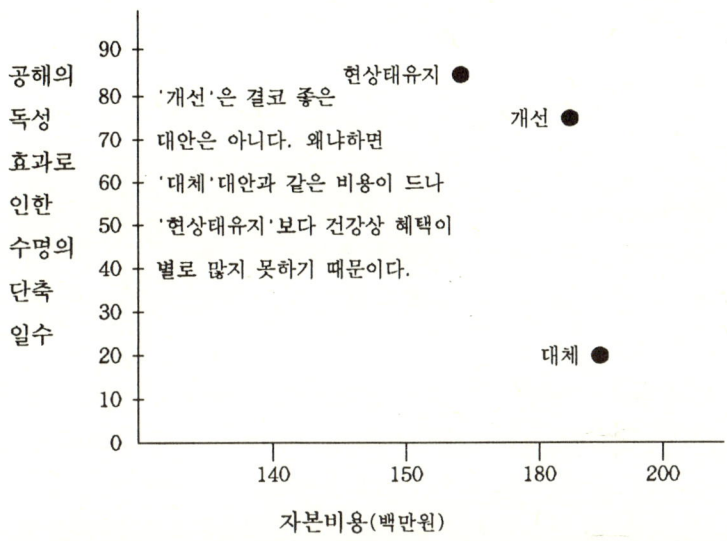

이상의 결과를 종합할 때, 명확하지는 못하나 특성을 살려 평가하는 정책도가 갖는 장·단점을, 명확한 평가를 통해 얻게 되는 장·단점과 비교하여 설명하면 다음과 같다.

	장 점	단 점
정책도 (policy diagrem)	결정을 위한 암시적 자료제공	불분명한 결정제시
명확한 평가	결정을 위한 분명한 자료제공	사망이나 상해같은 위험이 결부된 의사결정에서의 책임관계 등 신뢰도가 문제

따라서 일장일단이 있으나, 의사결정을 지원하는 의미에서 유연성이 높은 정책도를 활용함으로써, 변화되고 있는 상황이나 들어나 있지 않은 많은 환경 등에 맞추어 적절히 대응하여 좋은 의사결정을 하게 될 것을 기대할 수 있다.

3. 흔히 쓰이고 있는 「의사결정트리(Tree)」란?

의사결정분석을 위한 방법들은 영향도를 이용하는 등 여러 가지가 있지만, 일반적으로 바로 머리에 떠오르는 방법은 물론 「의사결정트리」라고 본다.
이 방법은 실제로 많이 쓰이고 있으며, 이에 대한 연구도 많이 되어 있다. 어느 방법을 사용할 것인가는 자신의 선택에 따르겠지만, 아무 기초지식 없이도 접근할 수 있기 때문에 이 방법은 손쉽게 이용할 수 있다는 면에서 다른 어떤 방법들보다 탁월하다고 보아진다.
본절에서는 의사결정트리방법의 소개와 예제를 통하여 의사결정트리 작성과정과 분석방법을 설명하기로 한다.

☆ 의사결정트리의 소개

의사결정문제에 있어 많은 문제들은 간단히 상황 나열만의 비교로는 도저히 본질적으로 문제를 표현할 수 없는 경우가 많다. 그러한 문제들은 단지 지금 선택 가능한 대안들과 즉각적으로 나타나는 결과만으로는 분석될 수 없기 때문이다. 전체적 입장에서 지금 선택된 대안은 차후 다른 기회를 제한할 수도 있기 때문이기도 하다. 그래서 의사결정분석은 일련의 의사결정과 결과들을 모두 고려하여 이루어져야 한다. 이러한 여러 단계의 문제를 매우 효과적으로 모형화할 수 있는 도식적 과정이 의사결정트리(tree) 방식인 것이다.
의사결정트리방법에 있어 앞으로 예견할 수 있는 여러 의사결정-

3. 흔히 쓰이고 있는 「의사결정트리(Tree)」란? 159

결과에 대한 일련의 과정을 표현하기 위하여 나무가지형태의 표현을 사용한다. 의사결정트리는 근본적으로 의사결정마디들과 상태마디들의 두 가지로 크게 구성된다. 의사결정마디는 아래 그림에 나타난 바와 같이 네모로 나타내고, 이 네모에서 연결된 다음 마디는 이 시점에서 의사결정자의 확정적인 대안선택결정에 따라 도달될 수 있음을 나타낸다.

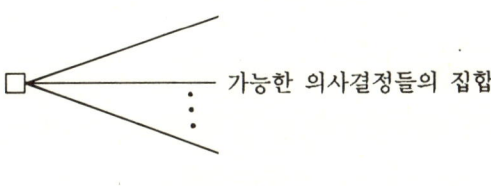

가능한 의사결정들의 집합

의사결정마디

의사결정마디에서 갈라지는 가지들의 집합은 이 시점에서 의사결정자가 내릴 수 있는 개별적 대안선택진로를 의미한다. 이러한 가지들의 각각은 상태마디, 다음단계의 의사결정마디, 혹은 최종결과치 중 하나로 가게 된다. 이러한 가지들은 그 마디에서 각각의 내용이 서로가 서로에 포함되지 않도록 상호배타적이어야 하며 전체로 보아서는 남김없이 나타나야 한다. 이것은 의사결정마디가 개별적으로 서로 다른 대안들의 완전한 집합을 나타낸다는 것을 뜻한다. 다음 그림에 나타난 상태마디는 동그라미로 표시되는데, 이 동그라미에 연결된 다음 마디들의 집합은 의사결정자가 전혀 조정할 수 없는 불확실성을 나타낸다.

가능한 상태들의 집합

상태마디

역시 이러한 가지들도 상호배타적이고 전체적으로 남김없어야 하며, 주관적 확률이 가지들에 대해 평가된다. 일반적인 의사결정트리방법은 의사결정들과 상태들, 그리고 마지막에는 단계별 가지들로 통하는 가능한 진로에 대해 기대되는 결과치가 각기 산출된다.

☆ 의사결정트리를 만드는 과정 및 지침

간단한 의사결정트리는 작성하기가 쉬우나 실제로 복잡한 문제에 대해 의사결정트리를 구성한다는 것은 일반적으로 매우 어렵다. 이러한 경우에 아래의 지침과 법칙이 도움이 된다. 아래에 기술된 지침과 법칙들은 예제에 의해 자세하게 설명된다.

◇ 도형화하는 지침과 법칙
① 직면하고 있는 의사결정문제와 대안들을 명확히 한다.
② 의사결정결과의 평가기준시일을 정한다.
③ 의사결정문제의 대안들에 대한 결과에 직접 영향을 미칠 수 있는 모든 불확실한 사건들을 명확히 한다.
④ 당면한 의사결정을 구성하는 대안들의 결과에 직접 영향을 미칠 수 있는 앞으로의 모든 의사결정을 명확히 한다.
⑤ 앞으로의 의사결정에 영향을 줄 수 있는 정보를 제공하는 모든 불확실한 사건들을 명확히 한다.
⑥ 각 마디에서의 결과와 대안들은 상호배타적이어야 한다. 즉, 둘 이상이 일어나거나 선택되는 것은 불가능하다.
⑦ 각 마디에서의 결과와 대안들은 반드시 전체적으로 남김없이 모두 고려되야 한다. 즉, 최소한 하나는 반드시 일어나야 한다.

⑧ 의사결정자가 결과를 알게 되거나, 혹은 반드시 의사결정을 내려야 하는 날짜를 기준으로 하여 시간적 순서에 의해 도형화한다.

다음에 설명하는 관광지개발회사 예제를 통하여 의사결정모형화를 위한 법칙과 지침을 설명하기로 하겠다. 풀이로 나아가기 전에 상황을 주의깊게 읽고 이해하기 바란다.

【 예제 】 관광지 개발회사

1993년 봄, 이 회사의 김사장은 중요한 의사결정문제에 직면하였다. 그는 심각하였는데 왜냐하면 무엇을 선택하느냐가 앞으로 2년간의 회사의 운영에 심각한 영향을 미치기 때문이다. 주주들은 5년전 관광지개발 참여목적으로 모두 150억원을 투자하였다. 그들의 전략은 토지의 한 구역을 얻거나, 관광지 목적으로 토지를 구매할 선택권리를 얻는 데 있었다. 그들은 여러 구역들을 합병하였고 바람직한 관광지 재산을 만들기 위하여 산림청 혹은 토지개발공사로부터 차용계약을 획득하였다. 일단 그 땅을 얻기만 하면 그들은 그것을 그대로 다른 개발자에게 팔거나, 토지개발을 하고 나서 팔 수도 있다. 그들은 어떤 휴양지를 운영하기 위한 경영정책도 보유하고 있고 길, 하수구 그리고 기초설비를 포함하는 초기개발에 1·2년을 소요할 수도 있다. 초기개발은 완전히 개발하기보다는 가능성을 보여주는데 그 목적이 있다.

김사장이 당면한 문제의 지역은 대도시로부터 대략 100킬로미터 떨어져 있으며, 잘 개발된 두 개의 스키장을 갖고 있는 태백산맥에 위치한 토지구역들이다. 해발고도는 1,000미터에서 1,500미터 사이이고 12월에서 3월까지의 적설량은 보통 6에서 10미터 사이이다. 여름휴양도 또한 가능하다. 왜냐하면 강이 그 지역을 가로질러 흐르고 있고, 수상스키와 수영이 가능할 만큼 큰 호수가 15분 걸리는 위치에 있기 때문이다. 이 회사는 태백산맥 스키장을 만들기 위해 세 개의 다른 구역들을 합쳤다. 이 구역들은 태백산맥의 동쪽편으로의 접근을 유도할 수 있으며 태백산맥은 산림청 소속이다. 이 구역들은 올해 1월에 계약이 만기가 된다. 모든 구매가격은 100억원이다. 산림청은 아직 장기계약협의에 동의하지 않았다. 사실상 정부도 아직 스키장 개발목적의 산 차용계약에 동의하지 않았다. 김사장이 권리에 대한 계약을 약 1년전에 구입하였을 때 그는 산림청과의 차용계약은 3개월이내에 이루어질 것이라고 생각했다. 그 당시 산림청은 스키장목적으로 태백산맥을 사용하는 것을 원칙적으로 동의했었다. 선택권리를 구입한 직후, 그리고 차용계약건에 관한 공공여론이 일어나기 직전 몇몇 보수주의자들이 태백산맥에서 50킬로미터 떨어진 스키휴양지개발을 중지시키기 위한 소송을 제기하였다. 그들의 소송은 건설허가의 자료로 사용된 환경에 대한 영향보고서가 불충분하다는 이유로 제기되었다. 산림청이 그 보고서작성에 참여하였고 그 기관원이 또한 개발에 사용되는 토지의 일부를 계약하였기 때문에, 그 금지명령은 개발자는 물론이고 산림청을 향해 내려졌다. 그 소송 때문에, 산림청장은 그 소송의 결과가 알려질 때까지 새로운 차용계약을 허용하는 문제는 고려하지 않기로 하였다. 그는 장래 차용계약에 대한 어떤 지침으로 작용할 판결예가 나타날 것이라고 느꼈다.

그런 반면에 태백산맥지역의 북쪽편 개발을 영구히 하지 않는다는 의사결정은 반드시 태백산맥개발을 막지는 않을 것이다. 한 이유로 태백산맥은 기존 스키휴양지와 가깝고 그 지역은 이미 많은 관광객들이 있으며, 그 반면 북쪽개발은 황무지에 가깝기 때문이다. 또한, 좋은 도로가 이미 놓여져 있고 도심지역까지의 걸리는 시간은 대략 $1\frac{1}{2}$시간 이내이기 때문이다.

김사장은 그가 조종할 수 없는 상황이라고 믿었다. 이미 그는 가능한 모든 관계자들을 만나 보았고 그 대답은 한결같이 "소송이 끝날

3. 흔이 쓰이고 있는 「의사결정트리(Tree)」란? 163

때까지 기다려라. 우리가 할 수 있는 것은 아무 것도 없다"는 것이었다. 그 소송은 알려지기로는 8월말까지 계획되지 않았는데, 이는 김사장이 산림청과의 차용계약에 대하여 소송결과를 알기 전에 그 선택권리가 끝난다는 것을 의미한다. 김사장은 세 구역 소유주들과 각각 계약연기에 대해 논의하였다. 2개월 이상의 협상끝에 그는 1993년 12월 1일까지 6개월간 선택권을 연기할 것이라는 약속을 소유주들과 하였다. 이 선택권리의 가격은 1억 5천만원이고 구매가격은 110억원으로 올랐다. 만약 김사장이 이 새로운 선택권리(신 선택권)를 5일이내(1993년 4월 10일이내)에 계약하지 않으면 소유주들은 김사장이 원래의 선택권(구 선택권)을 행사하지 않는다는 부대조건으로 다른 투자가에게 팔 것이다. 다른 투자가는 1995년 3월까지 이자 3억원과 더불어 110억원에 계약키로 동의했었다. 이 기간연장은 김사장이 희망하지 않았던 것이다. 그는 법정에서의 결정이 다음 넉달이내에 내려질 것이라 확신했다. 그러나 법정이 어느 쪽의 판결을 내리든 산림청이 차용계약에 결정을 내리기 전에 일련의 공청회가 개최될 것이다. 이 과정에는 최소한 6개월이 소요될 것이다. 만약 그가 차용계약을 얻지 못한다면 토지가는 매우 낮아질 것이다. 사실상 그는 가격을 80억원으로 예상했고 그는 판다는 대안외에는 없는 것이다.

산림청으로부터 차용계약을 얻고 난 후 그 자산을 조종하는 가장 좋은 방법에 대한 초기분석은 문제의 성격상 결정적은 아니다. 그는 두 개의 대안을 고려하고 있었다.

(1) 더 개발하지 않고 그 토지를 매각
(2) 접근도로, 하수구, 세 개의 스키 리프트(lift), 그 지역에 세워질 관광호텔의 추가건물 설치

첫번째 대안은 인계하는데 1년정도 소요될 것이고 대략 150억원에 팔릴 것이라고 예측하였다. 그러나 두번째 대안이 호감이 가는 하나의

이유는 건설이 연내에 완료될 수 있다는 것이다. 그 프로젝트를 1년간의 작업을 거쳐 매각하면 단지 손질하지 않은 토지보다는 상당히 큰 이득이 생길 기회가 있다. 이 개발에 소요되는 추가비용은 대략 50억원이다. 여기서의 결정적 요건은 설비의 대중적 인기이다.

그의 고문들은 그 언덕이 중급과 고급 스키어에게는 매력적일 것이라고 확신하고 있다. 그러나 대중적 인기는 다소간 적설된 눈의 상태에도 의존한다. 상대적으로 따뜻한 날씨와 눈이 적게 오면 스키장 상태에 영향을 미친다. 김사장은 아래와 같이 두 가지로 나누어서 분석하였다. 하나는 평판이 좋을 것을 가정하고, 다른 하나는 평판이 나쁠 것을 생각하였다.

평 판	첫해의 수익	판 매 가
좋 음	10억원	220억원
나 쁨	-2억원	180억원

만약 그가 태백산맥에 있는 재산권을 끝까지 얻지 못한다면 김사장은 다음 해에 다른 큰 투자를 찾는 데에는 회의적이다. 그래서 김사장은 다른 재산을 개발하려고 할 때까지 그의 재산(현금교환 가능함)을 유가증권으로 보관할 것이다. 이렇게 하면 지난 경험을 기준을 볼 때 같은 기간에 15억원을 벌어들일 것이라고 기대하고 있다. 그가 필요로 하는 것은 모든 중요한 요소들을 합치는 방법이다. 그 후 그 선택권을 손에 넣을지를 결정해야 한다.

앞서 이야기한 지침에 따라 이 문제를 의사결정트리로 분석하기로 하자.

◇ 지침 1——즉각의 의사결정 대안선정

첫번째 지침은 즉각의 의사결정대안들이 밝혀져야 한다는 것을 말한다. 이 문제에서 김사장의 경우, 그의 즉각적 선택은 선택권 재계약을 포함한다. 이 문제에서 묘사된 대안들은 다음과 같다.

1. 새로운 선택권을 구매한다.
2. 1993년 6월 1일까지 구선택권을 시행한다.
3. 아무 것도 하지 않는다(이 경우 토지는 다른 투자가에게 매각될 것이다).

대안들은 태백산맥과 관련되는 사항에만 국한되어서는 안된다. 이 경우 김사장은 만약 그가 태백산맥 관련선택권 중의 하나를 받아들이지 않는다면 그의 가용재산을 유가증권에 투자할 계획이라고 말하고 있다. 트리모형에서 첫번째 마디는 아래 그림과 같이 그려질 수 있다.

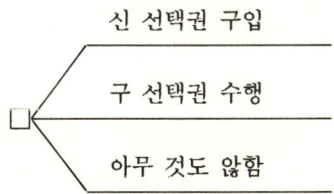

◇ 지침 2——평가일 결정

평가일은 고려되고 있는 모든 대안들에 대하여 같아야 한다. 김사장의 경우 1993년 8월 중순까지는 소송의 결과를 알 것이다. 산림청의 임차권을 얻는데는 최소한 6개월 이상이 소요될 것이므로 1994년 2월 내지 3월 정도가 될 것이다. 두 선택권을 가지고서 김사장은 그 재산을 팔기 전에 약 1년 정도의 여유가 있으므로 평가일은 1995년 3월쯤 될 것이다. 그래서 1993년 4월 10일과 1995년 3월 사이의 불확실한 사건과 장래의 의사결정이 이 트리모형에 포함될 것이다.

◇ 지침 3──처음 대안의 결과에 영향을 끼치는 불확실한 사건들
이 사건들을 처음 대안의 각각에 대하여 아래와 같이 기술할 수 있다.

① 신 선택권구입과 관련되는 불확실한 경우들 :
임차권에 관한 산림청의 의사결정은 그 자산에 대하여 김사장이 요구하는 가격에 영향을 미칠 것이다. 만약 그 임차권을 얻고 초기개발이 완성되면 평판이 투기의 이익에 영향을 미칠 것이다. 이 두 개의 불확실한 사건들은 신 선택권 구입대안의 결과에 직접 영향을 미칠 것이다.

② 구 선택권 수행과 관련되는 불확실한 경우들 :
이 대안에 영향을 미치는 경우들은 신 선택권 구입대안과 같다.

③ 아무 것도 하지 않음과 관련되는 불확실한 사건들 :
김사장에 따르면 이 대안과 관련해서는 아무런 불확실성이 없다. 실제로는 100억원 투자와 관련해서는 물론 불확실성이 있다. 중요한 것은 불확실성의 정도이다. 만약 근본적인 불확실성이 있다면 명백하게 포함되어야 한다.

◇ 지침 4──앞으로의 의사결정
즉각의 의사결정 이후 그리고 평가일 이전의 김사장이 직면한 의사결정을 아래에 논의하였다.

① 신 선택권 구입에 관련된 앞으로의 의사결정 :
일단 법정에서의 판결이 내려지면 김사장은 세 구역들의 구입과 그냥 보내는 것 중에서 결정을 내려야 할 것이다. 만약 토지를 구입할 것을 결정하고 임차권을 얻는다면 초기개발을 할 것인가, 혹은 더 이상의 투자를 하지 않고 팔 것인가를 결정해야 한다.

② 구 선택권 수행에 관련된 앞으로의 의사결정 :
　이 경우 만약 임차권을 얻게 된다면 초기개발과 관련되는 앞으로 내려야 할 의사결정이 있다. 여기에 포함되는 다른 의사결정은 1995년 3월까지 110억원과 이자 3억원을 제시한 다른 투자가에게 파는 가능성이다. 그런데 이 대안은 "아무 것도 하지 않음" 대안에 비해 하위에 있는 것이므로 트리에서 제외된다(이 대안은 순이익이 113억원 - 100억원 =13억원이지만 "아무 것도 하지 않음" 대안은 15억원이다). 이러한 점들은 의사결정트리를 만드는데 종종 나타나게 된다. 언제 가지가 완전히 제거될 수 있는가에 대한 답은 그 대안이 다른 대안보다 하위에 있는 것이 명백하다고 볼 때이다. 가지들을 제거할 정도로 충분히 명쾌하게 살펴볼 수 있는 능력은 개개인이 모두 다르다. 가장 좋은 충고는 조금이라도 의심적은 것이 있으면 포함시키라는 것이다.

③ "아무 것도 하지 않음"에 관련되는 앞으로의 의사결정 :
의사결정할 것이 없다.

◇ 지침 5——앞으로의 의사결정에 영향을 줄 수 있는 정보를 제공해 주는 불확실한 사건들
　오직 한 불확실한 사건만이 정보영역안에 포함된다. 그것은 법정에서의 결정이다. 그리고 그것은 신 선택권을 구입하면 단지 앞으로의 의사결정에 영향을 미칠 수 있다. 이 경우 그 결과가 토지구입의 의사결정에 영향을 끼칠 수 있다. 만약 신 선택권을 구입하지 않는다면 법정에서의 결정은 어떠한 의사결정에도 영향을 미칠 수 없다. 왜냐하면 그 토지를 구매할 수도 있고 안할 수도 있고, 그리고 개발에 관한 의사결정은 오직 산림청이 임차권을 허용하느냐의 여부에 달려 있기 때문이다.

◇ **지침 6과 7――상호배타적이고 전체적으로 남김이 없어야 되는 필요조건**

지침 6과 7은 가지의 논리를 유지하기 위한 기술적 필요조건이다. 마디들은 만들어질 때마다 확인하여야 한다. 지침 1의 그림에서 각 대안은 상호배타적이다. 김사장은 결코 세 대안중 두 대안을 동시에 결정할 수 없다. 이 세 대안은 김사장이 취할 수 있는 유일한 것들이므로 전체적으로 남김이 없어야 되는 지침 7을 만족시킨다.

◇ **지침 8――사건들과 의사결정들은 시간적 순서에 의해 가지화**

사건들은 엄격한 시간적 순서에 의해 나타내는 것이 항상 필요한 것은 아니지만 그렇게 하는 것이 일반적으로 좋은 시행이다. 중요한 것은 사건이 일어나는 시간대는 의사결정자가 결과를 알게 되는 때와 일치한다는 것이다. 지금까지 설명한 김사장 문제의 분석결과는 아래 그림의 의사결정트리에 의해 나타나 있다.

3. 흔이 쓰이고 있는 「의사결정트리(Tree)」란?

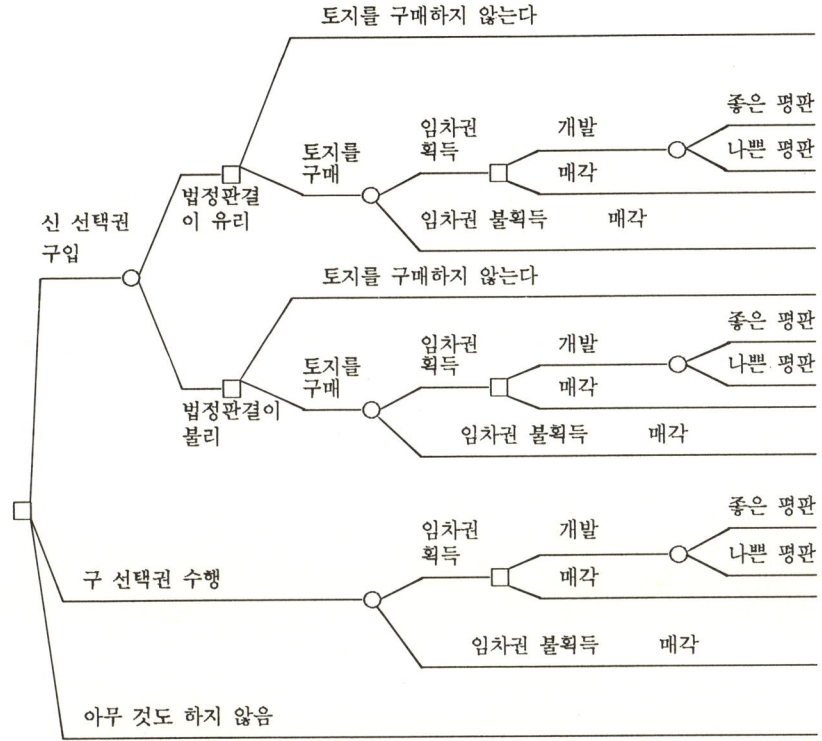

마지막으로 결과치에 대한 평가단위 혹은 측정치를 부여한다. 결과치는 각 대안과 관련한 "순현금유입 - 순현금유출"로 정의된다. 현금유입과 유출은 가지에서 적당한 곳에 위치하고, 순현금흐름은 가지의 끝점에 위치한다. 현금흐름은 가능한 재무비용과 세금을 포함하는 모든 종류의 비용을 다 포함해야 한다.

김사장이 그 자신의 자본을 다 사용한다고 가정하면 결과치를 아래 그림과 같은 가지로 나타낼 수 있다. 의사결정트리는 자본의 실재(實在)유입과 유출 등의 자본흐름분석에 좋은 분석방법은 아니다. 자본흐름분석은 종종 분리하여 순재무원가만 포함되어야 한다.

170 IV. 대안선정의 손쉬운 방법

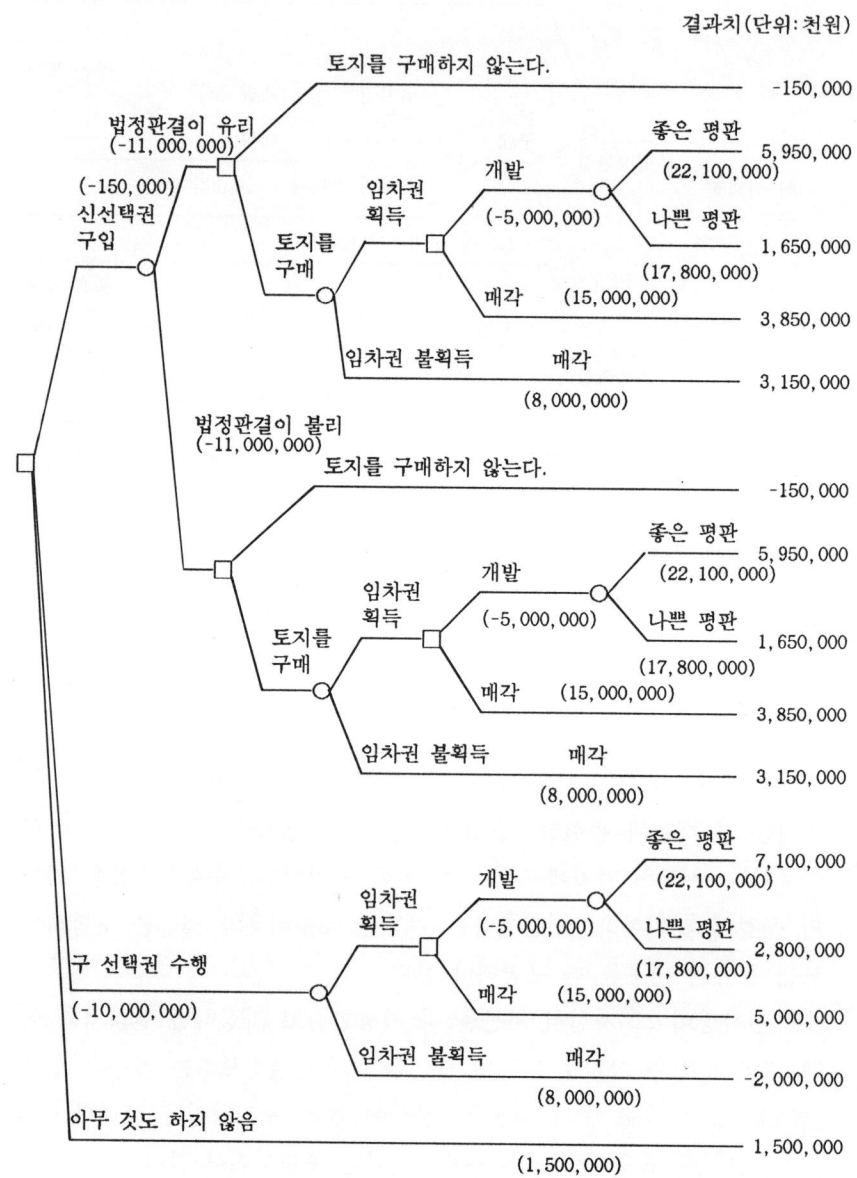

3. 흔이 쓰이고 있는 「의사결정트리(Tree)」란?

　　마지막으로 기회비용은 자본흐름이 아니라는 점에 유의하며 가지들에는 포함되지 않아야 한다. 기회비용은 그 대안을 선택하지 않을 때 사라져 버리는 현금흐름을 의미한다. 의사결정트리를 작성하는 법칙에 의하면 각 의사결정마디는 이용가능한 모든 기회대안을 포함해야 한다. 그러므로 기회비용을 부과하면서 다른 기회를 고려할 필요성은 없다.

　　예를 들면, 관광지문제에 있어 만약 김사장이 구 선택권을 수행하기로 결정한다면 그는 1억 5천만원이 생기는 기회는 포기해야 한다. 이것은 그 선택권을 수행하는 비용에는 포함되지 않는다. 왜냐하면 그것은 그 선택과 관련한 실제현금흐름이 아니기 때문이다. 이 기회는 1억 5천만원의 현금흐름이 생기는 ˙아무 것도 하지 않음˙의 가지에서 고려된다.

　　이제 의사결정트리가 제공하는 평이성(simplification)을 볼 수 있다. 각 끝점은 완전히 현재의 상태를 나타낸다. 예를 들어, 앞 그림에 있는 제일 위 가지는 다음과 같은 상태를 나타낸다. 김사장은 신 선택권을 구입한다. 법정에서의 결정은 유리하다. 토지를 구입하지 않는다. 이러한 조건으로서 결과(이 경우 1억 5천만원)를 평가하기 위해서 뒤에서부터 역산하여 기대되는 결과치를 산정하게 된다.

　　즉, 앞 그림 작성 후 후진추론방식으로 계산하여 최고로 기대되는 결과치를 낳는 대안이 최적대안이 되게 되는 것이다.

　　본 예제에서의 최적안은 ˙아무 것도 하지 않음˙이다.

4. 의사결정트리를 쉽게 만드는 영향도란?

영향도 기법을 복잡한 상황의 문제를 분석하고 처리하는데 사용하고 있는데 이 절에서는 다른 관점에서 설명하고자 한다. 즉, 영향도를 바탕으로 하여 잘 정리만 하게 되면 이 영향도로부터 바로 의사결정트리를 작성할 수 있다는 것이다.

의사결정자가 영향도를 이용하여 문제를 파악코자 하였을 때 그 영향도 자체를 이용하면 문제의 상황은 쉽게 이해할 수 있지만, 그대로는 분석될 수 없는 상황이 종종 발생된다. 이때 관련 의사결정트리를 구축함으로써 편리하게 문제분석을 할 수 있게 된다. 그러면 과연 어떻게 영향도로부터 거의 자동적으로 의사결정트리를 구축할 수 있겠는가? 이에 대한 대답으로 간단한 예제인 중고차구입 의사결정문제를 들어 설명하기로 한다.

당신은 지금 어떤 특정중고차를 구입하려고 하고 있다. 이때 당신의 의사결정(A)은 이 차를 구입할 것인가 아닌가의 대안선택이라고 할 수 있다. 이 결정에 따라 당신은 결과(V)를 받게 되며, 또한 이 결과에 주된 영향을 미치는 불확실성은 차의 좋고 나쁜 고유의 상태(O)이다. 더우기 당신은 구매여부를 결정하기 전에 차의 성능을 테스트(T)하는데 당신이 잘 알고 있는 동네 카서비스센터 사람을 이용하려고 하는데 그에게 약간의 돈을 주어야 할 것이다. 차 성능테스트를 하게 되면 분명히 차의 성능에 대한 그의 테스트 결과(R)를 당신은 얻게 되고, 이 결과를 보고 당신은 구매여부를 결정하게 될 것이다.

이상을 종합하여 영향도로 나타내면 다음과 같다.

4. 의사결정트리를 쉽게 만드는 영향도란? 173

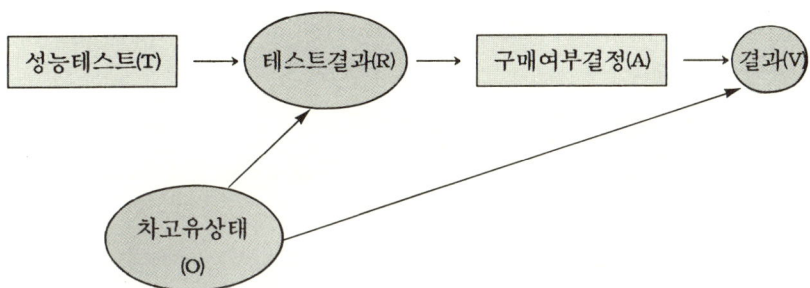

이 영향도를 그대로 시간순서로 간주하여 생각하게 되면 당신의 구매여부결정(A)에 앞서 하느님만이 아는 차의 고유상태를 알고 있어야 하기 때문에 모순이며, 만약 당신이 차의 고유상태를 미리 안다고 하면 바로 의사결정을 할 수 있으므로 이런 간단한 분석조차도 필요치 않음은 명백하다. 즉, 이 순서대로 의사결정과정을 생각하는 것은 불가능한 일이므로 당신은 이 상태로는 더이상 분석이 가능하지 못하게 된다. 이를 가능하게 하기 위해 이후 설명될 기본적 개념이해 및 몇가지 과정을 수행하고 나면 바로 의사결정트리를 구축하여 분석할 수 있게 된다.

영향도의 마디 사이의 화살표는 두 가지 형태로 나타나 있다.
◇ **정보영향─의사결정마디로 향하는 화살표**
  이것은 의사결정자가 결정을 내릴 때 알고 있는 변수들을 가리킨다(앞의 예제에서는 결정시점 A에서 R, T, O를 알고 있다는 것을 의미한다. 단, R은 직접적 T, O는 R을 통해 간접적으로).

◇ **조건영향─불확실성마디 또는 상태마디로 향하는 화살표**
  이것은 그 마디에 확률을 부여할 때 조건으로 주어지는 변수들을 가르킨다.

영향도에서 두 불확실성마디 사이의 화살표는 원인·결과관계를 보이는 것이 아니며, 확률적인 의미에 따라 방향이 바뀌어질 수 있음을 알아야 한다.

즉, ⓧ→ⓨ는 불확실요인 X의 어떤 특정치가 나타남(확률 P(X))에 따라 불확실요인 Y의 특정치의 발생확률(확률 P(Y|X))이 영향을 받음을 나타낸다.

이에 대한 X와 Y에 일어나는 모든 경우의 결합확률 P(X, Y)은, P(X, Y)=P(X)·P(Y|X)로 우변의 두 확률을 알 때 언제나 알 수 있다. 결합확률 P(X, Y)는 P(X, Y)=P(Y)·P(X|Y)로 다르게 표현할 수 있는데, 이를 토대로 그림을 그리면 ⓨ→ⓧ로 화살표가 바뀌게 됨을 알 수 있다. 다시 말하면, 정보의 손실없이 불확실성의 영향관계를 보여주는 화살표를 바꾸어 줄 수 있다. 따라서 확률적인 의미로 볼 때, 상호독립적 요인들 간에는 서로가 영향을 미치지 않는 서로 독립적이기만 하면 영향도해석의 편의상 화살표를 첨가할 수 있다.

다음의 조건들은 영향도로부터 의사결정트리를 구축하기 위한 조건들을 나타내는 것들로 먼저 의사결정 네트워크(network)란 의사결정에 관여된 영향도로 되기 위한 최소한의 기본적 성격을 규명하는 것이며, 의사결정트리 네트워크란 의사결정트리구축을 위한 기본적 형태를 갖춘 영향도를 말한다. 따라서 영향도가 의사결정과정의 최소한의 형태를 갖추기 위해서는 의사결정 네트워크의 조건들을 만족해야 하며, 나아가 의사결정트리를 구축하기 위해서는 의사결정 네트워크 조건들은 물론 의사결정트리 네트워크의 조건도 만족해야 한다. 그러면 어떠한 조건들이 있는가를 알아보자.

◇ 의사결정 네트워크의 조건들 :
① 의사결정마디들은 시간적으로 순서가 맞아야 하며,

② 각 의사결정마디와 그 의사결정마디에 직접 영향을 미치는 마디들은 그후의 모든 의사결정마디들에게도 직접 영향을 미쳐야 한다.

◇ **의사결정트리 네트워크의 조건**
③ 각 의사결정마디에 영향을 미치는 모든 마디들은 모두 직접 영향을 미치는 직접 불확실성마디라야 한다.

조건 ①의 요구는 단적으로 '단 한명의 의사결정자'를 나타내는 조건으로 시간적으로 동시에 의사결정마디들이 존재할 수 없으며(동시에 서로 다른 의사결정을 하지 못하며), 나아가 시간적으로 서로 바꾸어 의사결정을 하지 못함을 규명하는 것을 말한다.
조건 ②의 요구는 한마디로 '잊지 말아야 한다'를 나타내는 것으로 선행된 의사결정에 영향을 미친 모든 마디들은 잊혀짐이 없이 영향도상에서 뒤따라오는 의사결정에도 바로 영향을 미쳐야 한다는 것을 의미한다. 이 두 조건들이 만족되고 어떤 확률계산과정만 잘 맞추어질 수 있으면 의사결정트리가 구성될 수 있음을 나타내게 된다. 나아가 조건 ③이 만족된다면 논리적으로 더 이상의 확률계산 과정없이도 바로 의사결정트리로의 변환이 가능함을 나타내고 있다.
따라서 영향도 작성 후 의사결정 네트워크의 두 조건을 먼저 체크하고(사실상 논리적으로 영향도가 작성되어졌다면 이 두 조건은 자동만족되는 경우가 많다), 만족시에 의사결정트리 네트워크의 조건을 체크하되, 만약 의사결정트리 네트워크 조건이 만족되지 못하면 화살표의 방향전환, 의미없는 화살표의 추가, 마디의 적절한 위치이동을 통해 의사결정트리 네트워크를 만들어야 한다. 예를 들어, 다음 경우(영향도의 일부분으로)를 가정하자.
불확실상태요인 X는 불확실상태요인 Y에 영향을 미치고 Y는 의사결정 D에 영향을 미치지만 X는 D에 직접 영향을 미치지 못한다고 하자. 이를 도시하면 다음과 같다.

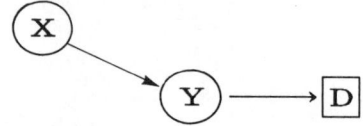

　　의사결정트리 네트워크의 조건 ③에 X가 분명히 위배되어 있다. 왜냐하면 의사결정마디 D에 영향을 미치는 모든 마디들은 직접 D에 영향을 미쳐야 하는데 X는 Y를 통해 D에 영향을 미치고 있다. 따라서 이때 Ⓧ→Ⓨ 대신에 화살표를 바꾸어 Ⓧ←Ⓨ 되게 하여야 한다.

　　앞의 중고차 구매결정에 대한 이야기를 계속하면 다음 그림㈎에서 의사결정마디 T는 영향을 받는 아무런 요인들이 없으므로 조건 ③이 자동 만족되나, 의사결정마디 A는 영향을 받고 있는 요인들 R과 O가 있다. 이중 R은 직접 영향을 A에 미치고 있으나 O는 R을 통해 간접적으로 의사결정 A에 영향을 주고 있다. 따라서 A가 조건 ③에 위배되고 있다. 따라서 그림 ㈎는 의사결정트리 네트워크라고 할 수 없다. 그림 ㈏에서 편의상 무의미한 화살표를 T와 O에 연결한다. 또한 그림 ㈐에서 같이 Ⓞ→Ⓡ을 Ⓡ→Ⓞ로 화살표를 바꾸어 의사결정트리 네트워크가 되게 하고 마디 O의 위치를 A와 V 사이에 옮기게 되면 의사결정트리 ㈐를 바로 이 그림 ㈐의 영향도로부터 얻을 수 있다.

4. 의사결정트리를 쉽게 만드는 영향도란? 177

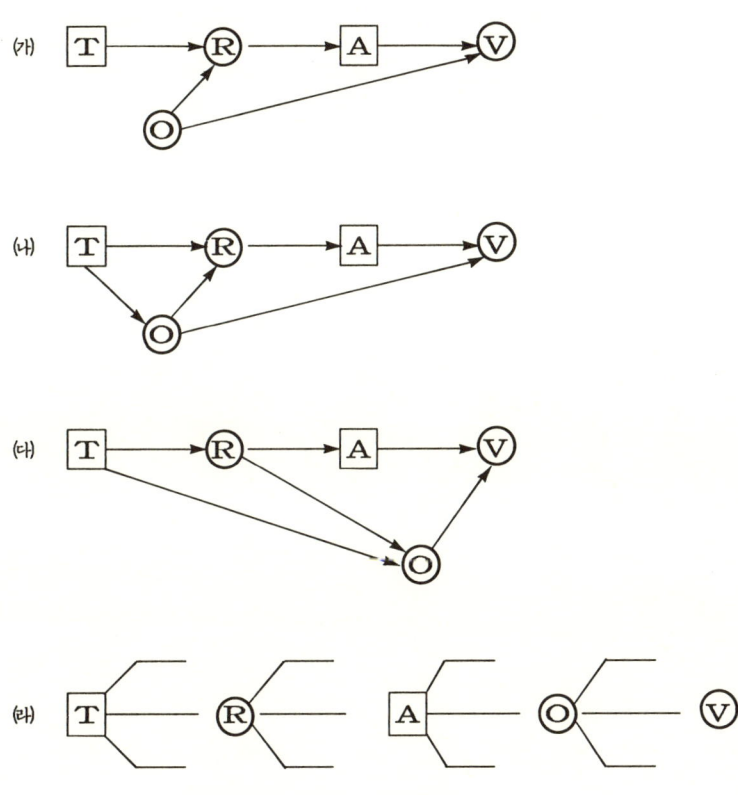

영향도로부터 의사결정트리 구축

　따라서 먼저 영향도를 작성한 후 세 조건을 모두 체크하여 만족하게 되는 영향도를 구축할 수 있도록 충분한 연습을 한다면, 아무리 어렵고 복잡한 의사결정문제에 해당하는 의사결정트리라도 그려내는 데는 아무 문제가 없을 것이다.

V. 개선된 합리적 의사결정과정

1. 종합적 분석을 위한 의사결정 기법들
2. 가시화 의사결정 프로세스(VDMP)

1. 종합적 분석을 위한 의사결정기법들

　의사결정문제를 종합적으로 다루어 마지막 답이 나오게 하는 방법론은 여러 가지가 있으나, 많은 방법론들이 구체적이며 각론적이지 못하고, 추상적이며 총론적인 지침만을 보이고 있어 기본적인 방향을 설정하는데는 도움이 될 수도 있겠지만, 실제 의사결정과정을 수행함에 있어 구체적인 길잡이가 되지 못하고 있다.
　따라서, 본절에서는 보다 구체적이며 실용가능토록 고안되어 실제 활용되고 있는 의사결정과정들을 보임으로써 차후 이를 활용하여 보다 나은 의사결정을 하는 데 도움을 주려고 한다.

☆ 의사결정기법들이 적용될 수 있는 문제의 범주는 무엇인가?

　이에 대한 대답은, 앞서 의사결정자의 기본적인 특성을 구분하면, 객관적 의사결정자와 주관적 의사결정자로 나눌 수 있는 바, 객관적 의사결정자라 함은 과거 관련자료와 현존의 자료에 크게 의존하며 주관적 판단이나 정보에 의존하지 않는 자를 말한다. 그들은 현실문제의 객관적 현상과 어떤 정해진 방법이나 모형을 사용하여 얻어진 객관적 결과를 연관하여 해석한다. 따라서, 최종의사결정에 있어서 자기의 의사내지는 자기의 좋고 나쁨의 판단인 선호관계가 포함되어 있지 않다. 한편, 주관적 의사결정자들은 의사결정을 함에 있어서 자기의 직관, 주장, 경험, 선호관계를 연관시켜 자기들의 스스로 개발된 의사결정과정에 넣어 해답을 구한다. 그러나, 자기의 주관적 편견이 올바르지 못할 때 다른 사람들로부터 타당성을 검증받기에는 어려운 점이 있다. 따라서, 본 절에서는 이 두 가지 측면을 모두 고려할 절충적 측면에서 접근해 나갈 것이다.

여기서 설명하고자 하는 기본적 해법들은 실제로 상당히 광범위하게 활용된다. 예를 들면,

① **석유탐사문제**
- 석유탐사권이 만기되기 전에 이 권리를 타인에게 팔 것인가 또는 자신이 탐사를 할 것인가?
- 탐사를 자신이 한다면 사전정보는 어느 정도 어떤 댓가를 치루고 탐사를 할 것인가?
- 실제탐사를 한다면 그 비용은 어떠한가? 등의 문제

② **새로운 약의 소개문제**
- 새로운 종류의 약을 개발한 후에 그 부작용은 어떻게 작용하는가?
- 부작용을 사전에 시험해 보기 위해서 시험적으로 실험을 할 때에 얼마의 비용범위에서 얼마간의 시험기간을 가져야 하는가? 등

③ **신종 제품의 시판문제**
- 신종 상품의 제작시 관련기술을 단지 타 제조회사에 파는 것이 좋은가?
- 자체 제작하는 것이 좋은가?
- 기술적 노하우(know-how)를 어느 정도 시장에 내놓는 것이 좋은가?
- 시판 시작시 경쟁회사들의 경쟁상품은 어면 시기에 시장에 소개되는가?
- 시간에 따라 어느 정도의 물량을 내놓아야 하는가?
- 시판 전 시장조사에 지불해야 할 금액은 얼마인가?

- 선전매체를 이용할 때 어떤 매체가 적합한가?
- 또한, 컴퓨터 하드웨어나 소프트웨어 제조업자의 경우 실제 기술개발 후 얼마동안의 기계체크 및 수정(debugging) 시험기간 후 시판에 임해야 하는가? 등의 문제

④ 병 치료문제
- 의사입장에서 환자의 정확한 병명은 무엇인가?
- 투약 후 환자로부터 얻어지는 데이터는 특정병명을 계속 확증시키고 있는가?
- 환자입장에서 특정의사의 진료결과는 만족한가?
- 타의사의 소견을 참조할 필요는 없는가?
- 여러 의사의 진료결과들을 어떻게 종합하여야 하는가?
- 과연 어떤 의사를 신뢰하여야 하는가? 등의 문제

⑤ 정부의 연구개발비 투자문제
- 기술예측의 데이터를 어떻게 R&D투자와 연결해야 하는가?
- 장기계획수립시 어떤 과제를 집중적으로 지원해야 하는가?
- 여러 기술개발계획서를 어떻게 평가해야 하며, 연구진척에 따라 그 기술들의 성공도를 어떻게 갱신할 것인가?
- 정부주도 연구결과를 어떠한 기업에 넘겨주어야 할 것인가? 등의 문제를 들 수 있다.

이러한 문제들을 풀 수 있는 의사결정분석의 기본적 기법의 입장은,

① 의사결정자의 위험에 어떻게 대처하는가에 대한 선호관계와,

② 불확실한 상태나 사건에 대한 그 자신의 판단에 있어서 논리적으로 일치성을 잃지 않는 범위내에서 수행되어야 한다는 것이다.

☆ 실제문제에 손쉽게 쓸 수 있도록 개발된 의사결정기법들이나 과정들은 어떤 것이 있으며, 각각의 기법 및 과정들에 대한 구체적 내용은 무엇인가?

의사결정관련 분석방법이나 결정과정들에 대해서 여러 가지가 존재하나 본 책에서는 그 중 선진국이나 우리 나라에서 빈번히 사용되고 있는 주요기법들을 소개하고, 아울러 전략적 의사결정문제같이 큰 규모의 의사결정문제도 다룰 수 있는 기법도 소개하고자 한다. 따라서, 본 장에서는, 첫째 복잡한 요인이 많이 포함되어 있는 문제를 풀기 위한 의사결정분석의 분해기법을 설명하고, 둘째로 제반경영 및 사회문제를 다루는 컨설팅회사에서 주요도구로 사용하고 있는 의사결정분석과정 싸이클 기법에 대해 단계적으로 설명하려고 한다.

1 의사결정분석의 분해에 의한 방법

의사결정에 있어서 복잡한 문제를 풀기 위해 처음 고려되어야 하는 방법은 경제학자들이나 수학자들로부터 사용되어 온 분해방법을 이용한 분석방법이라고 할 수 있다. 분해방법은 모형화단계와 선택단계의 두 단계로 나누어 고찰하게 된다. 분해방법의 기본목적은 의사결정에서 필요한 여러 가지의 판단을 더 쉽게 의사결정문제에 적용하는데 있다. 물론 문제를 분해하여 생각하는 데는 여러 가지를 생각할 수 있다. 많은 경우에 있어 분해는 이익을 수입에서 비용을 감한 것으로 생각하는 경우와 같이 간단할 수도 있지만, 불확실성 등이 내재되어 있는 문제에서 분해 및 모형화 작업은 쉽지 않다.

차후, 이 분해방법을 이용한 분석방법을 3가지 단계로 구분하여, 첫째, 대안의 창출

둘째, 대안을 평가하기 위한 모형구축
셋째, 선택의 단계
로 나누어 다시 설명할 것이다.

1. 분해를 이용한 계량분석적 접근

(1) 모형화 단계

의사결정자가 마음대로 처리할 수 있는 의사결정변수와 의사결정 후에 나타나게 되는 결과의 관계를 계량화하여 보여주는 단계로 이를 도시하면 다음과 같다.

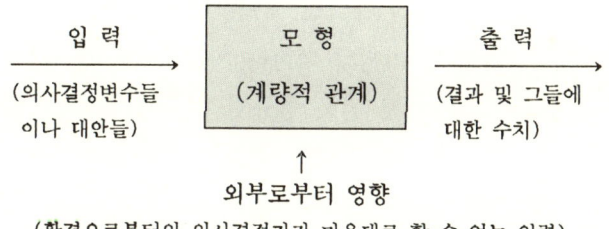

예로, 의사결정변수로는 가격·생산량·자본비용 등을 들 수 있고, 결과로는 이윤·판매량·비용 등을 들 수 있다. 외부로부터의 영향요소로는 일반적 경제여건 또는 정부의 세금정책 등을 들 수 있다. 또 모형은 각 대안들과 그의 결과들을 연결시켜 주는 일을 한다.

(2) 선택 단계

모형으로부터의 정보는 선택을 하는데 사용된다. 이 선택단계를 수행하는 동안에 앞단계의 결과와 의사결정자의 선호관계 및 가치를 연관시키는 일을 수행한다. 간단하지 않은 불확실성을 포함하고 있는 문제에서의 선택단계는 쉽지 않은 작업이다. 그러면 과연 분해는 무엇을 의미하는가를 생각해 보자.

2. 분해방법

한 마디로 복잡한 문제를 작은 크기의 문제로 나누는 일이다. 이런 작은 문제들의 답은 물론 나중에 합해져야 한다. 이렇게 분해함으로써의 이득은 의사결정자의 판단을 보다 쉽게 활용시킬 수 있는데 있다.

다음의 간단한 보기는 분해 및 재결합에 관한 기본적 아이디어를 제시하고 있다.

【예 제】

당신 회사는 회사내의 데이터 처리방법에 대한 결정을 하여야 한다고 가정하자. 이때 두 가지의 데이터 처리방안을 생각중에 있다. 이 두 데이터 처리대안은 서로 같은 종류의 컴퓨터 용역회사들로부터 제안된 것들로서 같은 종류의 입력과 출력을 제공하고 있으며, 기타 컴퓨터 운용시스템(O/S: Operating Systems)과 소프트웨어 패키지(컴퓨터 프로그램) 등도 동일 조건을 갖고 있다. 다만, 다른 것은 실제 컴퓨터 처리 및 저장능력이 다르다는 점이다. 입력과 출력과정을 뺀 나머지 과정들은 당신 회사밖의 용역회사에서 수행될 것이다. 대안 1은 월당 최고 100시간까지 처리시간이 허용되며 무제한으로 수시 입출력작업이 가능하다. 이때 용역회사의 서비스료는 월 8,000,000원이고, 데이터 저장을 위한 5천만 바이트(byte)에 대해서는 월 2,000,000원을 요구하고 있다. 대안 2는 처리시간 분당 2,000원이며 저장비용은 월당 1000 바이트(1K byte)에 600원이다.

이때 두 대안간의 선택은 당신 회사의 저장량과 처리시간에 의존함으로 사내 컴퓨터 사용 주요부서인 회계와 작업부분 책임자들을 만나 보았다. 회계책임자는 과거를 생각할 때 매주 8시간의 처리시간이 필요하며 저장량은 고용자수에 의존한다고 했다. 즉, 각 고용인당

1. 종합적 분석을 위한 의사결정기법들 187

1,000바이트의 기록이 필요하며, 현재 3,000명의 고용인이 일하고 있다. 이러한 개인적 봉급급여 등의 기록 뿐 아니라, 기타 데이터 및 소프트웨어 저장을 위해서 추가로 2백만 바이트가 필요하다고 말했다. 작업부문 책임자는 일년에 걸쳐 상당히 변화있게 컴퓨터를 사용하고 있다고 했는데, 매년 첫 3개월까지는 일주일에 5번씩 하루 2시간의 작업이 필요하고, 다음 6개월 중에는 일주일에 2번(한번에 2시간씩) 작업이 필요하며, 나머지 3개월 중에는 일주일에 3번 작업이 필요하다고 보았다. 그리고 저장량은 5백만 바이트로 일정하다고 한다. 이를 분석해 보면 아래와 같다.

비 교 표

대안 1. 고정형 처리시간 및 저장량 계약   연간비용
    가. 처리시간 : 100시간/월
        (8,000,000원/월)×12개월   96,000,000원
    나. 저 장 량 : 5천만 바이트
        (2,000,000원/월)×12개월   24,000,000원
                                  합계 120,000,000원

대안 2. 요구변동형 처리시간 및 저장량 계약
    가. 처리시간
        1) 회계업무
            수 요 : (8시간/주)×(52주/년)=416시간/년
            비 용 : (416시간/년)×(60분/시간)×(2,000원/분)
                  =49,920,000원

2) 작업업무

　　수 요 : 1월~3월(2시간/일)×(64일)= 128시간
　　　　　 4월~9월(4시간/주)×26주 = 104시간
　　　　　 10월~12월(6시간/주)×13주= 78시간
　　　　　　　　　　　　　　　　　　 310시간

　　비 용 : (310시간)×(60분/시간)×(2,000원/분)
　　　　　 =37,200,000원
　　　　　 소계 87,120,000원

나. 저 장 량

1) 회계업무

　　수 요 : (변동)(1,000바이트/명)×(3,000명)
　　　　　 =3,000,000바이트/월
　　　　　 (고정) 2,000,000바이트/월
　　　　　 합계 5,000,000바이트/월

　　비 용 : (5,000,000바이트/월)×(600원/1,000바이트
　　　　　 · 월)×(12개월)=36,000,000원

2) 작업업무

　　수 요 : (5,000,000바이트/월)
　　비 용 : (5,000,000바이트/월)×(600원/K바이트·월)
　　　　　 ×(12개월)=36,000,000원

　　소 계 : 72,000,000원
　　합 계 : 159,120,000원

　　이 분석은 바로 할 수 있는 계산이며 위에서 본 바와 같이, 수요가 충족되는 한 대안 1을 택하는 결정이 바람직하다. 이 예제에 대해서 우리의 원래 목적을 설명하기로 하자.

첫째, 분해방법의 사용에 대해 알아보면, 대안 1을 평가함에 있어 연중비용은 월간비용을 개월수로 곱하여 구했다. 사소한 계산이지만 분해방법을 이용함을 알 수 있다. 대안 2의 연중비용은 더 잘게 잘라져서 계산된다. 이와 같은 계산들은 불확실성이 없는 문제에서는 간단히 처리될 수 있으나, 그렇지 못한 경우 분해 및 재결합시 상당히 어려운 점이 있다.

둘째, 분해의 서로 다른 방식에 대해 알아보자. 예로, 회계분야의 수요를 결정하는데 주당 시간에 52를 곱하여 연간시간을 구했다. 다른 방식으로는 작업당 시간수에 연중작업회수를 곱하여 구할 수도 있다. 한편, 분해의 정도는 문제성격에 따라 변한다. 예외적으로 어떤 대안은 분해방식의 사용없이도 구할 수 있다. 즉, 연중비용을 아무 계산도 없이 한번에 추측할 수도 있다는 것이다. 따라서 분해정도는 우리가 문제를 접했을 때 미리 정해 두어야 한다.

셋째, 판단의 사용면에 대해 생각해 보자. 앞서 말한 바와 같이 계량적 방법들은 판단을 무시하지는 않으며, 오히려 이를 더 쉽게 문제에 적응시키는 데 있다. 이때 판단은 전체적 입장에서 볼 때 대안선택에서의 판단이 아니라 계량분석의 입력자료들에 관한 판단으로 더욱 명료한 또는 의사결정자가 확연히 알 수 있는 개념에 대한 판단인 것이다.

3. 전체과정의 단계설명

다음 3단계로 문제해결의 전체과정을 요약할 수 있다. 즉, 대안의 창출단계, 대안을 평가하기 위한 모형구축단계 및 의사결정단계로 나눌 수 있다.

Ⅴ.개선된 합리적 의사결정과정

(1) 대안의 창출단계
 컴퓨터 발달과 함께 개발된 컴퓨터모형들은 각 대안들을 빠르게 평가할 수 있게 되었다. 따라서 여러 가지 대안들을 사전에 검토할 수 있으며, 이에 따른 새로운 추가대안들을 더 많이 생각할 수 있는 계기를 제공하고 있다.

(2) 모형구축단계
1) 모형구축단계 : 결과를 묘사
 대안평가에 사용되어지는 모형으로부터의 출력자료들은 의사결정자에게 의미있는 모양으로 결과를 묘사해야 한다. 숫자가 아닌 말로 표현하는 방법도 고려할 수 있다. 그러나 어떤 결과에 대한 상태가 서로 조금 다를 때 이를 말로 표현하는 것은 오히려 더 어려우며, 이때 요소와 그의 측정인자를 사용하는 편이 낫다. 요소의 숫자가 적을수록 대안비교는 쉬워진다.

 (가) 필수특성의 결정
 결과의 여러면이 중요할 때, 요소 및 그의 측정인자를 정하는 것은 어렵다. 따라서 적은 수의 측정가능한 요소를 발견해 내는 일이 중요하다. 즉, 필수적 특성, 다시 말하면 목표나 목적에 상응하는 주요 특성을 찾아내는 일이 중요하다. 이때 계층구조가 있지 않은가 하는 점도 점검해야 한다.

 (나) 요소결정
 대안을 묘사하기 위한 두번째 단계는 목적, 목표 및 필수특성의 개념과 대안의 객관성 특성을 연관시키는 일인데, 즉 이는 요소를 설정하는 일이다.

 (다) 측정인자를 설정
 각 요소의 상대적 수준을 나타내는 계량적 수치를 갖는 측정단위,

즉 측정인자를 설정한다. 이러한 측정인자는 요소와 대안들에 대해 밀접한 관계를 갖고 있어야 한다.

2) 모형구축단계 : 대안들과 결과와의 연계

여러 대안들의 결과에 대한 데이타를 수집하는 것이 종전의 의사결정분석자의 주요 역할이었던 바, 계량적 분석에서는 더 나아가 이를 바탕으로 모형화하여 대안과 결과를 연계하게 된다. 다음 예시는 여러 요소들이 존재할 때의 모형구축을 간단히 보여주고 있다.

【예 제】

어떤 전철회사의 경영자가 국립공원과 주변일대의 고급 교통시설에 책임을 맡았다고 가정하자. 그는 처음단계로 가능성있는 입찰자들과 몇개월의 토의를 가졌고, 그 후 2개월이 지나 두 계약응찰자로부터 실제 입찰을 받았다. 계약응찰자 A는 전철로 된 고가 모노레일시스템을 추천했으며, 이를 위해 멋있게 디자인된 높이 10미터에서 20미터의 탑위에 설치할 것을 권했다. 1, 2층은 주차장으로 설계되었으며 3층에 매표소 및 승강구를 마련했다. 이 시스템은 단일선로로서 한바퀴 도는데 약 60분이 소요된다고 한다. 이에 대한 건설비는 70억원이 소요되며 전차들을 구입하는데 30억원이 소요된다. 또한 운전비용은 매년 10억원이 소요된다. 다른 계약응찰자 B는 지상에서의 서구 스타일 전철시스템을 추천했고, 복선으로 신재료를 사용하여 안전성에 역점을 두어 설계하였고, 한바퀴 도는데 약 90분이 소요된다고 한다. 역을 포함한 선로건설비용으로 40억원이 소요되고, 전차비용으로 40억원, 그리고 매년 운전비용으로 7억원이 소요된다고 한다. 지금 경영자는 이 두 응찰자 중의 한 회사를 낙찰시켜야 하는 결정을 내려야 한다.

위의 예시는 2가지 대안을 말로만 묘사를 하고 있다. 이를 바탕으로 다음과 같이 정리할 수 있다.

192 V.개선된 합리적 의사결정과정

각 대안들에 상응하는 측정인자별 수준평가는 후에 설명하기로 하고 그의 결과만을 간략히 나타내면 다음과 같다.

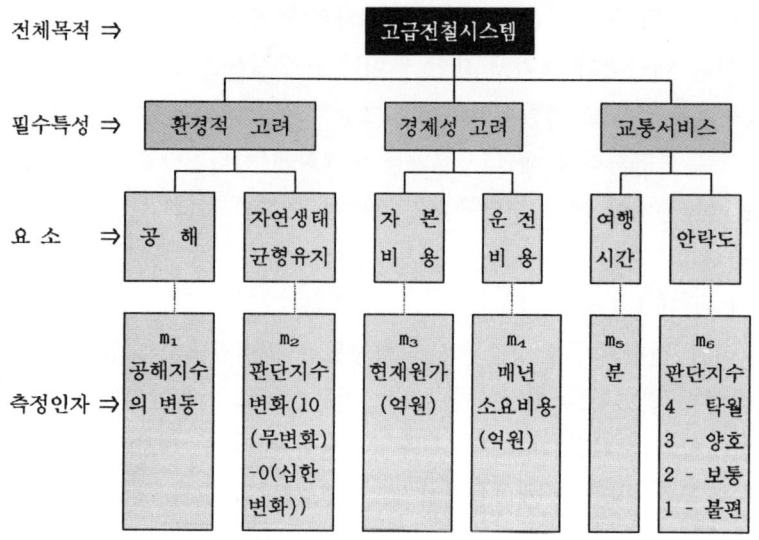

	m_1	m_2	m_3	m_4	m_5	m_6
대안 A	0	7	100	10	60	4
대안 B	10	8	80	7	90	3

(3) 의사결정단계

이 단계는 마지막 단계로 상기 (2)의 결과, 즉 각 대안에 대한 여러 측정인자의 수준들을 종합하여 최종선택을 하게 된다. 최종선택대안은 의사결정기법의 하나인 다요소의사결정방법 등에 의존하여 구할 수도 있고, 각 대안의 요소들을 종합판단하여 구할 수도 있다.

1. 종합적 분석을 위한 의사결정기법들   193

2 의사결정분석 싸이클(Decision analysis cycle)

본절에서는 현재 경영 및 사회문제에 대한 많은 선진국 컨설팅회사에서 주요한 도구로 사용하고 있는 의사결정분석 싸이클기법에 대해 기술을 하고 실례를 보여준다.

의사결정분석 싸이클의 기본적 개요를 우선 소개하면 다음 그림과 같다.

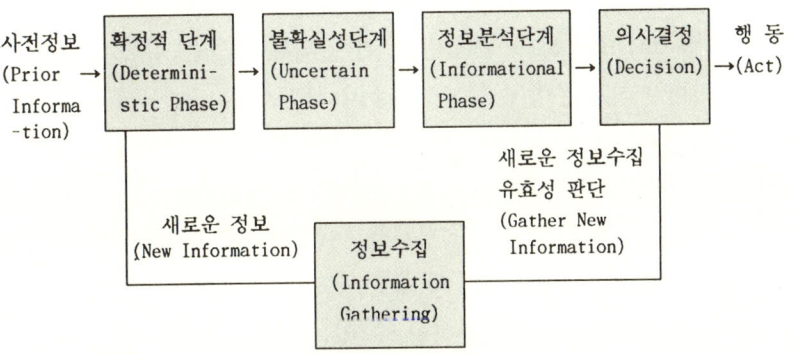

단계별 개요를 설명하기로 하자. 확정적 단계에서는 사전정보하에서 불확실성 변수들을 초기부터 고려하기가 매우 어려움으로 그들 변수의 대표치들을 고려하여 순차적으로 하나하나씩 변수가 불확실성하에서 움직일 수 있는 범위내의 값을 가질 때, 이 개개의 변수가 얼마나 심각하게 대안선별에 영향을 주게 되나를 검사하게 된다. 이때 심각하게 영향을 미치게 되는 변수들만을 추려내게 되는데 이렇게 함으로써 복잡한 문제에서 많은 변수들을 간소화시킬 수 있게 된다.

불확실성단계에서는 앞 단계에서 심각한 불확실성 변수들에 대해서 확률값과 같은 불확실성을 나타내는 척도를 사용하여 불확실성에 대한 보다 철저한 평가 및 분석이 행하여진다. 이때 불확실성에서 기인하는 위험에 대해서는 그의 선호관계와 병행하여 문제를 풀게 된다. 정보분석단계에서는 앞서 두 단계에서 나타난 결과에 대해 경제성(사회적 영향 포함)을 고려하는 단계이다. 이때 불확실성에 대한 정보의 가치 등이 평가된다. 만일 이 단계에서 바로 결정하는 것보다 추가정보를 얻은 후가 유리하다고 판단되면 정보수집활동이 일어나게 되며 이는 시장조사, 실험, 현장시도 등 구체화된 활동 등으로 나타나게 된다. 이 결과 수집된 정보에 의해 전번 모형을 바꾸거나, 불확실성에 대한 수치 등을 바꾸는 작업이 일어나게 된다. 이러한 싸이클은 반복되며 이후 정보분석단계에서 더 이상의 추가정보가 필요없다고 판정되면 그 시점에서 결정은 이루어지며, 이에 의해 행동을 취하게 된다.

이 기법은 영업분야에서는 신제품의 시장소개 또는 구모델을 신모델로 대체할 때 등 제반의사결정문제에 적용할 수 있으며, 국방분야에서는 신무기획득 또는 최적국방전략 등에, 의학분야에서는 환자에 대한 투약 또는 수술과정 등에, 사회측면에서는 공공시설에 대한 규제 및 운용, 작게는 개인문제에서의 새로운 차의 구매, 직업선정 등 여러 분야에 걸쳐 논리성을 갖고 분석할 수 있는 주요 도구가 된다. 이상의 각 단계를 보다 상세히 기술하면 다음과 같다.

1. 확정적 단계(Deterministic Phase)

최초 의사결정단계로 이 단계는 모형화작업 및 분석작업으로 구분 실시된다.

1. 종합적 분석을 위한 의사결정기법들

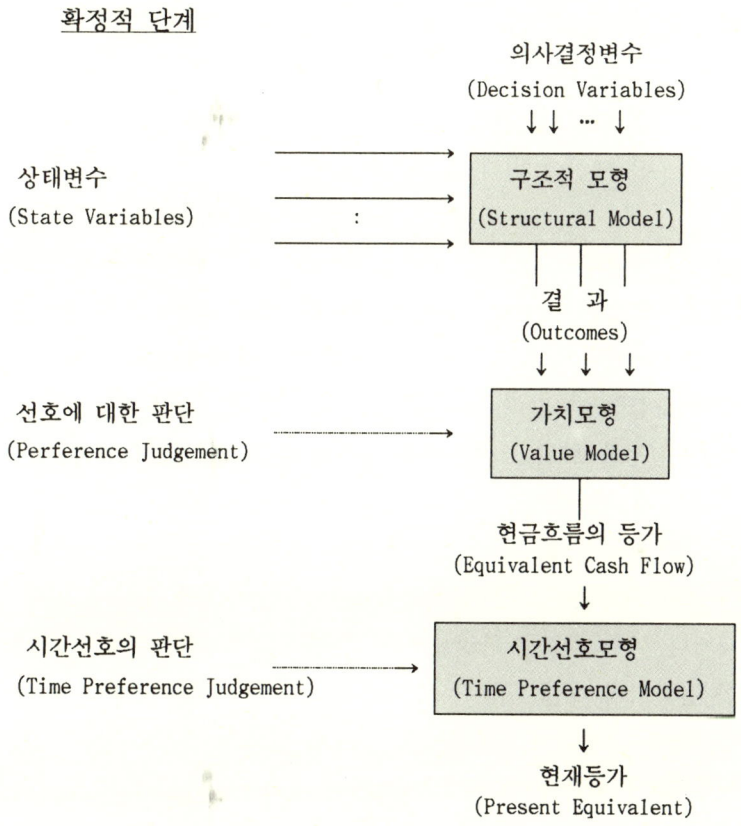

단 계

모형화

　　1. 의사결정문제의 확정
　　2. 대안들의 확정
　　3. 결과치 확립
　　4. 시스템변수 선정(상태·의사결정변수)
　　5. 구조모형 창출
　　6. 가치모형 창출
　　7. 시간선호모형 창출

분 석
  8. 민감도측정
    · 주요변수들 결정
    · 타 대안에 비해 열등한 대안제거

♣ 모형화작업

모형화작업은 규범적, 수리적 개념을 사용하여 문제의 변수간의 다양한 상호관계를 나타내는 것으로 순서별로 보면 아래와 같다.

(1) 의사결정문제의 확정

무슨 결정을 하려고 하는가를 명확히 하고, 우선적으로 제시되는 여러 대안들을 나열한다.

(2) 대안들의 확정

새로운 대안들은 기존의 대안들을 조합하여 실제 필요에 의해 만들어내거나 아주 새로운 관점에서 창출해낸다.

(3) 결과치에 대한 확정

대안들의 집합에서 나올 수 있는 여러 결과를 명료화 하는 단계로서, 예를 들면 새로운 상품시장개척시의 결과치를 매출액과 생산비용으로 할 것인가, 간단히 이윤만을 생각할 것인가 등을 결정하는 것이다.

(4) 시스템 변수선정

상기 결과치에 영향을 미치는 각종 의사결정변수와 상태변수들을 선정하는 것으로 가령 매출액(결과)에 대해 고려하면 자체 판매가격, 품질, 경쟁회사의 판매가격과 품질 등 여러 방면으로 고려하게 된다. 이 단계에서 물론 문제의 중요성에 의해 변수 취사선택이 이루어져야 한다. 이렇게 전반적인 시스템변수들을 추출한 후 이 변수를 의사결정자가 마음대로 할 수 있는 의사결정변수(Decision variables)와 마음대로 할 수 없는 상태변수(State variables)로 구분해야 한다. 예로, 자체판매가격이나 생산능력의 크기 등은 신제품시장 개척의 의사결정변수가 될 수 있으며, 생산원료비용이나 경쟁사의 광고수준 등은 상태변수가 될 수 있다. 이때 변수추출과 아울러 해당 변수의 대표치나 명목상의 수준(nominal value) 및 그 변수가 가질 수 있는 범위를 알아내어야 한다. 종종 명목상의 수준은 기대치로 사용하며, 범위는 그 변수의 확률분포함수의 10~90백분위수(percentile)로 나타내곤 한다. 덜 중요한 변수라고 사전에 간주하여 삭제하는 것은 좋지 못하다.

(5) 구조적 모형창출

시스템변수간의 상호관계를 명확히 하는 것으로 모형화 작업의 주된 부분이다. 이 모형은 될 수 있는 한 논리적, 수리적 모형을 꾸미는 것으로 많은 등식(equations)으로 이루어지게 된다. 모델평가를 신속히 하기 위해 될 수 있는 한 컴퓨터처리가 되면 좋다.

(6) 가치모형창출

개념적인 결과들에 가치를 부여하는 것으로 예를 들면, 의학에서 어떤 사람이 병적 원인으로 팔을 절단할 필요가 있을 때, 절단에 관계없이 병직 원인으로 회복되거나 안되거나 하는 결과를 얻게 된다. 이에 대해 의사결정자가 누구냐에 따라 느끼는 가치는 각기 다르다. 만일 변호사와 피아니스트의 두 경우를 생각해 볼 때, 변호사는 팔의 절단결과에 피아니스트보다는 그다지 치명적이 아닐 수가 있다. 따라서 같은 결과라 할지라도 결과에 대해 의사결정자가 가치를 부여하도록 하는 것이 필요한 것이다.

(7) 시간선호에 따른 모형창출

돈을 빌렸을 때 왜 이자를 지불해야 하는가를 의사결정분석 관점에서는 사람들의 시간에 대한 인내 혹은 선호(preference)때문이라고 본다. 즉, 시간선호(time preference)란 개념이 필요하다. 이러한 선호를 이미 개발된 모형에 삽입시켜 모형재조정이 필요하다. 이때 시간선호를 검토해서 생기게 되는 최종산물은 현재등가(present equivalent)이

V. 개선된 합리적 의사결정과정

다. 현금흐름을 판단하는 척도에는 많은 종류(Payback Rule, Average Return on Book Value, Internal Rate of Return, Profitability Index 등)가 있는 바, 이러한 척도 중에서 현재등가를 사용하는 이유는,

1. 시간에 대한 돈의 가치가 명확하다. 즉, 오늘의 100원이 내일의 100원보다 더 가치가 있음을 이 척도는 반영한다.
2. 현재등가는 예측되는 현금흐름과 그 금전의 기회비용(즉, 이자)에만 의존한다.
3. 각 과정에서 산출되는 현재등가들을 합치면 총현재등가가 된다. 현재등가를 현재가치(Present value)라고도 한다.

현재가치를 간단히 표현하면 다음과 같다.

현재가치란 미래에 있어 받게 될 현금흐름 대신에 현재에 당신이 받을 수 있는 가치이다.

현재　　　　　　　　　1　　2　　3
　　　　　　　　　　　현재 이후의 연도

1. 종합적 분석을 위한 의사결정기법들   199

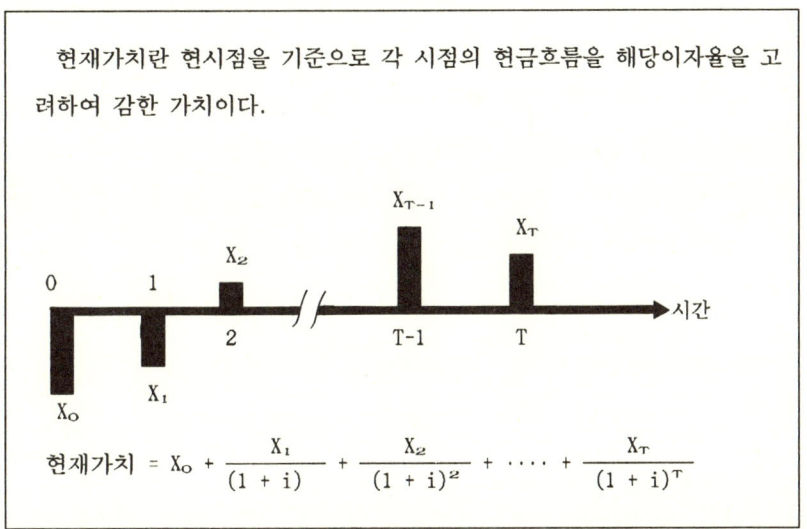

현재가치란 현시점을 기준으로 각 시점의 현금흐름을 해당이자율을 고려하여 감한 가치이다.

현재가치 = $X_0 + \dfrac{X_1}{(1+i)} + \dfrac{X_2}{(1+i)^2} + \cdots + \dfrac{X_T}{(1+i)^T}$

대안들을 비교함에 있어서 반드시 현재시점만이 기준이 되는 것이 아니라 임의의 어떤 시점을 기준으로 하여도 대안들간의 우선순위가 바뀌지 않게 되는 장점을 '현재가치'는 지니고 있다.

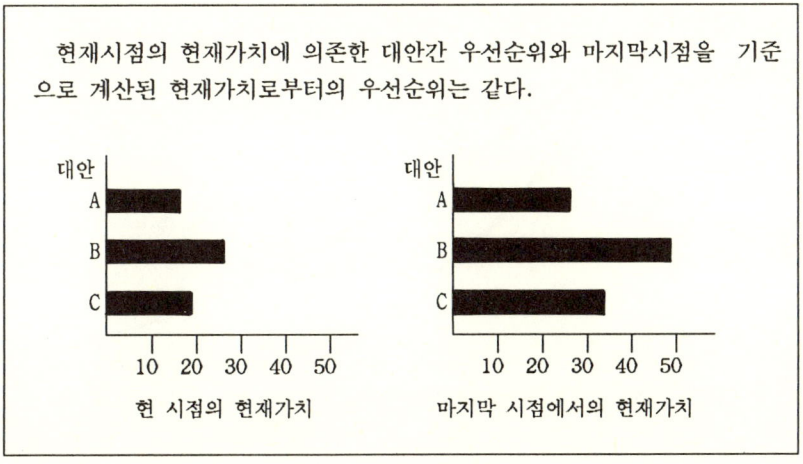

현재시점의 현재가치에 의존한 대안간 우선순위와 마지막시점을 기준으로 계산된 현재가치로부터의 우선순위는 같다.

이자율은 고정적이 아니라 항시 유동적이며, 아울러 회사내에서 대안에 기대하는 이자율은 실제 은행이자율과는 많은 차이를 갖고 있다. 따라서 어떤 대안선택에 있어서 기대되는 이자율은 의사결정자의 주관적 판단일 수 있으며, 이 주관적 이자율 역시 유동적이다. 따라서 다음과 같은 상이한 이자율에 따른 대안간의 현재가치를 표현한 도표를 마련한다면 유연성있게 대안선별을 할 수 있을 것이다.

대안	현 재 X_0	1년후 X_1	2년후 X_2	3년후 X_3	4년후 X_4	5년후 X_5	6년후 X_6	7년후 X_7	8년후 X_8	9년후 X_9	10년후 X_{10}
A	-1000	200	200	200	200	200	200	200	200	200	1200
B	-1000	250	250	250	250	250	250	250	250	250	250
C	-1000	500	500	500	300	200	150	100	50	50	50

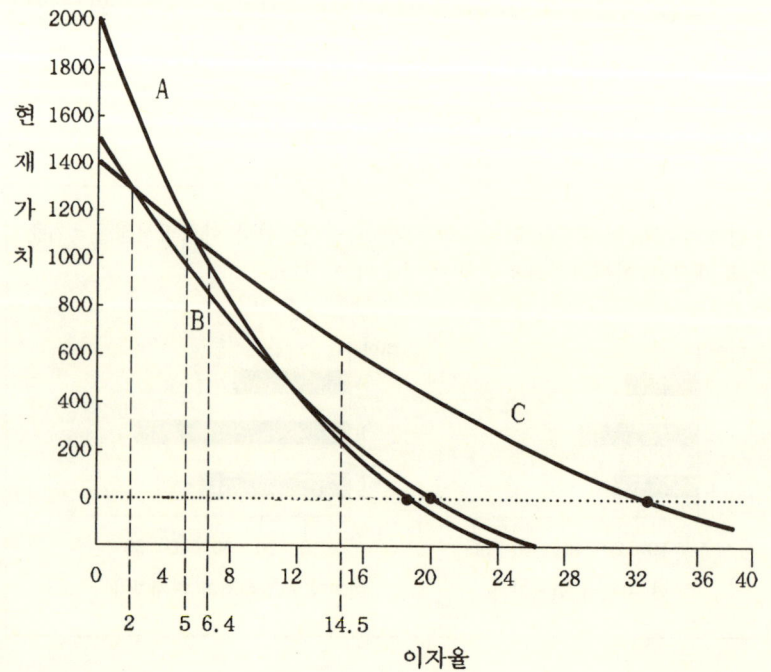

1. 종합적 분석을 위한 의사결정기법들 201

요약하면, 모형화작업은 원래 문제를 논리적이며 계산가능한 규범적 형태로 바꾸는 작업인 것이다.

♣ 분석작업(Analysis)

이 작업은 변수변화가 얼마나 그 결정된 결과에 영향을 미치는가를 관찰하는 것으로 혹자는 민감도 분석(Sensitivity analysis)이라고도 부른다. 처음 순서는 어떤 의사결정변수를 움직일 수 있는 범위내에서 변화시키면서 동시에 모든 상태변수들을 그들의 명목상의 값에 고정시켰을 때 어떻게 최종결과가 변화하는가를 관찰한다. 물론 컴퓨터를 사용하면 본 작업은 수월하게 된다. 이때 어떤 특정 의사결정변수가 큰 영향을 미치게 되면 그 변수를 원래 모형에 포함시켜야 하며 미약하거나 영향력이 없을 때는 의사결정변수에서 탈락시킨다. 다음은 같은 작업을 상태변수에서도 수행하게 된다. 이때 영향력이 큰 상태변수를 민감변수(Aleatory variable)라고 하고, 그렇지 못한 변수를 고정변수(Fixated variable)라고 한다. 그러나 고정변수라고 해서 중요치 않은 변수라는 것은 결코 아니고, 단지 현 문제에서 그의 변수값이 정해진 범위내에서 변하더라도 그로 인해 나타나는 결과가 조금밖에는 변화하지 않는 변수인 것을 주의해야 하며, 모형속에서 명목상의 값으로만 사용해도 무난한 변수란 것이다. 예로, 기업합병시의 세율은 일정기간 동안 고정시켜 사용해도 무난한 경우가 많으나, 만일 세율이 큰 범위내에서 변하게 되면 기업합병문제에 있어 심각한 영향을 미침을 알아야 한다. 민감도분석에 있어서 각각의 변수를 차례로 민감도분석을 함을 원칙으로 하나, 경우에 따라서 두 개 이상의 변수들을 결합적으로 변화시키며 민감도분석을 수행할 수도 있다. 이러한 동시민감도분석에서의 대상은 문제성격에 의존하되 효율성을 생각하여 되도록 적은 수의 변수들에 대해 수행해야 한다.

202 V.개선된 합리적 의사결정과정

2. 불확실성 단계 (Uncertain Phase)

앞단계를 통해 상태변수들에 대한 민감도분석의 결과로 상태변수들이 민감변수와 고정변수로 분리되었음을 알았다. 이 불확실성 단계에서는 민감변수에 대한 불확실성을 평가하고 나아가 그 결과가 미치는 가치변화를 좀더 고찰하게 된다. 이 단계 역시 둘로 구분하여 모형화작업과 분석작업으로 나누어 설명하고자 한다.

<u>불확실성 단계</u>

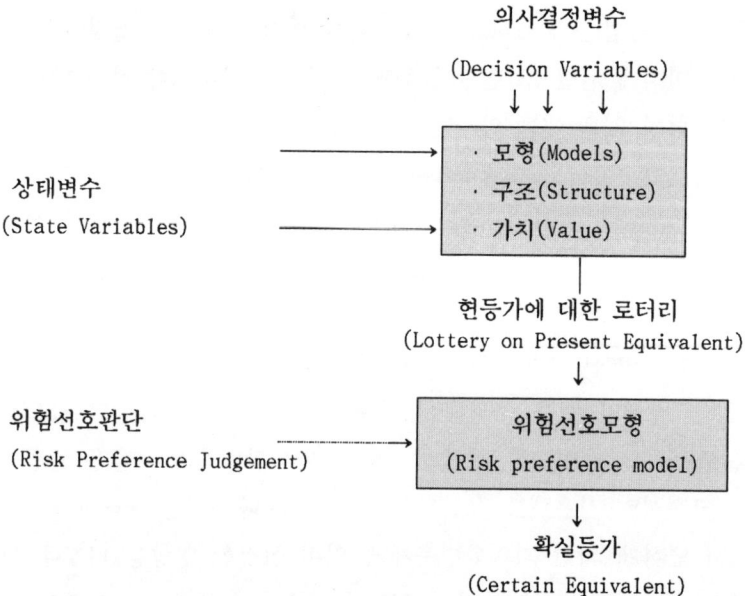

단 계
모형화
  1. 주요 상태변수에 대한 불확실성 평가
분 석
  2. 현등가에 관한 로터리 개발
  3. 추계적 민감도분석

4. 위험선호평가
5. 위험에 관한 민감도분석
6. 현재 정보를 근간으로 한 적합 행동 결정
7. 추가 민감도분석 시행

♣ 모형화작업

원칙적으로 민감변수들에 대해 의사결정자나 관련전문가로부터 확률을 평가한다. 만일 민감변수들에 있어 상호의존이 나타나면 이들 변수 중에 어떤 변수는 조건부확률 등으로 나타나야 한다.

♣ 분석작업

확정적 단계에서 상태변수가 어떻게 가치(worth)에 의존되어 있고 그 중 민감변수에 대해 평가된 확률이 주어진 상태에서, 고정된 의사결정변수에 의한 가치의 확률분포를 유도해 내는 일은 손쉬운 것이다. 이때의 가치에 대한 확률분포를 가치로터리(worth lottery)라고 한다. 즉, 주어진 대안에 대하여 민감변수의 불확실성으로부터 기인하는 가치의 변화를 가치로터리에서 보여주고 있다. 이때 의사결정자는 각 대안에 대한 가치로터리들을 상호비교하여 바람직한 것을 고르게 된다. 어떤 것이 과연 의사결정자에게 바람직한 대안인가? 이때는 추계적 지배관계에 의해 고르게 된다.

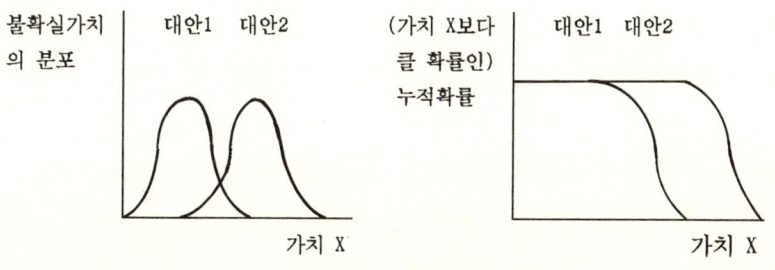

(a) 추계적 지배관계의 성립

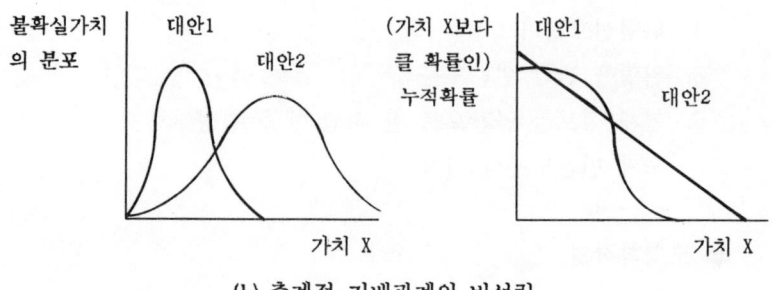

(b) 추계적 지배관계의 비성립

상기 그림 (a)중 오른쪽의 그림에서 보는 바와 같이 X보다 클 확률분포는 대안 2가 모든 가치 X에 대해 항상 대안 1보다 큼을 알 수 있다. 다시 말하면 대안 2가 대안 1을 추계적으로 지배한다고 볼 수 있다. 따라서 더 이상 대안 1을 고려할 필요가 없는 것이다(차후 모든 단계에서 삭제된다). 그러나 그림 (b)에서는 대안 2가 높은 가치의 X에서는 우세하나 낮은 가치의 X에 대해서는 항상 우세하다고는 볼 수 없다. 다시 말해서 누적확률분포가 서로 교차할 때는 어느 쪽이 더 양호하다고는 할 수 없다. 이때를 추계적 지배관계가 성립하지 않는다고 한다. 이 경우에 차후단계에서 위험선호관계를 더 밝혀야 문제를 풀 수 있는 것이다.

♣ 위험선호에 대한 모형화

추계적 지배관계로 최선의 대안이 나오지 않는 경우 위험선호에 대한 질문을 의사결정자에게 해야 한다. 가치(worth)에 대한 효용함수를 가치로터리(worth lottery)를 사용하여 구해낼 수 있다. 이 효용함수를 관찰하여 보면 의사결정자가 위험을 어떠한 형태로 선호하는 지를 알 수 있다. 가령, 의사결정자에게 '공정한 동전을 던져 앞면이 나오면 1,000원을 의사결정자는 받게 되며, 뒷면이 나오면 1,000원을 잃게 된다'고 하는 가치로터리를 제시한다고 하자. 이때 일반적인 의사결정자는 이러한 가치로터리를 회피하려 할 것이다. 이것은 이 가치로 터리에 대한 기대치는 0원(=1/2×1,000+1/2×(-1,000))임에도 불구하고 그에게 가치를 주지 못하는 셈이 된다. 다시 말해서 그가 느끼는 이 로터리의 가치는 0원 미만(즉, 손해)의 가치로 평가하고 있는 것이다. 이와 같은 의사결정자를 위험기피자라고 한다. 반대로 기꺼이 이 로터리를 택하는 자를 위험지향자라고 한다.

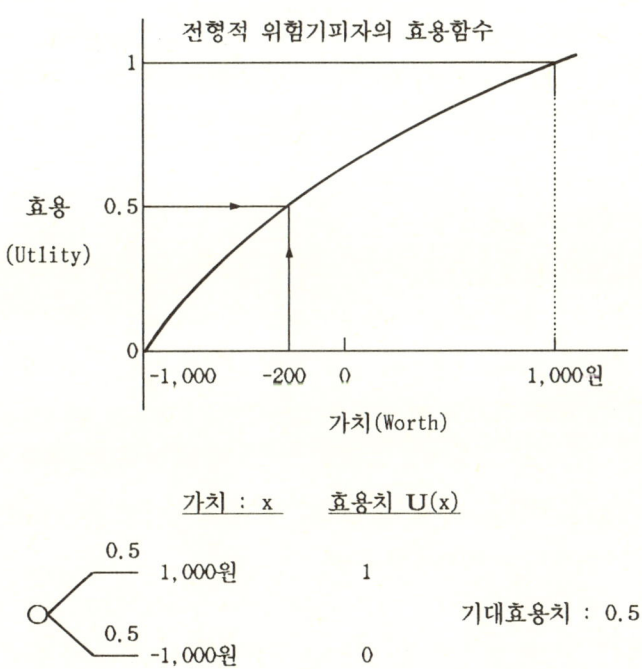

이와 같은 방법으로 그 사람이 느끼는 가치(worth)에 대한 그의 위험성향을 보이는 효용함수를 도시할 수 있다. 도시하는데 있어서, 일반적으로 최대효용치를 1로, 최소효용치를 0으로 잡는다. 이러한 효용함수를 이용함으로써 가치로터리의 기대효용치를 계산할 수 있다. 앞의 예에서 기대효용치 0.5에 해당하는 가치(worth)를 위의 그림에서 보면 -200값인 것을 알 수 있다. 즉, U(-200)=0.5 이때 -200과 같은 값, 다시 말해서 가치로터리의 대표치인 기대효용치에 상응하는 가치를 확실등가(Certainty equivalent)라고 부른다. 확실등가가 의미하는 바는 로터리에 있어서의 불확실성이 기대효용치 산출시에 배제되어 있다는 것을 의미한다. 다시 말하면, 불확실성이 포함된 로터리를 하나의 확정적 값(확실등가)으로 대체한 것이다.

결론적으로, 두 대안의 문제에서 추계적 지배관계가 성립되지 못할 때는 기대효용치를 산출하여 큰 값을 갖는 대안이 선택되게 되며, 이는 바꾸어 말하면 확실등가를 계산·비교함으로써 큰 값의 확실등가를 갖는 대안이 선택된다는 것을 의미한다.

♣ 실제분석 순서

각 대안의 확실등가를 미리 평가된 효용함수를 이용해서 계산해 낸다. 이때 가장 높은 값의 확실등가를 갖는 대안이 선택된다. 그리고 위험선호개념을 명확히 점검하기 위해서 의사결정변수 중 하나만 그 해당 구간에 따라 가치를 변하게 하고, 나머지 것들은 명목상의 값에 한정하였을 때 이에 상응하는 확실등가가 어떻게 변화하는가를 점검한다. 즉, 민감도분석을 통해 이 상태를 반복하여 어떤 의사결정변수가 민감하게 확실등가를 변화시키는가를 확인한다.

다음 차례는 민감변수에 대한 민감도분석을 위의 요령으로 반복수행하게 된다. 이때 평가된 조건부 및 결합확률분포를 사용하게 된다. 경우에 따라서는 확정적 단계에서 예민한 민감도를 갖는 것으로 판단된 민감변수가 불확실성 단계에서는 상당히 작은 민감도를 나타낼 수도 있다는 것을 알 수 있다. 이 밖에 더 점검을 해야 할 사항은 위험민감도분석이다. 통상적으로 후에 설명될 위험기피상수(위험기피현상을 측정할 수 있는 척도)를 변화시키며 그에 대한 의사결정자의 반응을 점검하는 일을 수행한다. 위험기피상수의 증가는 의사결정자가 그 해당

가치로터리에 참가하려는 의사가 점점 없어짐을 말한다. 혹자는 위험기피상수의 역수로 위험허용도라는 수치를 사용하여 위험민감도분석을 하는 경우가 있는데 이는 같은 방법이다. 한 마디로 위험민감도란 가장 바람직한 대안들에 대해 위험기피상수 변화에 따라 확실등가가 어떻게 변화되는가를 보여주는 것인 셈이다.

지금까지 나타난 변수들 간의 상대적 위치를 도시하면 다음과 같다.

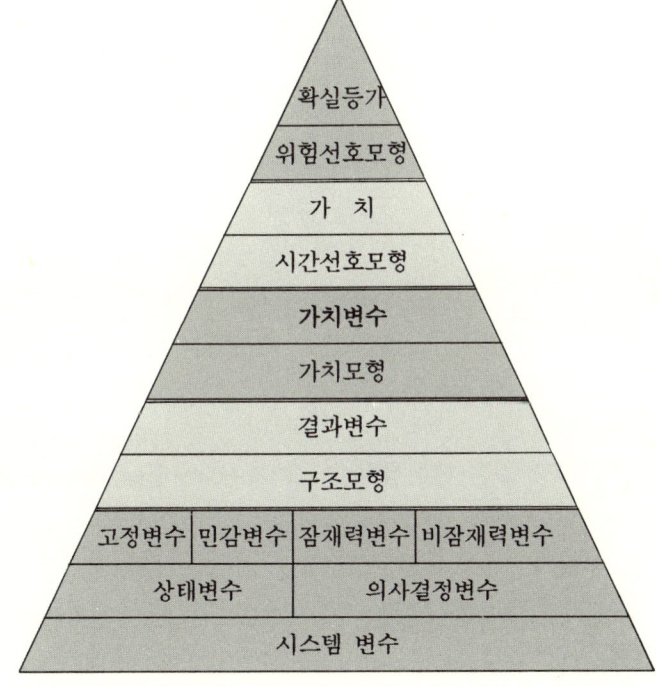

3. 정보분석단계(Informational Phase)

불확실성단계를 거쳐 의사결정을 할 수 있는 단계가 되었지만, 최종결정을 내리기 전, 비용이 드는 추가정보수집활동이 가치가 있는지 없는지를 점검해 보는 과정이다.

208 V. 개선된 합리적 의사결정과정

정보분석단계

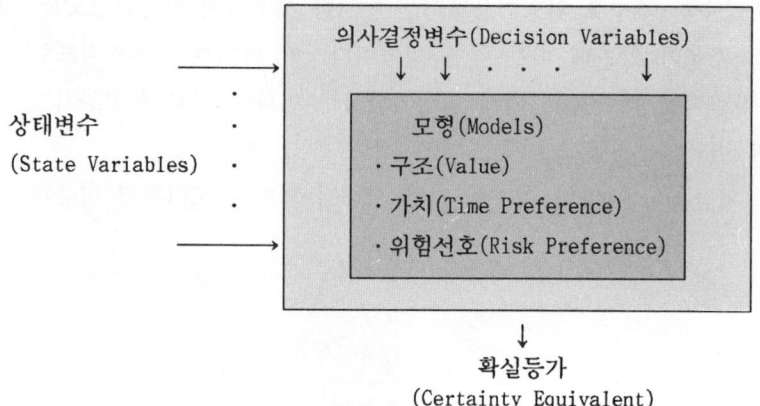

단 계

분석작업

  1. 완전정보의 가치측정

모형화작업

  2. 추가정보수집에 관한 대안검토 및 가치평가

분석작업

  3. 가장 좋은 대안선정이나 추가정보수집에 대한 결정

♣ 분석작업

한마디로 정보분석단계는 추가정보에 대한 금전적 가치를 알아보는 단계이다. 우선 각 변수에 대한 완전정보의 가치를 알아보게 된다. 만일 어떤 변수에 대한 추가정보를 수집하기 위해서 지불해야 할 비용이 완전정보의 가치보다 크다면 추가정보를 수집한다는 것은 의미가 없게 된다. 다시 말해서, 민감변수에 대한 완전정보의 가치는 우리가 지불할 수 있는 비용의 상한선인 것이다. 완전정보의 분석대상인 변수 선정에 있어서 우선순위는 민감변수로서, 높은 경제적 민감을 나타내는 변수로부터 시작한다.

♣ 모형화작업

의사결정자나 분석자는 추가정보가 필요하다고 분석되었을 때 실제로 어떠한 방법이나 대안을 갖고 추가정보를 수집해야 하는가를 고려해야 한다. 이때 추가정보수집으로 야기될 의사결정시간의 지연도 함께 고려해야 될 것이다. 추가적으로 정보수집이 필요하다고 판단되면 적어도 그에 따른 민감변수들의 새로운 확률분포를 얻기 위한 작업이 수반되어야 하며, 필요에 의해서 기존 구조적 모형의 개선이 이루어져야 한다. 이들의 작업과 동시에 확정적 단계로 다시 넘어가서 싸이클을 일으키며 의사결정분석 싸이클을 따라 그 과정을 밟아야 한다. 물론 이 과정들은 반복적으로 수행되어져 추가정보가 필요없을 때에 이르러 최종결정을 집행하게 된다.

지금까지 기술한 의사결정분석 싸이클기법을 실제 활용코자 하는 분들을 위해 다음의 적용사례를 들려고 한다. 본 사례를 통해 구체적으로 이 의사결정분석 싸이클기법을 활용할 수 있는 계기가 되기를 바란다.

4. 의사결정분석 싸이클기법을 이용한 사례
- 공장시설투자 및 확장에 관한 의사결정분석 -

(1) 서 론

이 사례는 실제 사례로서 공장주요 시설확장에 관한 의사결정문제를 다루고 있는 바, 대상기업의 익명 및 자료에 대한 비밀을 보장하기 위해서 자료의 숫자 및 내용을 변조하였다.

이 회사는 이미 작동중인 성공적 시험공장을 토대로 하여 완전한 새로운 공장시설을 설립하기 위한 투자결정문제를 본 컨설팅회사에 의뢰하여 왔다. 이 투자결정에 관계된 불확실성을 띠고 있는 중요조건들은 다음과 같았다.

- 쉽게 조정할 수 없는 화학반응을 갖고 있는 생산공정
- 이 시설로서 생산되는 주요 생산물은 A제품이나, 새로운 공정처리를 활용하면 부산물로서 값비싼 B제품도 생산해 낼 수 있다.
  이 두 제품의 정확한 생산효율은 불확실하다.
- 원료에서 미소한 불순물함유는 이 두 제품의 생산량에 커다란 영향을 미치고 있다.
- 원료비용과 판매가격을 포함하는 판매요소들도 정확히 알 수 없다.
- 실험적 결과를 실제생산시설에 걸었을 때에 새로운 공장의 효율성과 추가설계비용 등 포함하여 생각해야 하는 변수들이 불확실하다.
- 새로운 공장의 지역 오염에 대한 정부규제가 예상되며, 부산물인 B제품의 가격책정에도 정부규제가 모두 예상된다. 특히 오염에 있어 정부규제의 정도 및 이에 따른 비용도 미리 알 수 없다.

이러한 불확실한 조건들을 고려해서 다음의 기본적 대안을 생각하기로 한다.

(개) 이 투자계획을 포기하고 이미 운용한 시험공장의 투자를 감수한다.
(내) 초기생산공장을 설립한다.
(대) 초기생산공장을 설립하고, 성공적이면 확장투자를 고려한다.
(래) 초기생산공장설립을 다음의 추가적 정보를 더 얻은 후로 연기한다.
  1) 부산물 제품 B의 생산량
  2) 원료의 불순물 함유의 영향
  3) 경제적 요인들

이 투자에 소요되는 비용은 250억원에서 500억원이다. 즉, 초기생산공장투자에 250억원이 소요되며, 공장확장 경우를 포함하면 500억원이 소요된다.

이 의사결정문제를 풀기 위해서 사장과 그의 기술참모인 공장장, 그리고 의사결정분석 연구원들이 참가했다. 의사결정분석 연구원들은 의사결정 분석기법의 실제 적용면과 전체적 해결흐름을 책임지고 수행하였고, 사장을 비롯한 공장장은 분석에 필요한 정보를 제공하고 전문도를 요하는 특수분야에 대한 부속적 모형을 구성·제공하는 것을 책임지고 수행하였다.

먼저, 의사결정분석 후 얻어진 결론과 추천사항을 알아보고, 실제 수행되었던 의사결정분석의 과정을 순서에 따라 고찰하여 보도록 하자.

(2) 결론 및 추천

㈎ 할인율(discount rate)을 10%로 하였을 때, 현재 정보상태하에서 이 모험투자의 기대현재가치는 120억원이다.

㈏ 위험선호에 대한 조정을 고려해도 현재가치는 양(+)이다.

㈐ 정보의 가치는 부산물인 제품 B의 생산효율과 원료의 불순물 함유량의 기대수준의 불확실성에 따라 민감하게 변하고 있다. 따라서 이 두 가지의 불확실성을 감소시키기 위한 실험이 적극 추진되어야 한다.

㈑ 정보의 가치가 상당히 크기 때문에, 생산공장에 대한 투자를 연기하고 정보수집활동을 해야한다.

㈒ 시간과 위험에 대한 선호도에 대해 민감하게 의사결정이 변한다. 따라서 회사정책수립자들과 협동하여 이 연구결과에 대해 정확히 적용되어질 수 있는 선호도를 정립해야 한다.

(3) 의사결정분석——확정적 단계(Deterministic phase)

확정적 단계에서의 주요 목적은 의사결정문제를 구조화하고 이 구조를 주요 변수들을 입증시키는데 사용하는 것이다. 즉, 우선적으로 변수들의 불확실성을 무시한 채 모형을 구축하게 되는데 그 결과로 얻어진 모형들의 조직도를 도시하면 그림 1과 같다.

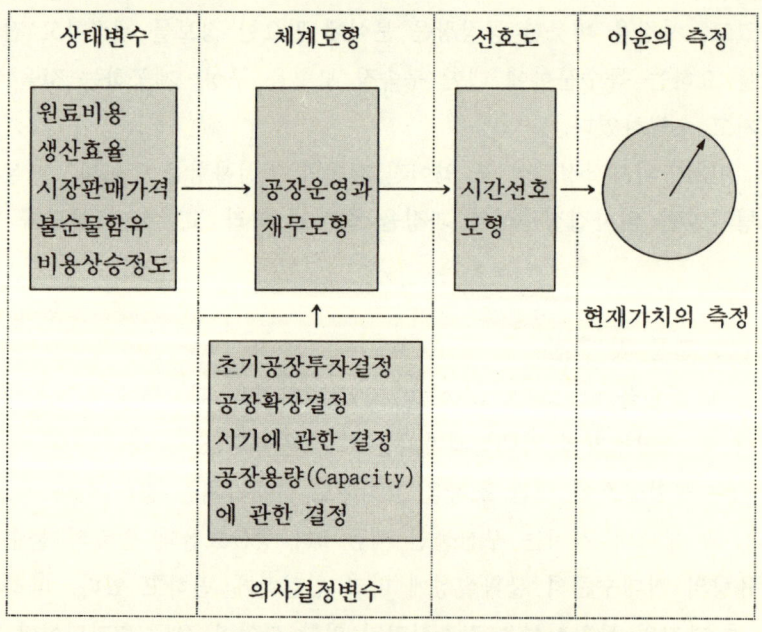

[그림 1] 확정적 단계의 모형들의 조직도

이러한 체계모형으로부터의 산출(output)은 의사결정변수들의 특정값에 대한 현금흐름이다. 의사결정변수들과 상태변수들의 서로 다른 값에 대한 가능한 모든 조합을 생각해야 하며, 이에 대한 현금흐름들을 조사해야 한다. 그러나 시간에 따라 변화하는 현금흐름을 가지고 서로 비교하기는 어려우므로 이윤을 측정하기 위한 하나의 척도를 생각해야만 한다. 그러한 척도는 다음의 특성을 갖고 있어야만 할 것이다. 즉, 어떤 특정현금흐름이 바람직하다면 그의 이윤척도의 값이 높게 나타나야 한다. 이를 위해 이자율을 할인율(discount rate)로 지닌 현재가치(Present value)를 척도의 단위로 쓰는 것이 타당하다.

시간선호에 있어서 할인율의 선택이 중요한 바, 이는 기업의 정책수립자에 의해 회사별로 이미 설정되어 있거나, 또는 사업특성별로 그때마다 설정하게 되어 있다. 대부분의 정책수립자들은 높은 할인율을 갖고 있어 기업의 안정성을 강조하는, 소위 위험기피적 성향을 갖고 있다. 또한 그들은 현재가치에 의한 현금흐름판단만이 아니라 수익율(Rate of return), 또는 자금회수기간(Payback period) 등 여러 척도를 갖고 있다. 그러나 문제를 효율적으로 분석하기 위해서 이러한 척도들을 현재가치의 척도로 환원시켜야 할 것이다. 이 회사의 경우에는 세금공제 후의 할인율로 10%를 책정했다. 그렇지만 여러 값의 할인율들이 최종결과에 미치는 각 영향은 이후 평가되어야 한다.

확정적 단계에서의 분석

상기 10%의 할인율을 사용했을 때 얻어지는 결과(현재가치)는 다음과 같다.

확정적 단계 결과

	(현재가치 : 억원)
초기공장 투자결정만을 고려시	150
공장확장만을 고려시	-30
초기공장설립과 공장확장 동시 고려시	5

이상의 결과에서(가장 일어날 수 있는 대표치만을 고려했을 경우) 초기공장설립에 대한 투자는 행해져야 하나 공장확장은 고려하지 말아야 한다는 것을 알 수 있다.

다음은 할인율의 변화에 따른 초기공장 투자결정에 관한 민감도분석의 결과이다.

할인율을 7%로 감소시키면 현재가치는 250억원이 산출된다. 또한 할인율을 13%로 증가시키면 현재가치는 90억원을 얻는다. 할인율 변동에 따른 현재가치변동은 매우 크나 초기공장설립에 투자를 해야 한다는 결정은 변하지 않고 있다.

주요 변수들을 입증하기 위해서 체계적으로 민감도분석을 수행했고 모두 30개의 변수들을 조사했다. 의사결정자와 참모에 의해 30개 개개의 변수에 대한 최소·최대치의 변동가능범위를 알아냈고 이러한 극한치들이 현재가치에 어떻게 영향을 미치게 되는가를 알아 보았다. 〔표 1〕에서 보인 바와 같이 이 중 18개의 상태변수들이 상당한 영향을 현재가치에 미치고 있는 것을 알 수 있다.

〔표 1〕 확정적 단계의 결과—상태 변수들의 민감도

	대표치	변동범위 부터	변동범위 까지	현재가치 변동범위(억원) 부터	현재가치 변동범위(억원) 까지	현재가치 의 변화 (억원)
1. 부산물인 제품 B의 생산	36.00 (1b/ton)	0.00 (1b/ton)	80.00 (1b/ton)	-300	350	650
2. 1999년의 제품 B의 시장	270 (원/1b)	150 (원/1b)	350 (원/1b)	-120	450	570
3. 원료비용의 증 증가율	5.00% (%/yr)	0.00% (%/yr)	8.00% (%/yr)	-70	400	470
4. 원료비용	7,000 (원/ton)	2,000 (원/ton)	18,000 (원/ton)	-90	350	440
5. 원료의 불순물 함유량	4.00 (1b/ton)	2.00 (1b/ton)	6.00 (1b/ton)	-100	300	400
6. 투자의 비용계수	90.00%	70.00%	125.00%	-120	250	370
7. 1999년 후의 제 품가격 증가율	4.00% (%/yr)	2.00% (%/yr)	6.00% (%/yr)	-50	280	330

8. 운전비용의 비용계수	110.00%	80.00%	150.00%	30	320	290
9. 보수 유지비용의 비용계수	100.0%	70.00%	120.00%	20	300	380
10. 부산물 판매가격 증가	30 (원/yr)	10 (원/yr)	60 (원/yr)	30	300	270
11. 공업용수정수 비용	30 (원/gal)	20 (원/gal)	10 (원/gal)	40	310	270
12. 현재의 부산물 가격	500 (원/lb)	400 (원/lb)	600 (원/lb)	30	290	260
13. 공장효율도	75.00%	50.00%	110.00%	0	260	260
14. 제품 A의 생산	45.00 (lb/ton)	40.00 (lb/ton)	50.00 (lb/ton)	40	300	260
15. 현재의 제품 A의 시장가격	250 (원/lb)	150 (원/lb)	300 (원/lb)	40	280	240
16. 정부규제에 따른 비용	20 (원/lb)	10 (원/lb)	30 (원/lb)	30	250	220
17. 제품 B의 부산물의 시장가격	100 (원/lb)	70 (원/lb)	120 (원/lb)	40	240	200
18. 제품 B의 부산물 생산	84.00 (lb/ton)	70.00 (lb/ton)	96.00 (lb/ton)	40	240	200

〔표 1〕에서 18개 상태변수들은 현재가치에 대한 영향정도에 따라 순서별로 정리되었다. 불확실성 단계의 목적상 처음 7개의 변수들을 주요 상태변수로 고려했다. 그러나 회사의 관심상 13번째 변수인 공장효율도를 주요 상태변수로 추가했다. 비주요상태변수들 중 각각의 상태변수는 그들의 값이 제일 열등한 값(변화의 최소치)으로 변화한다 하더라도, 초기공장을 설립투자한다는 결정이 바뀌지는 않는다는 것을 쉽게 표에서 읽을 수 있다.

결론적으로 확정적 단계에서는 모형을 구축하고 일어날 수 있는 모든 경우에 대한 분석을 통해, 주요 변수들을 입증하게 되는 셈이다. 이 단계를 위해 반 이상의 연구노력이 들어간 셈이고, 이러한 단계는 많은 전형적 의사결정분석에서 사용되고 있다.

(4) 의사결정분석—불확실성 단계(Uncertain phase)

확정적 단계에 이어 불확실성 단계가 수행되었다. 이 단계는 전형적 의사결정분석 적용과는 차이가 있으므로 다음 사항들을 순서적으로 상세히 기술하려 한다.

- 주요 상태변수들에 대한 불확실성 평가
- 이윤에 관한 로터리(lottery)의 개발 및 평가
- 위험선호에 대한 평가
- 현수준의 정보에 의한 최선의 행위결정
- 이후 민감도분석의 수행

(가) 주요 상태변수들에 대한 불확실성의 평가

앞서 확정적 단계에서 주요상태변수가 입증되었다. 지금 이 단계에서는 이러한 주요 상태변수들의 불확실성의 정도를 명확히 하려는 것이다. 평가하려는 두 종류의 투자결정은 여러 측면에서 서로 특징을 갖고 있으며, 따라서 가장 가용한 정보는 화학과 교수, 화학공정기술자 그리고 기획전문가로부터의 판단에 의지하여야 한다. 이러한 정보 중에서 지금 불확실성에 대한 정보를 정리하려는 것이다. 이러한 전문가들의 판단을 끄집어내는 일은 면담(interview)을 통하여 이루어질 수 있다. 면담자들에게 둘 또는 그 이상의 범위의 일어날 가능성에 대해 질문을 했다. 전형적인 질문은 "전체 원료비용이 5,000원/ton에서 10,000원/ton 사이에 일어나는 경우와 12,000원/ton보다 높게 일어날 경우가 서로 동일한가?"이다. 이러한 질문들을 통해서 확률분포를 추리할 수 있다. 면담자는 확률에 대한 사전지식을 갖고 있을 필요가 없다. 그들은 단지 질문에 대답만 하면 되는 것이다. 다음 그림은 이러

한 질문을 통해 형성된 확률분포를 보여주고 있다. 이 그림은 다음과 같이 해석된다. 수평축상의 x값을 읽고(보기: x=6천원/ton), 이에 상응하는 x값보다 작은 값으로 원료비용이 발생할 확률(보기: 5%)을 읽는 것이다. 〔그림 2〕의 종합된 결과는 다음과 같다.

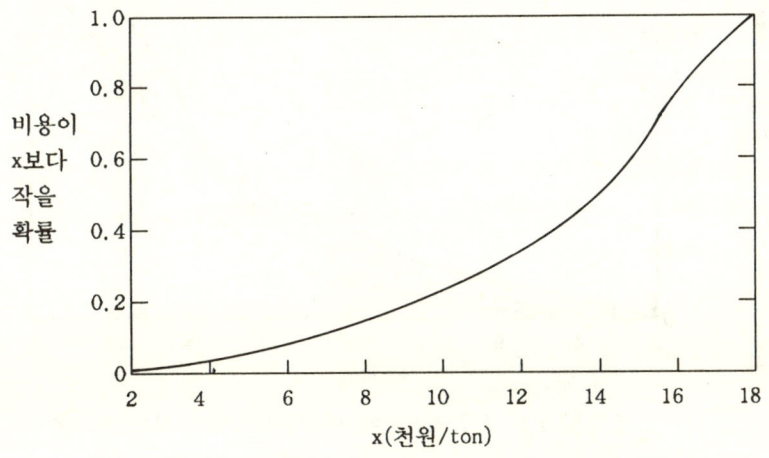

〔그림 2〕 원료비용에 대한 확률분포

· 원료비용은 2천원/ton부터 18,000원/ton 사이에 발생한다.
· 14,000원/ton보다 비쌀 경우와 쌀 경우는 일어날 가능성이 같다.
· 톤당 7,000원보다 쌀 경우의 발생은 1/10의 가능성이 있다.
· 톤당 17,000원보다 비쌀 경우의 발생은 역시 1/10의 가능성이 있다.

물론 이상의 것들 외에 더 많은 사실을 읽을 수 있다. 이러한 분포모양은 면담자 개개인에 따라 다르다. 그러나 개개인의 의견을 막연히 합하기보다는 이러한 분포를 그림으로써 서로의 의견이 일치되도록 면담을 유도할 수 있다.

218 V.개선된 합리적 의사결정과정

〔그림 2〕는 사실상 3명의 면담자들에 대한 의견일치(consensus)의 결과이다. 특정 한명의 면담자는 6주의 격차로 2번의 면담을 실제 수행하였는데 그에 대한 분포는 〔그림 3〕과 같다.

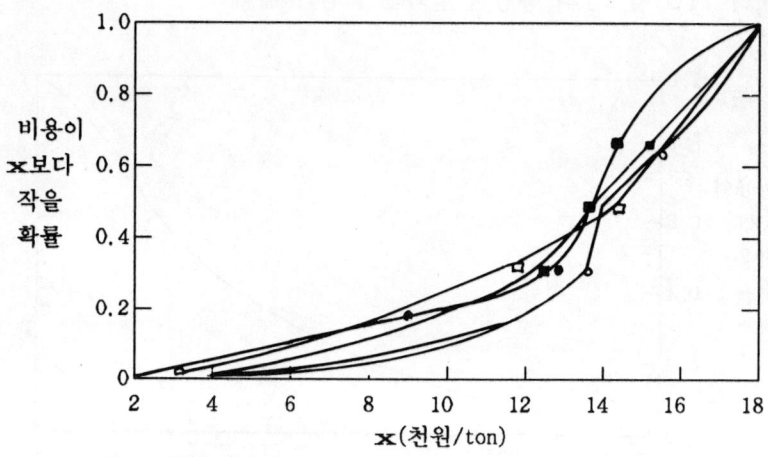

〔그림 3〕 의견일치전의 개개인의 판단에 대한 분포들

이러한 과정은 모든 주요 상태변수들에 대해 반복되어 수행되었다. 제품 A의 1999년 이후의 가격증가율과 원료비용의 증가율은 〔그림 4〕의 트리모양으로 나타나게 되었다.

1. 종합적 분석을 위한 의사결정기법들 219

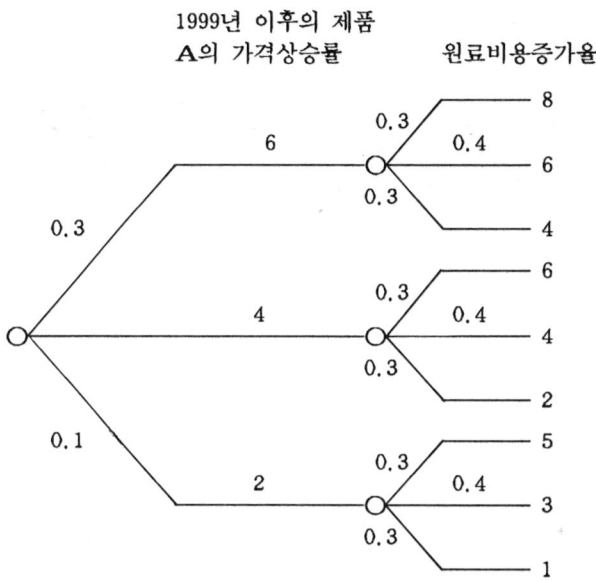

〔그림 4〕 제품 A의 시장판매가격과 원료비용의 증가율들이
결합된 불확실성

이 두 가지 변수들은 서로 연관이 있었다. 〔그림 4〕의 ○표는 불확실성 마디를 표시하고 있다. 각 가지들의 처음의 숫자는 각 가지가 나타날 확률을 의미하고 있다. 즉, 이들의 관계를 다음 예와 같이 설명할 수 있다. 1999년 이후 제품 A의 가격이 매년 6%씩 상승할 확률이 0.3%이다. 만일 이것이 일어난다면 비용이 매년 8%씩 상승하게 될 확률은 30%이다.

(내) 이윤에 관한 로터리(profit lottery)의 구성 및 평가

주요 변수들의 불확실성이 뽑혀진 다음, 다음 관계는 이윤에 대해서 이 주요 변수들이 어떻게 결합되어 효과를 미치는가를 조사하는 것이다. 이윤로터리는 한마디로 현재가치의 확률적 분포를 의미한다고 생각할 수 있다. 공장설립에 대한 전반적인 이윤로터리는 〔그림 5〕와 같다.

220 V. 개선된 합리적 의사결정과정

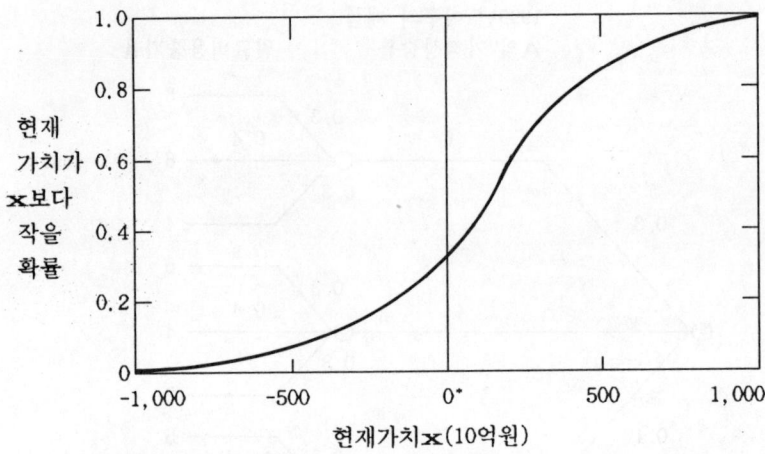

* 0은 투자에 대해 받아들여질 수 있는 최소수익, 즉 10%일 때를 의미함.

〔그림 5〕 이윤로터리(profit lottery)

〔그림 5〕로부터 추가적 정보수집을 행하지 않을 때의 불확실성에 대한 로터리를 다음과 같이 요약할 수 있다.
· 음(-)의 현재가치가 발생할 확률은 31%이다.
  (이는 10%의 최소기대수익을 취하지 못할 경우를 의미한다)
· 300억의 현재가치상당의 손해의 발생확률은 1/20이다.
· 125억의 현재가치를 기준으로 큰 경우나 작은 경우가 발생할 확률은 반반이다.
· 550억의 현재가치보다 큰 이득을 보게 되는 경우는 1/20이다.

물론 〔그림 5〕로부터 여러 가지를 말할 수 있다.
어떻게 이 이윤로터리가 도시되었는가를 살펴보기로 하자. 전술한 바와 같이 이미 알고 있는 사항들은,
· 주요 변수들에 대한 분포들
· 특정변수들의 조합에 대해 현재가치를 산출해 낼 수 있는 확정적 모형이다.

1. 종합적 분석을 위한 의사결정기법들 221

확률적 모형을 구축할 수 있는 방법은 여러 가지가 있지만, 이 분석에서는 의사결정트리를 사용했다. 조직적인 트리 모양은 〔그림 6〕과 같다.

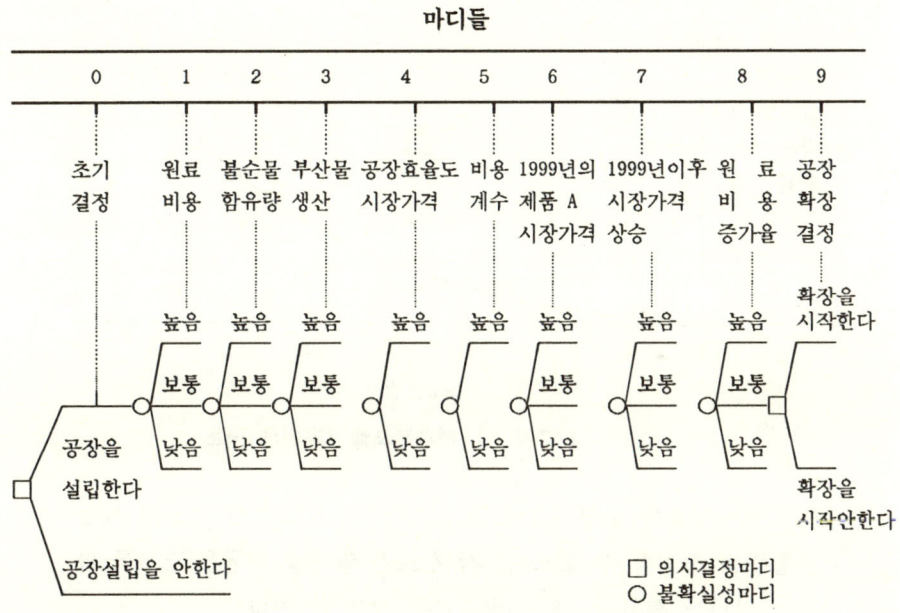

〔그림 6〕 의사결정트리 구조

이 경우에 모든 가지를 그렸다면 5,833 종류의 트리상의 경로 (path)가 일어날 수 있다. 각 경로는 특정값의 의사결정 및 상태변수들의 조합을 한 단위로 하여 구성된다.

이제 불확실성에 대한 정보를 〔그림 6〕과 같은 의사결정트리에 어떻게 옮겨 심을 수 있는가를 관찰해 보자. 이 단계는 단순하다. 트리상의 상태변수에 대한 한마디에 대해 얼마나 많은 가지를 쳐야 하는가가 문제를 얼마나 많은 시간을 들여 풀게 되는가를 보여주게 된다. 통상적으로 이러한 주요한 상태변수들에 대해 3개의 가지로 나누어 생

222 V. 개선된 합리적 의사결정과정

각하고 있다. 예로, 원료비용의 분포를 3개의 가지로 축약시키기 위해서 전체구간을 세 범위로 나누게 된다(참조: 그림 7).

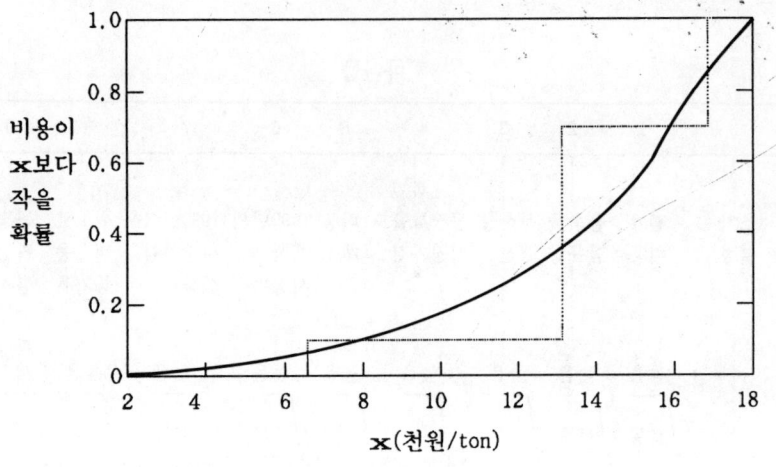

[그림 7] 연속분포를 3범위로 구분

트리구조와 [표 2]의 정보로부터 5,833의 각 경로에 대한 조합들을 정의할 수 있으며, 각 경로가 일어날 확률은 경로를 따라 나타나는 확률값들을 곱함으로써 얻을 수 있다.

1. 종합적 분석을 위한 의사결정기법들 223

〔표 2〕 가지(Branch)의 값

마디 (node)	가지 (branch)	확률	가지의 값
원료비용	1	1	0.15	630원/ton
		2	.55	13,250원/ton
		3	.30	17,000원/ton
불순물함유량	2	1	.25	2.70lb/ton
		2	.55	4.10lb/ton
		3	.20	5.20lb/ton
부산물생산	3	1	.20	18.00lb/ton
		2	.30	30.00lb/ton
		3	.50	50.00lb/ton
공장효율도	4	1	.85	82.5%
		2	.15	102.5%
투자에 대한 비용계수	5	1	.75	90%
		2	.25	110%
1999년의 제품A의 시장가격	6	1	.25	180원/lb
		2	.50	250원/lb
		3	.25	310원/lb
1999년 이후의 제품A의 가격	7	1	.10	2%/yr
		2	.60	4%/yr
		3	.30	6%/yr
원료비용증가율	만일 7번째 마디의 가지가 (1), (2), (3)이면			
	8	1	.30	1 2 4%/yr
		2	.40	3 4 6%/yr
		3	.30	5 6 8%/yr

따라서 트리의 한 경로가 다음과 같이 나타날 경우에 대해 생각하여 보자(참조 : 표 2(a)).

V. 개선된 합리적 의사결정과정

〔표 2(a)〕

	확률	가지의 값
원료비용 : 높음	0.30	17,000원/ton
불순물함유량 : 높음	0.20	5.20lb/ton
부산물생산 : 높음	0.50	50.00lb/ton
공장효율도 : 높음	0.15	102.5%
투자에 대한 비용계수 : 높음	0.25	110.0%
1999년의 제품 A의 시장가격 : 높음	0.25	310원/lb
1999년 이후의 제품 A의 가격 : 높음	0.30	6.0%/year
1999년 이후 원료비용증가율	0.30	8.0%/year

이 확률들을 곱함으로써 이 특정가지들의 경로가 일어날 확률은 1/10,000보다 작은 값을 갖는다는 것을 알 수 있다. 변수들에 특정한 값들을 넣어주면 확정적 단계에서 설정된 모형에 의해서 현재가치를 계산해 낼 수 있다. 위 경우에 대한 현재가치는 547억원이다. 다시 말하면, 경로에 대한 평가를 통해 해당 현재가치를 계산할 수 있으며, 또한 그 현재가치가 나타날 확률을 알 수 있다. 앞서 본 로터리는 5,833개의 경로들에 대한 계산결과이다. 이 계산은 의사결정 트리구조와 확정적 모델을 컴퓨터프로그램화하여 수행하였다.

(대) 위험선호에 대한 평가

프로젝트의 위험정도를 감수할 것인지, 안할 것인지에 대한 결정은 위험선호에 대한 조사로써 파악된다. 위험선호란 위험에 대한 의사결정자의 성향이다. 의사결정자의 위험선호는 어느 특정프로젝트와는 독립적으로 측정가능하다. 다음과 같은 질문을 통해 위험선호를 조사할 수 있다. "80%의 확률을 가지고 500억원을 벌 수 있으나, 20%의 확률을 가지고 200억원을 잃을 수 있는 프로젝트에 당신은 기꺼이 투자하겠는가?" 만일 이를 받아들인다고 대답한다면 다음 "이에 대신하여 전혀 위험이 없이 200억원을 얻는 경우가 당신이 전자의 로터리기회를 포기할 때 주어진다면 이것과 전자 중에서 어느 것을 당신이 택하겠는가?*를 질문한다. 만일 의사결정자가 이상의 두 대안을 같다고 하면, 즉 어느 것을 택하나 동일하게 여겨진다고 하면 이를 전술한 바와 같이 확실등가(Certain equivalent)라고 한다.

확실등가는 의사결정자의 위험선호에 의존한다. 사실상 의사결정자의 위험선호가 측정된다면 확실등가는 산출될 수 있다. 특정위험선호성향은 정책상의 문제일 수도 있다. 이 분석에서는 서로 다른 위험선호성향이 미치는 영향에 대해서도 조사가 이루어졌다. 〔표 3〕은 네 가지의 특정로터리들을 예시한다.

〔표 3〕 위험기피성향에 대한 관련로터리

로터리확률	결과 (10억원)	기대값* (10억원)	위험기피의 서로다른 수준에 따른 확실등가(10억원)†		
			1	2	3
0.8 0.2	50 -20	36	31.5	20.4	0
0.5 0.5	50 0	25	22.0	16.4	8.4
0.7 0.3	50 0	35	32.2	26.2	14.5
0.6 0.4	20 -10	8	6.9	4.7	-0.1

* 위험선호중립경우(즉, 기대치대로 행동을 하는 경우)
† 지수효용함수를 근간으로 했음.

처음 로터리는 500억원을 벌 수 있는 기회가 80%이며, 200억원을 잃을 기회가 20%인 것을 나타내는 등으로 표현되어 있다. 마지막 세 개의 행은 서로 다른 위험기피수준에 따른 확실등가를 예로 나타내고 있다. 위험기피수준은 1로부터 3으로 증가하며, 기대값은 위험중립적 입장을 나타내고 있다. 이를 참고로 의사결정자는 자기의 해당수준을 고르면 된다.

위험기피수준은 아래와 같이 공장투자결정에 영향을 미치고 있다.

	위험중립	위 험 기 피 수 준		
		1	2	3
공장투자결정에 관한 확실등가 (10억원)	11.7	8.5	2.0	-15.5

위 표에서 의사결정자가 수준 3과 같은 높은 위험기피를 나타내지 않는 한 확실등가는 양(+)이다.

㈑ 초기정보하에서의 최선의 선택

정보의 추가모집을 하지 않고 현 정보상태하에 최선의 선택은 무엇인가를 이 단계에서 검토하여 보았다. 의사결정자의 위험기피성에 대해서는 앞에서 검토되었으므로 시간에 대한 선호관계를 먼저 고찰하였고 후에 위험에 관한 선호와 결부하여 보았다.

〔그림 8〕은 할인율의 변화에 따른 이익(profit)변화를 보여주고 있다. 특히 할인율이 10%에서 13%로 증가할 때 가파른 곡선을 나타내고 있다.

1. 종합적 분석을 위한 의사결정기법들 227

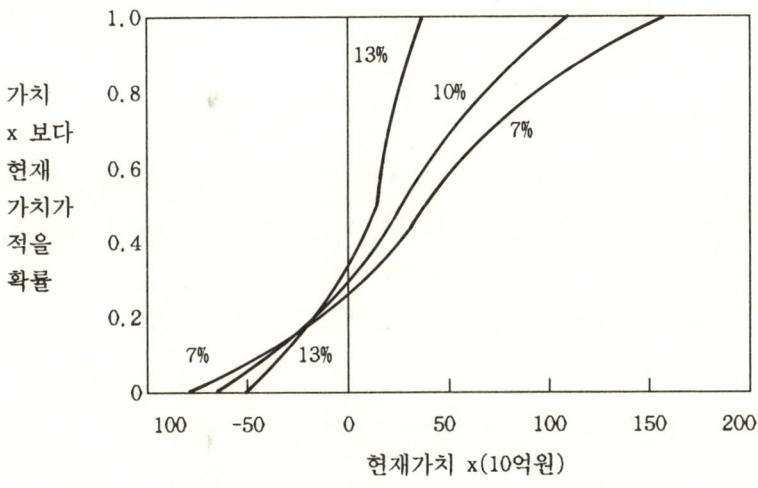

〔그림 8〕 할인율변화에 따른 이익민감도

〔표 4〕는 할인율과 위험기피를 복합적으로 고려했다.

〔표 4〕 확실등가에 대한 할인율과 위험기피의 복합효과

할인율	위험중립 (10억원)	위험기피수준(10억원)		
		1	2	3
7%	25.6	16.9	1.7	-46.6
10%	11.7	8.5	2.0	-15.5
13%	4.8	3.3	0.1	-8.3

위 표에서 보는 바와 같이 할인율이 7%나 10%이고 위험기피수준 1과 2인 모든 경우에 확실등가는 양(+)이다. 표에서 네모안의 숫자들이 의사결정자에 대한 합리적인 성향을 나타내고 있다. 나아가 의사결정자의 실제선호에 의존하여 공장투자는 20억원에서 170억원의 확실등가를 산출할 수 있음을 알 수 있다. 따라서 공장투자는 합리적으로 위

험과 시간에 대한 선호가 조정된다 하더라도 좋은 기회임을 알 수 있다.

(바) 확률적 민감도분석

이익로터리들을 직접 조사하여 민감도분석을 하기는 어렵다. 따라서 확실등가에 대한 변화를 조사하기로 했다. 〔표 4〕에 대한 상호비교를 통해 전체 로터리는 20억원의 확실등가를 가짐을 알았다. 주요 민감변수들에 대한 불확실성을 트리구조에서 알아야 하므로 다음과 같은 질문을 했다. "원료비용이 낮은 경우에는 확실등가에 어떻게 영향을 미치고 있는가?" 이러한 질문을 통해 〔표 5〕를 얻었다.

〔표 5〕 추가적 민감도분석(전체확실등가=20억원)

변 수	확률	값	확실등가 (10억원)
원료비용	0.15	6,300원/ton	3.4
	0.55	13,250원/ton	3.2
	0.30	17,000원/ton	-0.8
불순물함유	0.25	2.70lb/ton	15.7
	0.55	4.10lb/ton	4.4
	0.20	5.20lb/ton	-13.9
부산물생산	0.20	18lb/ton	-19.5
	0.30	30lb/ton	2.7
	0.50	50lb/ton	16.3
공장효과	0.85	82.5%	0.5
	0.15	102.5%	12.0

〔표 5〕로부터 다음을 알 수 있다.

· 원료비용의 특정값은 의사결정에 커다란 영향이 없다.

1. 종합적 분석을 위한 의사결정기법들 229

· 불순물함유변수는 투자에 영향이 크다.
· 부산물생산량은 확실등가에 가장 주요한 영향이 있다.
· 공장효율 자체로만은 결정자체가 바뀌지 않는다.

이상의 결과는 다음의 정보분석단계에서 추가정보모집에 관한 결정에 사용된다.

㈐ 공장확장결정에 따른 가치

의사결정트리분석에서 트리의 마지막 마디에 공장확장결정이 포함되어 있다. 공장확장결정이 트리에 포함되고 안되고는 물론, 공장초기투자가 수익성이 있느냐, 없느냐에 달려 있다. 트리의 결과를 조사해 본 결과 초기공장이 성공적인 후에 25%의 확률로 공장확장이 수익성이 있음을 알았다. 공장확장결정은 기대현재가치에 19억원을, 확실등가에는 16억원을 추가할 것을 나타냈다. 따라서 공장확장결정은 수익을 높이는데 주요한 결정임을 알 수 있다.

5. 의사결정분석──정보분석단계(Informational phase)

정보분석단계는 불확실성단계에 잇달아 나오는 단계로서 최종적으로 결정을 내리기 전에 추가적인 정보모집이 필요한가를 알아보는 것이다. 추가정보모집에 대한 가치는 역순으로 된 의사결정트리를 검토함으로써 알 수 있다.

㈎ 완전정보에 대한 가치

어떤 변수에 대한 더 나은 정보가 의사결정을 바꾸지 못한다면 그 정보의 가치는 없다. 〔표 5〕에서 공장효율에 관한 불확실성을 제거한다 해도 의사결정은 바뀌지 않는다. 따라서 이 변수에 대한 완전정보를 얻는다고 해도 가치가 없다. 그러나 만일 부산물생산변수를 완전히 파악할 수 있다면 투자하지 않을 것을 결정할 것이므로 20%의 195

억원의 확실등가손실을 막을 수 있다.

그러므로 이 변수에 관한 완전정보는 가치가 있다. 이상과 같이 여러 변수들에 대한 완전정보의 가치는 〔표 6〕에서 나타나 있다.

〔표 6〕 완전정보의 가치

(단위: 10억원)

전체완전정보	11.0	원료비용	0.3
(개별변수에서)			
부 산 물	6.2	공장효율	0.0
불순물함유	3.9		

(ㅂ) 어떤 추가정보를 수집할 것인가?

지금까지 정보수집에 소요되는 비용을 고려하지 않고 다만 정보의 가치에 대해서만 생각했다. 자명하게 어떤 값으로도 완전정보는 얻을 수 없다. 완전정보가 중요하게 느껴지는 변수들을 앞에서 입증했기 때문에, 이 분석에서는 실제비용지불을 통해 정보모집을 행하지 않았다.

또한, 추가정보수집을 실제로 하기를 회사측에서 꺼려하는 이유는 추가정보수집을 위해 시간지연이 발생한다고 보고 있기 때문이다. 일년 지연이 일어나면 대략적으로 12억원의 현재가치감소가 일어나게 된다. 자연히 추가비용지불없이 빠르게 얻어낼 수 있는 정보들만을 사용하기로 하였다. 이상을 토대로 컴퓨터를 활용하여 최소의 지연으로 결정이 내려지도록 하였다.

2. 가시화(可視化) 의사결정프로세스(Visual Decision Making Process: VDMP)

석유쇼크를 계기로 시작된 저성장 시대를 맞아 미국, 일본 등의 기업들이 우선 역점을 둔 것은 자금과 자원이라는 2가지 경영자원의 합리화였다.

그것은 우선 공장자동화(FA : Factory Automation)라는 단어로 상징되는 생산부문의 효율화 대책으로 나타났다. 품질관리(QC : Quality Control) 활동이라는 아래로부터의 보텀 업(Bottom-up) 지향의 자주적 효율화 대책이 그 합리화 운동에 박차를 크게 가한 것은 말할 것도 없다. 그리고 생산부문의 합리화가 한 차례 이루어진 시점에 다음 단계로서 사무자동화(OA: Office Automation)로 상징되는 사무부문의 합리화 대책으로 역점이 옮겨졌다. 그러나 사무부문에는 생산부문과 달리 눈에 보이지 않는, 즉 정량화하기 어려운 부분이 많기 때문에 그 합리화 대책의 성과가 생산부문만큼 오르지 않는 것이 현실이다.

여기서, 우리는 「자재수요계획(MRP)」으로 대변되는 미국 생산부문의 효율화 대책과 「필요시 즉시공급체계(JIT)」로 대변되는 일본의 효율화 대책을 살펴볼 필요가 있다. 이는 우리 실정에 맞는 효율화 대책의 설정에 앞서 필히 수행되어야 할 문제이기 때문이다. 미국의 자재수요계획은 자원의 합리적 사용이라는 대전제에서 출발하였다고 볼 수 있다. 즉, 자원의 합리적 사용이 생산부문의 효율화에 직결된다고 보는 것이다. 반면에 일본의 즉시공급체계는 이와 같은 자재수요계획의 기본개념위에 일본인 특유의 창의성을 가미하였다고 볼 수 있다. 즉, 딱딱한 자재수요계획에 유연성을 가미하고 시간에 대한 엄격함을 부각시킨 것이다. 이는 일본인들의 국민적 특성과도 일맥상통한다고 볼 수 있다. 이와 같은 생산부문 효율화에 대한 대표적인 두 가지 방법은 우리 나라의 여러 기업들에서도 그 시도를 찾아 볼 수 있다. 그러나 아쉬운 것은 이들 방법들을 우리 실정에 맞게 수정하여 사용하지 못하고 있는 데 있다. 아무리 좋은 옷도 입는 사람의 몸에 맞지 않으면 어색하듯이, 여건이나 주변환경에 맞지 않는 방법을 억지로 끼워 맞추는 것은 불합리한 것이며, 그 결과 또한 부진할 것이라는 것은 자명하다.

그렇다면 이와 같은 생산부문 효율화 대책에 대한 불합리가 우리 기업들의 유일한 단점인가 생각해 보자? 그 대답은 "아니다"이다. 생산부문 효율화 대책의 불합리와 거의 중요성을 같이 하는 문제가 존재하는데, 이는 바로 사무부문 합리화에 대한 것이다. 요사이 컴퓨터의 발달로 인해서 사무자동화라는 말을 많이 하고 있다. 즉, 사무부문의 업무를 전산화하자는 것이다. 물론, 이와 같은 사무자동화(OA)운동의 결과로 인하여 국내의 많은 기업들이 효과를 보고 있는 것도 사실이다. 그러나, 여기서 꼭 알고 넘어가야 할 문제가 있다. 사무부문의 합리화라는 것이 본질적으로 무엇이냐 하는 것이다. 다시 말해서 사무부문의 합리화가 기업내에서 이루어지는 모든 업무자체를 합리화하자는 것인지, 아니면 기존의 업무를 전산화하자는 것인지에 관한 기초적인 문제이다. 이 문제에 대해서 대다수의 기업이나 경영자들이 전자의 핵심적인 의미를 간과한 채, 후자의 피상적인 결과에만 집착하는 것이 아닌가 하는 우려를 갖게 된다. 현실적으로, 업무를 전산화한다고 해서 그 업무자체가 가지고 있는 불합리가 사라지는 것은 아니다.

그렇다면 생산부문이나 사무부문에서의 불합리 요소의 원인은 무엇인가? 하는 문제에 대해서 생각해 보지 않을 수 없다. 이야기가 좀 비약되는 감이 없지 않지만, 위에서 언급한 모든 불합리 요소의 해결책은 바로 「합리적이고 정확한 사고의 신속한 운영」이라고 할 수 있

2. 가시화(可視化) 의사결정프로세스   233

다. 즉, 기업이 생산이나 사무부문의 일을 수행하는데 있어서 신속하고 합리적인 의사결정이 요구된다는 것을 의미한다.

한 마디로 말한다면 「속전속결의 기업행동」이 중요성을 더하고 있다는 것이다. 이런 상황은 관리직에 새로운 기술을 요구한다. 즉, 「사고의 정확성과 신속성」이다.

이와 같이 생산현장의 합리화로 시작된 일련의 경영효율화 대책은 현재 최종자원으로서 사람 그 자체를 근본적으로 재검토할 시기를 맞이한 느낌이 크다. 그것은 종래에 볼 수 있던 지략이 뛰어난 관리직은 경시되고 속전속결을 간판으로 내세우는 새로운 형태가 두각을 나타내는 상황이 일반화한다는 사실을 시사하고 있다.

또한 기업의 국제화가 진전됨으로써 이른바 재래식사고방식은 힘을 잃고 논리성으로 일관된 선진국의 사고방식을 익힐 필요성이 높아진다.

이런 면에서 미국에서 개발되어 온 여러 합리적 의사결정기법들이 대기업을 중심으로 도입되는 사례가 늘어나고 있다. 그들의 특색을 한 마디로 말한다면 「문제해결과 의사결정을 논리적으로 효율화하는 사고순서」를 구체적으로 가르쳐 준다는 데에 기존의 합리적 의사결정기법들이 공통적으로 갖는 최대의 의의가 있다고 할 수 있다. 즉, 기업경영의 질적 전환 가운데 요구되는 속전속결형 매니지먼트가 불가결한 무기로서 기존의 합리적 의사결정과정에 관한 기법들의 가치가 인식되고 관리적 교육의 새로운 도구로서 도입되기 시작하고 있다.

이러한 합리적 의사결정과정에 관한 기법들을 도입하고 있는 회사들은 미국에서는 매출규모로 보아 상위 500개사 가운데 350개사 이상이라고 한다. 또 유럽 여러 나라에서도 상당한 도입률을 보이고 있다. 이 기존의 합리적 의사결정기법들을 마스터할 때 기업의 조직 간소화가 원활하게 추진되고, 인원의 측면에서도 기업의 입장을 확보할 수 있는 묘약이라고 속단하면 곤란하지만, 도입기업에 그 도입경위와 성과를 물어보면 높은 평가를 하는 의견이 많은 것만은 분명하다.

여기서 우리가 더욱 노력을 기울여야 하는 것은 우리의 환경에 더욱 알맞게 기법을 개발하는 것과 의사결정을 수행하는 관리자 중 특히 상급관리자 입장에 알맞은 합리적 의사결정도구를 개발할 필요가 있다는 것이다. 대부분의 기존 합리적 의사결정과정에 관한 기법들의 내용을 살펴보면, 우리의 실정에 바로 적용하기에는 상당한 거리감을 보이고 있으며, 더욱이 하급관리자를 주 대상으로 하고 있다는 것을 알 수 있다.

즉, 우리의 실정에 알맞고 전략적 의사결정을 수행할 수 있는 상급 혹은 최고 경영자를 대상으로 하는 의사결정 프로세스의 개발이 절실히 필요한 실정인 것이다. 이에, 이상의 욕구를 충족시키기에는 다소 미흡한 점이 있으나, 하나의 지침이 될 만한 의사결정 프로세스를 소개하려고 한다.

☆ 가시화 의사결정프로세스(VDMP)의 개발배경

이야기가 약간 비약하지만, 인류가 문명을 만든 것은 다음 네 가지 과제를 반복적으로 생각하고 그 결과를 실천해 왔기 때문이라고 한다.

그 네 가지 과제란,
① 무엇이 발생하고 있는가?
② 왜 그렇게 되었는가?
③ 어떤 조치를 취하면 되는가?
④ 앞으로 어떤 일이 일어날 듯한가?

인류가 등장한 이후 이 네 가지의 기본적 사고형태는 보편적으로 달라지지 않았다. 이 유형은 언제 어디서나 적용할 수 있다. 몇백만년

2. 가시화(可視化) 의사결정프로세스

에 걸친 자연도태를 통해 그러한 정신구조, 즉 생존을 촉진시키는 사고반응, 행동의 각 유형이 유지·계승되어 온 것이다. 존속가치가 낮은 유형은 도태되고 말았다. 인류는 그런 생활방식 가운데 적응해 온 것이다. 이런 사고형태를 가능하게 한 요인이 사람의 성격 일부에 잠재되어 있다. 이들 네 가지 유형을 사용하여 사물을 명확히 생각하고 공통적 목적을 위해 상호간 의사를 소통시키는 능력이 있었기 때문에 인류는 생존할 수 있었다.

인류의 발전사는 이 네 가지 사고과정이 있었기 때문이며, 동시에 현대에도 그것은 전혀 바뀌지 않았다. 그 네 가지 사고과정을 논리적으로 체계지어, 누구나 보기만 하면 마스터할 수 있도록 한 것이 바로 「가시화된 의사결정 프로세스(Visual Decision Making Process: VDMP)」이다. 모든 것이 합리적인 사고과정으로 성립되어 있다는데서 이 프로세스를 「합리적 사고순서」 또는 「합리적 의사결정과정」이라고 명명할 수 있다.

이와 유사한 바탕위에서 개발된 방법이 앞에서 언급한 바 있는 기존의 합리적 의사결정기법들이다. 물론, 이러한 기법들과 VDMP는 근본적인 필요성에서 출발을 같이 했다는 데서 그 동질성을 찾을 수도 있으나, 적용 대상이나 기법에서는 현저한 차이를 나타내고 있다. 그러나 기존의 기법들을 마스터한 사람이 VDMP법을 수학할 경우 다른 사람에 비해서 유리한 점이 없다고는 볼 수 없다. 따라서, 우리는 VDMP법을 기존 기법들과 별개의 것으로 보지 않고 서로 상부상조할 수 있도록 개발하는 데에도 역점을 두었다.

그렇다면, 이와 같은 기존기법들이 존재하는데도 불구하고 VDMP의 개발 필요성이 존재하는가 하는 의문이 생길 것이다. 이에 대한 대답은 다음과 같이 설명될 수 있다. 기존 기법들의 출현배경을 살펴보면 알 수 있듯이, 제조업과 같이 정확하고 기술적인 일을 수행하는 곳에서 사용하기에는 편리하게 대부분 구성되어 있다. 그러나, 기업의 경영행태 중에 나타나는 일들은 위와 같은 일들과는 그 차원을 달리하고 있다. 따라서, 기존 기법들은 생산현장이나 하급관리자에 의해서 관리되는 일들에 대해서는 그 효과가 큰 반면, 최고 의사결정자가 수행하는 전략적 전술적 일들에 대해서는 그 효과가 미약할 뿐만 아니라 그 적용자체가 불가능한 경우가 있을 수 있다고 사려된다.

즉, 기존 기법들은 방향성이 있고 결과에 대한 과학적 예측이 가능한 일의 해결에 효과적인 반면, 방향성을 명확히 인식할 수 없고 결과에 대한 예측이 불가능하거나 불확실한 경우에는 그 효과를 기대하기 어렵다. 따라서 이와 같은 일을 수행하기 위한 VDMP의 개발이 요구되는 것이다.

☆ VDMP法의 도입목적과 효과를 점검한다.

합리적 사고순서인 VDMP는 기적을 일으키거나 하지는 않는다. 다만 감추어져 보이지 않거나, 사용하지 않거나, 충분히 이용되지 않던 지적자원(知的資源)을 활용할 뿐이다. 사람들은 업무의 자리에서 여러 가지 상황에 직면하며 이런 상황을 처리하기 위한 공통적 어프로치와 공통적 언어를 가져옴으로써 사람들간의 의사소통 채널(channel)을 열게 된다. 합리적 과정의 사고방식이 정착한다면 모든 관리자가 항상 그 가능성을 믿으면서 거의 실현할 수 없었던 일을 실현할 수 있게 된다. 즉, 자기 조직이 보다 효과적이며 보다 효율적인, 그리고 보다 다이나믹한 조직체로 한층 다가가는 것을 확인할 수 있다.

이런 사실로 보듯이 VDMP법은 매니지먼트의 의식혁신(意識革新)을 촉구하면서, 조직체를 활성화(活性化)하는 자극제로서 작용하고 있다는 것은 분명하다고 할 수 있다.

그러나 VDMP법이 조직활성화의 「궁극적」묘수(妙手)라는 것은 아니다. 많은 수법 가운데 효과적인 하나의 수법으로서 기업사회를 중심으로 점차 정착하기 시작한 수법이라 하겠다.

◇ **중간경영자 이상에서부터 상하로 넓혀나간다.**

본래 VDMP법의 주대상은 중간경영자 이상의 책임자와 이와 유사한 계층의 연령자라고 볼 수 있다. 이런 점에서 신입사원이나 입사 4년생 등 젊은이들에게까지 대상을 넓히는 사례는 비교적 드물지 않은가 하는 의구심이 생기게 된다. 물론 어떤 직급까지를 대상으로 하는가는 각 기업의 판단에 맡길 수밖에 없지만, 젊은 층과 공통언어인 VDMP를 이용하여 전략문제를 결정하기 위해서는 정도의 차는 있지만 젊은 층에 대해서도 파급적 교육이 필요한 것으로 보인다.

한편, 이 VDMP법을 도입할 때 일반적으로 우선 교육담당자가 연수를 받은 다음, 중간경영자 이상을 대상으로 본격적인 연수를 출발시키는 것이 바람직하다.

중간경영자 이상의 임직원이 우선 일제히 마스터한 다음, 점차 연수대상을 위와 아래로 넓혀나가는 것이 바람직하다. 무슨 일이든 한꺼번에 전개하는 편이 효과적이며 이를 위해서는 중간경영자 이상에서부터 시작하여 위와 아래로 교육 및 활용을 유도해 나가야 할 것이다.

◇ **제도화에 대한 찬반 양론**

조직체로서 VDMP법을 어떻게 활용하는가 하는 점에서 다양한 대응을 볼 수 있다. 이는 VDMP법의 프로세스 기법 중 일부를 어떤 형태로 조직운영상의 제도 가운데 도입하는가에 따라 그 기법의 기본사상을 엿볼 수 있게 된다.

제도화라고 한마디로 하지만 내용은 각양각색이며 그 정도의 차이는 별도로 하고 다소간 제도화할 의사가 있는 경우와 그 의사가 전혀 없거나 극히 희박한 경우의 두 가지로 분류하여 생각할 수 있다.

V. 개선된 합리적 의사결정과정

이와 같이 VDMP법의 제도화 방법은 여러가지 상태가 있지만, 앞으로 VDMP법을 도입하려는 회사에 대해서는 이 제도화 문제에 어떤 자세로 대처할 것인지를 검토하는 것이 우선 무엇보다 분명해져야 할 과제가 아닐까 생각한다.

◇ 의식혁신과 효율화

우선 각사에 공통된 VDMP법의 도입목적은「매니지먼트층을 대상으로 한 의식혁신책」이라고 볼 수 있다. 이 혁신이란, 다시 말하면 기업 자체의 체질개선이다. 단순한 사무효율화 운동 등과는 달리 이 과제는 가장 어려운 일이다. 이제까지는 최고경영자의 질타와 격려를 비롯하여 여러가지 경영 슬로건을 게시하는 등의 방법으로 의식혁신을 촉구하는 사례를 흔히 볼 수 있었다. 이때의 슬로건으로서 내세워지는 내용은「공부하라」든가,「노력하라」는 등의 피상적인 정신훈화로 시종되는 경우가 적지 않다. 유감스럽지만 이래서는 너무나도 추상적 표현에 치우치며 받아들이는 측은 시시한 CM송이나 마찬가지로 흘려 듣는 결과가 되기 쉽다.

자기 사고과정의 어느 면이 논리성이 부족하며 그것은 어떤 방법으로 개선해야 하는지를 가르쳐주는 것이 VDMP법인 만큼, 일단 익힌 다음에는, 그리고 스스로 사고의 개혁을 할 수 있다면, 종래의 슬로건(Slogan)식 의식혁신책보다 더욱 효과적일 것이다.

☆ VDMP法의 개괄적 설명

이 절에서는 VDMP법의 개관에 대해서 알아보기로 하자. VDMP법의 출발은 기존의 합리적 의사결정과정에 관한 기법들의 보완 및 확대적용에서 시작되었다. VDMP의 가장 큰 장점은 다음과 같은 2가지로 요약

2. 가시화(可視化) 의사결정프로세스

될 수 있다. 첫째는, 전략적 의사결정과 같은 상위수준의 의사결정 문제를 해결할 수 있다는 것이고, 둘째는 분석기법에 가시적인 방법을 많이 활용한다는 것이다. 가령, 어려운 의사결정문제에 대해 최신의 고차원적 이론을 동원하여 최적의 해를 얻고 이를 사장에게 결재올렸을 때, 최적해가 얻어진 과정을 어떻게 사장에게 설명할 수 있을까? 사장은 고차원적 이론은 물론 그 해법에 대한 기본적 기초도 모르는 경우가 많아서, 최적해의 가치를 받아 들이지 않으려고 할 것이다. 만일 이때 장황한 설명을 한다면 사장은 자기를 무시하려고 한다고까지 생각할 수 있다. 따라서 이를 해결하기 위해서는 누구나 알아보기 쉬운 도표를 처음부터 작성하여 문제를 풀어 명료하게 해를 설명할 필요가 있다.

VDMP는 기존의 합리적 의사결정과정에 관한 기법들에 비해서 문제해결영역을 확대시켰을 뿐만 아니라 그 분석방법에서 사용자에게 편의를 제공했다는데 그 의의가 있다고 볼 수 있다. 특히 사용자의 편의를 위해서 가시적인 그림을 통한 분석을 사용하였는데 이것이 바로 VDMP의 특징이라고 할 수 있다. 이와 같은 분석을 위하여 영향도(Influence Diagram)·인지도(Cognitive Map) 등의 기법을 활용하였으나, 이론적 배경을 모르는 초보자도 쉽게 사용하게 하기 위하여 약간의 변형을 취하였다. VDMP는 다음과 같은 5가지의 단계로 구성되어 있다.

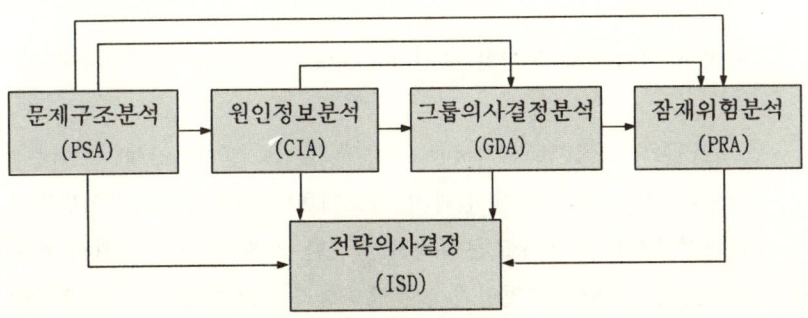

전략적 문제의 합리적 의사결정과정인 가시화 의사결정프로세스(VDMP)의 단계

된 합리적 의사결정과정

① 문제구조분석」(Problem Structure Analysis : PSA) 단계

이 과정의 영역은 「무엇이 문제인가?」라는 질문에서부터 출발하여 해결해야 할 문제에 대한 문제구조의 평가, 명료화, 분류, 복잡한 구조의 세분화, 통제력의 유지 등을 포함한다.

관리해야 할 문제가 발생한 경우에 수집된 정보는 일반적으로 유용한 정보와 무용한 정보, 중요한 정보와 하찮은 정보가 뒤섞여 있다. 따라서 적절하고 생산적인 조처를 취하기 위해서는 먼저 혼돈된 문제의 구조 및 상황을 정리하여 그 구성요소를 올바르게 평가하여 정확한 문제구조를 인식하지 않으면 안된다. 그리고 우선순위를 정하여 이후 분석의 인과적 시차적 분석방향 및 순서를 제시하여야만 한다.

따라서, PSA 프로세스를 사용하면 종합적인 문제구조와 분석대상의 범위를 명확히 인식할 수 있으며, 관리자가 가진 능력·시간·비용을 보다 유효하게 집중 활용할 수 있다. 본 단계에서 수행되는 내용을 정리하면 다음과 같다.

- ○ 어느 테마와 상황에 대해서,
- ○ 분석의 수준(차원)을 결정하고,
- ○ 무엇이 문제인가를 정의하며,
- ○ 문제들간의 연관성을 파악하고,
- ○ 연관성과 중요도를 고려하여 우선적으로 분석하여야 할 대상을 선정하고,
- ○ 어떤 방법으로 분석할 것인가를 판단하기 위한 분석절차이다.

② 원인정보분석(Causal Information Analysis : CIA) 단계

원인정보분석이란 원인-결과의 사고패턴에 기초를 둔 분석방법이다. 이 과정에서는 문제구조분석에서 정리한 과제중에서, 어째서 이렇게 된 것인가, 원인이 무엇인가 불분명하다라고 생각되는 것에 대하여 활용하는 프로세스로서, 문제발생에 대한 정확한 원인을 알지 못할 때

그 원인들을 정확하게 인식, 분석, 해결할 수 있다.
　또한, 본 단계를 사용하면 원인을 뛰어넘는 대책을 세우지 않게 하고, 또 원인이라고 생각되는 것 전부에 대책을 세우는 것을 막을 수 있으며, 효과적으로 원인을 규명할 수 있다. 본 단계에서 수행되는 핵심내용은 다음과 같다.

　　○ 어느 원인불명의 사태가 발생하고 있는 것에 대하여,
　　○ 원인분석에 필요한 사실들을 수집하고,
　　○ 원인불명의 사태에 영향을 주는 주요원인을 파악하고,
　　○ 주요원인들간의 관계를 인식하여,
　　○ 진정한 원인을 조속히 찾아내기 위한 분석절차이다.

　③ 그룹의사결정분석(Group Decision Analysis : GDA) 단계
　이 과정은 선택의 사고패턴에 기초를 둔 의사결정분석이다. 우리는 이 과정을 통하여 문제구조분석에서 정리한 과제중에서, 어떻게 하면 좋을까? 무엇인가 좋은 방법이 없을까? 와 같은 선택에 관한 욕구를 충족시켜 줄 수 있다.
　본 프로세스를 사용하면 전체 문제구조와의 유기적 관계를 고려하게 되므로 균형잡힌 결정을 할 수 있다. 핵심적인 절차를 요약하면 다음과 같다.

　　○ 무엇에 대한 대안이 요구되고 있는가를 명확히 하고,
　　○ 선택기준을 효과적으로 설정하여,
　　○ 몇 개의 대안을 작성하고,
　　○ 위험을 포함시켜 평가하여 최적의 대안을 가려내기 위한 분석절차이다.

④ 잠재위험분석(Potential Risk Analysis : PRA) 단계

이 과정은 미래 사건의 관심에 대한 합리적인 과정으로서 「잠재위험분석」이라고 한다. 즉, 문제구조분석에서 정리한 과제나 의사결정분석에서 선정된 대안에 대하여 장래에 발생하게 될지도 모르는 위험적인 문제에 대하여 사전에 대비책을 제시하기 위한 프로세스이다.

PRA 프로세스를 사용하면 장래에 대한 계획을 보다 바람직하게 개선할 수 있고, 계획의 달성도 확실하게 할 수 있다. 또한, 후회하는 일을 줄일 수 있다. 본 단계에서 수행되는 주된 내용은 다음과 같다.

○ 장래 예측해 두어야 할 계획과 영역을 명확히 하고,
○ 장래 어떤 일이 일어날 것인가를 예측하고,
○ 장래 리스크를 최소화하고 기회를 최대한 활용하기 위한 행동을 준비하고,
○ 융통성 있는 체제의 구축을 진행하기 위한 분석 절차이다.

⑤ 전략의사결정(Integrated Strategic Decision : ISD) 단계

전략의사결정이란 사용자의 의도에 따라 전체 문제상황에 대한 통합적인 방안을 제시하는데 활용하기 위한 프로세스로서, 전략적인 문제상황하에서 대처하기 위한 기본방안의 수립이 가능하다. 본 단계의 주요내용은 다음과 같다.

○ 각 CIA 프로세스에서의 주요원인과 그에 따른 정보를 수집하고
○ 각 GDA 프로세스에서의 대안들의 조합을 고려하여,
○ 전체상황에 대한 종합적인 방안을 제시하기 위한 분석절차이다.

이상과 같은 5가지 단계를 활용하여 복잡하고 불확실성이 많이 내포된 문제를 해결하게 된다. 위의 5가지의 분석결과가 문제해결의 최

종산출물이 될 때도 있으나 때로는 기존의 합리적 의사결정과정에 관한 기법들을 활용하여 세부적인 결정을 수행할 경우도 없지 않다. 이는 VDMP와 기존의 합리적 의사결정과정에 관한 기법들간의 상호 보완을 위한 하나의 지침으로서, 하나의 문제를 해결하기 위한 좋은 방법이 될 것이다. 즉, 상위 수준의 문제를 VDMP로 해결한 후 이에 따르는 세부적인 사항은 기존의 합리적 의사결정과정에 관한 기법들을 이용한다는 것이다.

지금부터 VDMP가 어떻게 문제에 접근하여 이를 해결하고 있는지를 알기 위해 뒤의「사례: 인영전자」를 충분히 읽은 후, 이에 대한「인영전자㈜의 가시화 의사결정프로세스(VDMP)에 의한 분석」을 참조하여 주기 바란다.

사례 : 인영전자

앞에서 살펴본 VDMP에 관한 이해를 돕기 위하여 하나의 분석사례를 보이고자 한다. 본 사례의 내용을 충분히 간파한 후에, 이 절의 뒤에서 나타나는「인영전자㈜의 가시화 의사결정프로세스(VDMP)에 의한 분석」편을 읽게 되면 합리적 의사결정과정으로서의 VDMP에 대한 이해를 증진할 수 있도록 구성하였다. 본 사례에 등장하는 회사명은 가명임을 밝힌다.

인영전자는 1957년 설립된 '지일사'를 인수하면서 1978년에 설립된 오디오전문 제조업체이다. 이 회사는 1983년 12월 섬유회사인 인영산업에 흡수 · 합병됨에 따라 인영산업의 전자사업부가 되었다. 인영전자는 인영산업에 흡수 · 합병된 이후 연평균 30%이상(매출액 기준)의 성장을 지속하여 오고 있다. 그러나 89년 현재 급격한 환경의 변화는 인영전자에게 심각한 위기를 안겨주고 있다. 인영전자의 경영자는 이러한 위기에 대하여 다음과 같이 말하고 있다. "가전삼사(삼성, 금성,

대우)가 본격적으로 오디오 시장으로 진출하게 되면 오디오제품의 수입자유화, 기존 오디오 전문제조업체들의 재도약을 위한 준비 등 경쟁이 날로 치열해질 전망이며 소비자들의 욕구도 매우 다양화되어 가고 있는 실정입니다. 이러한 상황에서 우리회사의 기존의 전략으로는 지속적인 성장이 어려운 바 적절한 전략적 전환이 요구되고 있습니다."

◇ **생산제품의 분류**

인영전자가 생산하는 오디오는 하이파이와 뮤직센터로 양분될 수 있으나 주로 뮤직센타 위주의 제품개발을 시도하여 왔다. 일반적으로 하이파이란 가격이 대체로 80만원대 이상인 컴포넌트형 오디오로 소비자에게 음질로서 소구하는 제품이었다. 반면에 뮤직센터란 가격이 30~40만원대가 주류를 이루고 음질보다는 가격, 디자인, 기능, 패션 등의 소구점을 갖고 학생이나 신혼부부계층을 목표고객으로 하는 제품을 말한다.

인영전자는 일본의 전자업체인 T사의 기술제휴계약을 통하여 최신 금형 및 디자인을 수시로 도입하고 있었으며 자체의 연구개발을 통하여 기능개선에 힘써 왔었다. 또한 가격인하를 위하여 부품을 260여개의 부품업자들 중 선별하여 생산함으로써 30~50만원대의 뮤직센터 부문에서 강한 위치를 차지하고 있었다.

또한, 인영전자는 개별제품별 디자인, 기능에 소구하는 애칭(pet name)중심의 광고를 하고 있는 바, 광고전략의 촛점을 '합리적 가격대의 디자인, 기능이 우수하다'는 사실을 강조하고 있었다. 제품가격의 결정은 소비자에 대한 시장조사를 바탕으로 탄력적으로 설정하고 있었다.

인영전자의 유통경로 전략은 한마디로 대리점 위주의 전략이다. 현재 190여개의 대리점을 확보하고 있으며, 이들 대리점은 인영전자이외의 제품은 취급하고 있지 않다고 했다.

◇ 급성장하는 오디오 산업

　80년대 이후 국민소득수준의 향상에 따라 여가에 대한 관심의 증대로 오디오에 대한 수요가 촉진되기 시작하였고 정부의 특별소비세 인하, 상업화 진전에 따른 독신세대의 증가 및 핵가족화 등으로 국내 오디오 시장은 점진적인 성장을 지속하였다. 이를 구체적으로 보면 83년에 1,500억원, 85년 2,200억원, 88년 4,000억원 등 연평균 22%정도의 비약적인 발전을 하고 있었다.

　이와 같이 급성장하는 시장규모는 기존 기업들간의 극심한 경쟁상태를 야기시키고 있었다. 88년 현재 경쟁사별 시장점유율을 살펴보면 N사가 21.7, 삼성 19.8, 금성 15, 대우 14.5, 인영전자 10, L사 9.3, C사 7.1%를 각각 차지하여 집중된 산업구조를 보이고 있으며, 특히 83년 45%정도의 시장점유율을 차지하던 삼성이 88년에는 19.8%로 감소한 상태에 있다는 사실이 특히 주목할 만했다.

　86~88년 3년간의 시장점유율의 변화는 N사가 5.2%, 인영사가 4%, C사가 2.4%의 증가를 보이고 있고, 삼성이 1.9%, 금성이 4.3%, 대우가 2.55%, L사가 0.7% 감소하고 있는 상황이었다.

◇ 새로운 오디오 문화의 정착

　1983년 '꿈의 오디오'란 호칭과 함께 출현된 CD플레이어(Compact Disk Player)는 오디오 산업에 혁신적인 바람을 몰고 왔다. 당시에는 불충분한 소프트웨어의 종류 및 상대적 고가격의 영향으로 오디오 수요자체에는 영향을 주지 못하였으나 근년에 이르러 양산체제의 확립과 계속적인 기술개발의 영향으로 실용적인 수준까지 가격수준이 하락되어 하이파이 오디오 수요의 기폭제로 작용하고 있었다.

　또한, 오디오와 비디오를 결합시킨 A/V 시스템화로 하이파이 오디오수요가 계속적으로 증가하고 있는 상황이었다. 이와 같이 하이파이에 대한 수요가 증가함에 따라 지금까지 오디오사업을 포기하고 있었던 미국의 유명 오디오메이커들이 사업재개 움직임을 보이고 있는 추세이다. 뿐만 아니라, 기존 세계시장의 커다란 점유율을 차지하고 있었던 일본 오디오메이커들이 고부가가치산업인 산업전자나 항공전자로 이동해가는 과정에 있어 기타의 오디오 제조메이커에게 기회를 제공하고 있었다. 1980년대 이후 국내 오디오시장은 비약적인 발전을 하고 있었으며, 이러한 상황에서 가전삼사, 전문 오디오업체 및 수입업체들은 새로운 도약을 준비하고 있었다.

◇ 가전 3사의 움직임

1970년대 이후 증가하는 국내가전제품의 수요와 수출의 증대로 가전 3사는 지속적인 성장을 할 수 있었다. 그러나 가전제품이 성숙기에 접어듦에 따라 포화현상이 나타나고 이와 동시에 해외시장에 있어서 중·하급제품에 대한 개발도상국의 경쟁력이 강화되기 시작하였다.

이와 같은 현상은 가전 3사의 지속적인 성장에 제동을 걸게 되었고 이에 따라 가전 3사는 제2의 성장을 가능하게 하는 새로운 시장을 모색하게 되었다. 이와 같은 과정에서 하나의 목표시장을 발견하게 되었는데 이것이 하이파이시장이었다.

물론 이전에도 가전 3사의 하이파이시장에 대한 진입노력이 있었으나 그 당시 칼라 TV, VTR 등 해외시장에 대한 전략상품으로 인해 우선순위가 밀려 충분한 자원을 할당받지 못했다는 점과 다품종 소량생산의 여건미비로 성공을 거두지 못한 경험이 있었다.

그러나 현재 가전 3사는 우리 나라 국민소득의 향상에 따라 오디오제품에 대한 관심이 증대하고 이에 따라 보다 완벽한 음을 재생할 수 있는 하이파이의 수요가 대폭 증대할 것으로 보고 있었고 CD플레이어의 등장 및 대량생산을 통한 가격하락 등의 기술발달은 이러한 추세를 더욱 가속화시킬 것으로 보고 있었다.

또한 이와 같은 국내수요의 증가와 더불어 일본 오디오업체의 산업전자로의 이동에 따른 외국회사의 OEM 증가는 하이파이제품생산의 장애요인이었던 다품종 대량생산을 가능하게 할 것으로 보고 있었다. 가전 3사는 하이파이제품에 대하여 단기적 이익추구보다는 전략제품으로서의 중요성을 부과하고 있다.

현재 가전 3사는 음향제품의 전문성을 확보하기 위하여 최신의 생산시스템 및 국제수준의 완벽한 음향실험실을 설치하고 자체적인 R&D 투자로 기술향상에 힘쓰는 한편 외국기업과의 기술제휴로 오디오제품에 대한 첨단기술 습득에 노력하고 있었다. 한편 고급이미지를 부각시키기 위해 환타지아(금성), 마제스타(대우) 등 새로운 애칭(pet name)을 도입하여 대대적인 광고를 하고 있었으며 하이파이를 가전제품대리점에서 판매하던 기존의 방식과는 달리 새로이 A/V 대리점을 신설하여 차별적인 이미지를 얻고자 노력하고 있었다.

◇ 전문 오디오업체 및 수입제품의 움직임

오디오전문업체인 N사는 고품질, 고가격의 전략하에 형성된 고급브랜드 이미지를 바탕으로 하여 하이파이 및 뮤직센터시장에서 지속적으로 시장점유율을 높이기 위하여 노력하고 있었고 L사, C사, S사 등의 기타 오디오 전문 제조업체들도 뮤직센터시장에서의 시장점유율의 확대를 꾀하고 있었다.

현재 하이파이시장에서 36%, 뮤직센터시장에서 27%의 독보적인 위치를 차지하고 있는 N사는 지속적인 연구개발과 이를 통한 고품질추구로 완벽한 음을 추구하는 소비자층에 파고들고 있었으며, L사와 C사는 뮤직센터시장이 하이파이시장과는 달리 가격·기능·디자인 등에 성공의 열쇠가 있다고 판단하였다. 따라서 수출상품 위주가 아닌 내수상품 위주의 상품기획활동 및 외국업체의 최신디자인 수입, 애칭(pet name)중심의 집중적인 광고활동, 소비자의 욕구에 부응하는 탄력적인

가격설정 등을 통하여 뮤직센터시장에서의 점유율을 높이고 있었다. 뿐만 아니라 기존의 수입금지 정책에 의하여 보호를 받고 있던 국내의 오디오업계는 정부의 오디오제품 수입허가에 따라 새로운 위협요인을 안게되어 국내소비자 중 최고급제품 선호층을 수입제품에 빼앗길 가능성이 높아지고 있었다.

◇ 소비자태도의 변화

과거의 오디오제품의 구매자들은 오디오는 가구당 한대로 족하는 장식품으로 생각하여 왔다. 그러나 요즘은 오디오문화에 대한 관심의 증대로 시장이 세분화되는 경향이 있었다.

완벽한 음을 추구하는 소비자들은 비록 가격이 비싸더라도 음질이 뛰어난 하이파이를 선호하는 경향이 있었고, 핵가족화현상으로 증가되고 있는 신혼부부와 오디오가 개인소유의 개념으로 변해감에 따라 증가되고 있는 학생계층의 소비자는 음질보다는 가격, 디자인, 패션, 기능 등이 뛰어난 뮤직센터를 선호하는 경향으로 바뀌어가고 있었다.

또한 교육수준의 향상에 따라 수출위주의 모델이 선호되는 경향이 쇠퇴되어가는 반면 각자 나름대로의 오디오에 대한 바람직한 모델을 요구하고 있었다.

인영전자의 경영진은 우리나라 경제는 다소 어려움이 있겠지만 계속 발전할 것이며 오디오 문화에 대한 관심은 계속 증가할 것이며 CD 플레이어 등 첨단제품의 출현으로 경쟁이 계속 치열해질 것으로 예상하고 있었다.

또한 소비자에 대해서는 대부분의 소비자가 아직까지 오디오를 장식용으로 생각하고 있으나 점차 음악을 부담없이 즐기기 위한 소비계층의 욕구가 증가할 것이며 국내소비자의 시장조사에 의한 제품설계의 중요성이 커지고 있다고 생각하고 있었다. 그리고 소비자들이 인영전자의 제품은 전문 오디오업체제품으로서 기능, 디자인에서 뛰어난 제품이라고 판단해서 이러한 이미지를 통하여 자사제품을 구매한다고 보고 있었다.

"가전 3사는 하이파이시장이 협소하기 때문에 적극적으로 참여하지 않을 것입니다. 하이파이제품보다는 오히려 산업용 전자기기, 정보산업기기 혹은 OA업종으로 치중하여 갈 것입니다. 그리고 만약 참여한다하더라도 대량생산체제에 특화되어 있는 체질상 하이파이 시장에서는 성공하지 못할 것입니다. 이는 과거의 역사가 증명해주고 있습니다. 따라서 하이파이시장은 N사가 가장 강력한 라이벌로 남아 있을 것입니다. 뮤직센터시장에서는 N사뿐만 아니라 L사나 C사도 강력히 시장점유율을 증대시키려고 하고 있기 때문에 격심한 경쟁이 예상되고 있습니다"라고 인영전자의 한 관계자는 말하고 있었다. ■

250 V. 개선된 합리적 의사결정과정

☞ **인영전자(주)의 가시화 의사결정 프로세스(VDMP)에 의한 분석**

1. 문제구조분석(PSA) 단계

◎ 테마의 설정
㈜ 인영전자의 지속적 성장을 위한 다각적 전략은 무엇인가?

◎ 테마의 수준 결정
- 전략적 수준

◎ 문제점 사실의 열거
1. 가전 3사가 오디오시장에 본격적으로 진출한다.
2. 오디오제품의 수입이 자유화된다.
3. 기존 오디오전문업체들이 재도약한다.
4. 오디오산업의 경쟁이 치열해진다.
5. 소비자들의 욕구가 다양해진다.
6. 오디오시장이 급성장한다.
7. CD 프레이어가 확산된다.
8. 하이파이(Hi-Fi) 오디오수요가 증가한다.
9. 가전 3사가 하이파이 오디오시장에 본격적으로 진출한다.

◎ 사실의 명확화
- 사실 1과 사실 9는 사실 9로 명확화된다.
- 사실 7과 사실 8은 사실 8로 명확화된다.
- 사실 4는 사실 2, 3, 9에 포함된다.

2. 가시화(可視化) 의사결정프로세스

◎ 관계표 작성

(단, I이 II에 직접적 영향을 준다)

	사 실	II						중 요 도		
		1	2	3	4	5	6	심각성	긴급성	성장성
I	1. 오디오제품의 수입 자유화	\					O			
	2. 기존 오디오전문업체의 재도약		\							
	3. 소비자 기호의 다변화			\	O	O				
	4. 오디오시장의 급성장	O	O		\		O			
	5. 하이파이 오디오수요 증가			O		\	O			
	6. 가전 3사의 하이파이 오디오 시장 본격진출						\			

◎ 중요도의 평가

	사 실	II						중 요 도		
		1	2	3	4	5	6	심각성	긴급성	성장성
I	1. 오디오제품의 수입 자유화	\					O	하	중	상
	2. 기존 오디오전문업체의 제도약		\					하	중	하
	3. 소비자 기호의 다변화			\	O	O		상	중	중
	4. 오디오시장의 급성장	O	O		\		O	중	상	하
	5. 하이파이 오디오수요 증가			O		\	O	상	중	중
	6. 가전 3사의 하이파이 오디오 시장 본격진출						\	중	중	중

252 V.개선된 합리적 의사결정과정

◎ 문제구조의 도시화 및 종합중요도 평가

(종합중요도 순위: ◎ ○ △)

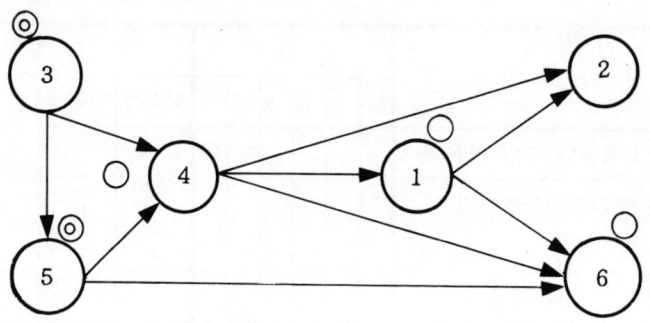

◎ 마디별 단계 구분

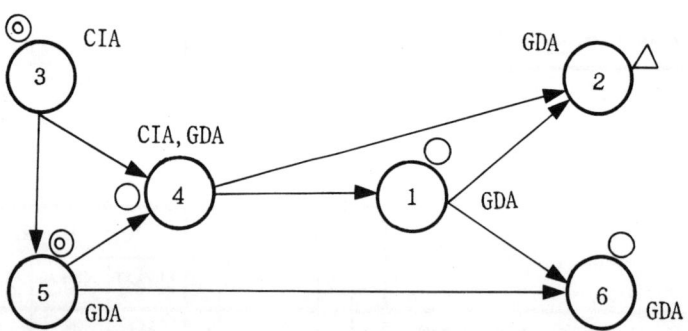

◎ 분석순위의 설정

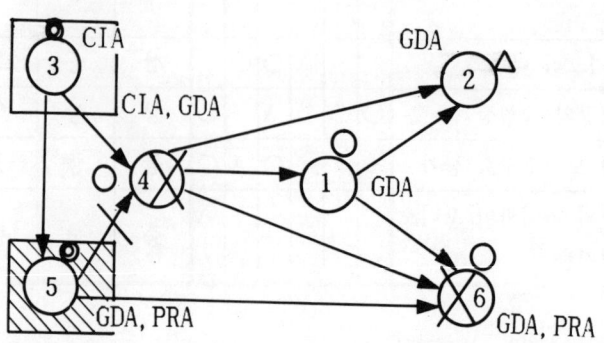

GDA의 중요도가 가장 높은 사실 5를 우선 선택한 후 사실 5에 영향을 주는 CIA의 중요도가 가장 높은 사실 3을 찾게 된다. 이 결과에 의하여 위의 사실들을 분석하는 순서에 대한 하나의 지침을 제시한다.
1) 사실 3의 CIA를 수행한다.
2) 사실 5의 GDA 와 PRA를 수행한다.
3) 사실 6의 GDA 와 PRA를 수행한다.

2. 원인정보분석(CIA) 단계

◎ 원인규명문제의 발견
규명원인 : 소비자기호가 다변화한 원인을 규명한다.

◎ 세부 원인의 나열
- 국민소득의 증대로 인한 대중의 오디오에 관한 관심이 급증하였다.
- CD 프레이어를 포함한 오디오분야의 신기술이 출현하였다.
- 오디오문화에 대한 관심의 증대로 다음과 같은 시장의 세분화 현상이 두드러졌다.
    i) 고가격, 고품질 선호 부류
    ii) 가격, 디자인, 패션, 기능에 의한 저가격대의 뮤직센터 선호 부류
- 외국산 유명 오디오의 수입에 의해서 소비자의 안목이 증대되었다.

254 V. 개선된 합리적 의사결정과정

◎ 관계표의 작성

		규명 원인	II				
			1	2	3	4	5
I	1. 국민소득의 증대		\	O		O	
	2. 오디오문화의 관심 증대	O		\			
	3. 오디오분야의 신기술 출현					\	O
	4. 외국산 오디오의 수입				O		\
	5. 시장의 세분화	O					\

◎ 원인 영향도의 작성과 마디간 영향정도의 평가

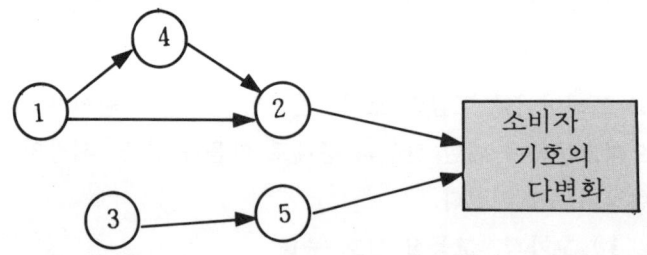

◎ 마디 수준의 평가

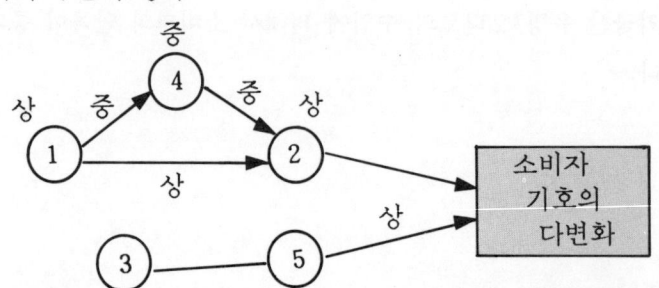

◎ 원인의 중요도 평가

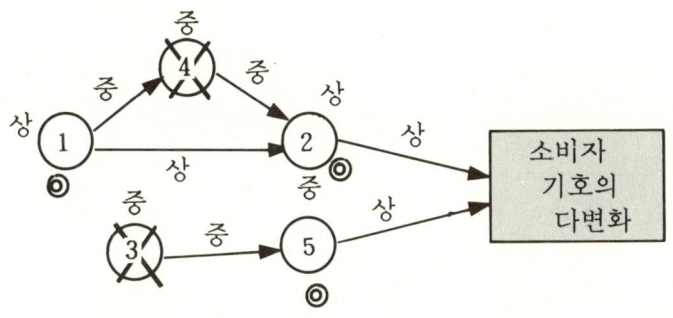

 * 소비자기호 다변화의 주요원인은 :
 국민소득의 증대로 인한 오디오문화에 대한 관심 증대와 시장의 세분화이다.

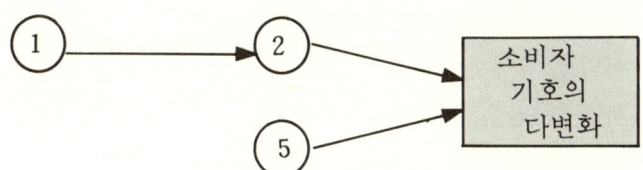

◎ 검 증
 밝혀진 주요원인이 진정한 원인인가 아닌가를 검증하기 위한 조사를 다음을 고려하여 수행한다.
   - 논리에 의거하여 수행
   - 현실적인 관찰 수행
   - 검증의 비용측면 고려

3. A. 그룹의사결정분석(GDA) 단계

◎ 당면 주요 의사결정문제
  하이파이 오디오수요증가에 대한 대책을 결정한다.

◎ 목표의 설정
  1. 소비자의 다변화된 기호를 만족시킨다.
  2. 하이파이 오디오의 수요증가를 회사 이익창출의 최대기회로 삼 삼는다.
  3. 하이파이 오디오 시장에서의 이미지 제고에 힘쓴다.
  4. 대책수립에 관하여 최소경비를 사용한다.
  5. 1년 이내에 성과가 나타나도록 한다.

◎ 세분화 및 정리
  1.   소비자기호의 만족도를 향상시킨다.
  2.   이익을 극대화하자.
  3-1. 시장점유율을 높이자.
  3-2. 소비자에게 이미지 부각
  4-1. 경비를 최소화하자.
  4-2. 총경비는 5억을 초과하지 않도록 한다.
  5.   성과가 1년 이내에 나타나도록 한다.

◎ 목표의 분류

목 표	점 수	분 류
1. 소비자 만족도 향상	9	희망목표
2. 이익 극대화	10	희망목표
3. 시장점유율의 증대	9	희망목표
4. 소비자에 대한 이미지 제고	8	희망목표
5. 경비 최소화	9	희망목표
6. 5억이하의 소요경비	-	절대목표
7. 1년 이내의 성과 창출	-	절대목표

◎ 대안의 작성
 1. 품목별 생산량의 확대
 2. 하이파이 오디오의 신제품 자체 개발
 3. 대리점 확충 및 대대적인 PR
 4. 외국 유명회사와 합작을 통한 신제품 개발
 5. 유명 브랜드 상품의 수입 판매
 6. 기존 제품의 가격 인하

◎ 대안의 평가 및 잠정안의 선택

목표의 분류		대안 1				대안 2				대안 3				대안 4				대안 5				대안 6			
절대 제약	1년 이내의 성과 창출	만족				불만족 (2년 이상)				만족				만족				만족				만족			
목표	5억 이상의 소요경비	만족								만족				불만족 (7억 이상소요)				만족				만족			
		점수	비관	평균	낙관	점수	비관	평균	낙관	점수	비관	평균	낙관	점수	비관	평균	낙관	점수	비관	평균	낙관	점수	비관	평균	낙관
희망 목표	소비자 만족도	9	5	6	8		7	8	9		7	8	9						7	8	10		7	8	10
	이익 극대화	10	6	8	9		6	8	10		7	9	10						6	8	10		8	9	10
	시장점유율 증대	9	7	8	9		8	8	8		10	10	10						8	8	8		8	8	8
	소비자 이미지 제고	8	6	7	8		5	6	8		7	9	10						5	6	8		7	7	8
	경비 최소화	9	8	9	10		7	8	10		9	9	10						7	8	10		9	9	10
	점 수 계	343								405								344				388			

* 위의 분석결과에 따라 대안 3이 잠정안으로, 대안 6이 추천안으로 선택되었다.

2. 가시화(可視化) 의사결정프로세스

◎ 관련부서에 의한 마이너스 영향 평가

대 안 : 3. 대리점 확충 및 대매적 PR

항 목	발생 가능성	문제의 심각성	유 관 부 서
1. 신제품에 대한 소비자의 욕구를 충족시키기 어렵다.	6	10	제품 설계부
2. 과다한 대리점 확충에 따른 악영향이 발생한다.	4	6	판촉부
3. 대리점 인수자가 부족하다.	5	7	판촉부

대 안 : 6. 기존 제품의 가격 인하

항 목	발생 가능성	문제의 심각성	유 관 부 서
1. 경쟁업체들이 동일하게 가격을 인하한다.	6	10	기획부
2. 소비자들의 가격인하에 대한 인식이 부정적이다.	4	7	판촉부
3. 가격인하에도 불구하고 판매량에 변화가 없다.	3	8	영업부

◎ 최종결정

· 대안 3 : 대리점 확충 및 대매적 PR"을 선택한다.

260 V.개선된 합리적 의사결정과정

4. A. 잠재위험분석(PRA) 단계

◎ 실시계획
1. 광고 매체를 통한 PR 및 대리점 모집 광고
2. 대리점 경영자 선정
3. 대리점 설치 장소 선정
4. 대리점 설치
5. 대리점 운영 및 교육

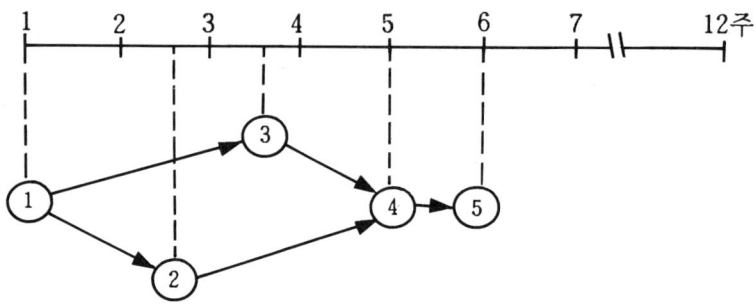

◎ 취약영역

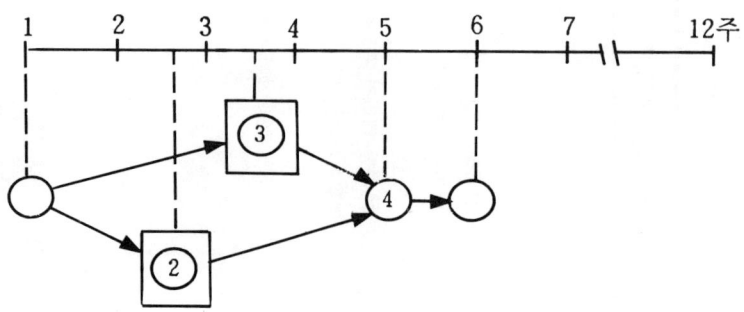

2. 가시화(可視化) 의사결정프로세스

◎ 문제점의 구체화와 평가

문제점 : 대리점 경영자 선정	가능성	심각성
- 대리점 경영자의 절대수 부족	6	10
- 대리점 경영자의 자질 부족	7	8
문제점 : 대리점 설치장소 선정	가능성	심각성
- 설치 장소 부족	6	7
- 대리점 관할 영역 안배 (심각성의 평가치가 5이하이므로 제거함)	4	5

◎ 원인의 상정과 예방 대책

	기여정도	예방 대책	가능성의 변화
문제점:대리점 경영자 선정			
- 대리점 경영자 절대수 부족	◎	- 반복적인 광고매체를 통한 광고모집	6 -> 2
- 대리점 경영자 자질 부족	○	- 회사 자체 교육 및 교육 프로그램 개발	7 -> 5
문제점:대리점 설치 장소 선정			
- 설치 장소 부족	○	—	6 -> 6

◎ 긴급시 대책과 발동 대책

	발 동 대 책
문제점: 대리점 경영자 선정	
- 대리점 경영자 절대수 부족 - 대리점 경영자 자질 부족	- 기획부장이 3개월후 상황을 파악하여 회사 직영 대리점을 개설한다. - 대리점모집이 완료된 후 영업부장이 상황을 파악하여 단기교육과정을 마련한다.
문제점: 대리점 설치 장소 선정	
- 설치 장소 부족	- 영업부장이 대리점 모집과정에 수시로 이를 파악하여 기존상점을 설득하거나 타사 대리점을 회유하는 조치를 취한다.

3. B. 그룹의사결정분석(GDA) 단계

◎ 당면 주요 의사결정문제

가전 3사의 하이파이 시장 진입에 대응하기 위한 대응책을 마련한다.

◎ 목표의 설정
1. 시장점유율을 유지하거나 증대시킨다.
2. 자사에 대한 소비자의 이미지를 개선시킨다.
3. 최소 경비로 대응책을 마련한다.
4. 주 대상품목은 하이파이로 한다.
5. 석달 이내에 효과가 나타나야 한다.

◎ 세분화 및 정리
1. 시장점유율 증가를 1% 이상 유지한다.
2. 하이파이시장에서 자사 제품에 대한 이미지를 제고한다.
3. 소요경비는 7억이하로 한다.
4. 생산품목중 하이파이 비율을 최소한 유지시킨다.
5. 석달 이내에 효과가 나타나야 한다.

◎ 목표의 분류

목 표	점 수	분 류
1. 시장점유율 증가는 1% 이상이어야 한다.	-	절대목표
2. 시장점유율 증가를 가능한 크게 한다.	10	희망목표
3. 하이파이 시장에서 자사 제품에 대한 이미지를 제고시킨다.	9	희망목표
4. 소요경비는 7억이하로 한다.	-	절대목표
5. 생산품목중 하이파이 비율을 증가시킨다.	7	희망목표
6. 3개월이내에 효과가 나타나야 한다.	-	절대목표

◎ 대안의 작성
1. 하이파이제품에 대한 광고를 강화한다.
2. 외국 유명브랜드와 기술제휴를 한다.
3. 하이파이제품의 가격을 인하한다.
4. 하이파이 신제품을 개발한다.
5. 고객에 대한 서비스를 강화한다.

264 V. 개선된 합리적 의사결정과정

◎ 대안의 평가 및 잠정안의 선택

목표의 분류		대안 1			대안 2			대안 3			대안 4			대안 5		
절대목표	1. 시장점유율 증가 1% 이상	만족 (3% 증가)			만족 (2% 증가)			만족 (5% 증가)			만족 (2% 증가)			만족 (1% 증가)		
	2. 소요경비 7억 이하	만족 (3억)			만족 (5억)			만족 (5억)			불만족 (10억)			만족 (1억)		
	3. 3개월 이내 효과 발생	만족			만족			만족						불만족		
희망목표	점수	비관	평균	낙관	비관	평균	낙관	비관	평균	낙관	비관	평균	낙관	비관	평균	낙관
	1. 시장점유율 증가 (10)	7	9	10	7	9	10	7	9	10						
	2. 제품 이미지 제고 (9)	9	10	10	9	10	10	3	4	5						
	3. 하이파이 비용 증가 (7)	8	8	10	7	8	10	8	9	10						
	점 수 계		243			216			189							

* 위의 분석결과에 따라 대안 1이 잠정안으로, 대안 2가 추천안으로 선택되었다.

2. 가시화(可視化) 의사결정프로세스

◎ 관련부서에 의한 마이너스 영향평가

대안 : 하이파이제품에 대한 광고 증대

항목	발생가능성	문제의 심각성	유관부서
1. 제품광고가 시장점유율 증대에 영향을 주지 못한다.	3	9	마케팅 (광고)
2. 광고가 기업 이미지 부각에 치중되었다.	8	2	마케팅 (광고)

대안 : 외국 유명브랜드와 기술제휴

항목	발생가능성	문제의 심각성	유관부서
1. 국내에는 외국 브랜드가 알려지지 않았다.	2	7	마케팅
2. 핵심기술 이전이 되지 않는다.	5	8	R&D (생산)

◎ 최종결정

· 대안 1 : 하이파이 제품에 대한 광고를 강화한다·를 선택한다.

266 V. 개선된 합리적 의사결정과정

4. B. 잠재위험분석(PRA) 단계

◎ 실시계획

1. 광고에 대한 기본방침(광고매체, 목표시장)을 설정한다.
2. 아이디어(도안)를 사내 모집한다.
3. 광고 대행사를 선정한다.
4. 광고를 제작한다.
5. 만들어진 광고에 대해 자체 심의한다.
6. 공중윤리 심의를 거친다.
7. 결정된 광고를 TV에 방영하거나 신문광고를 한다.
8. 광고의 영향을 조사한다.

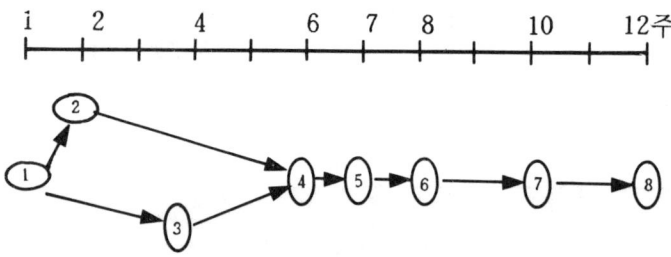

◎ 취약영역

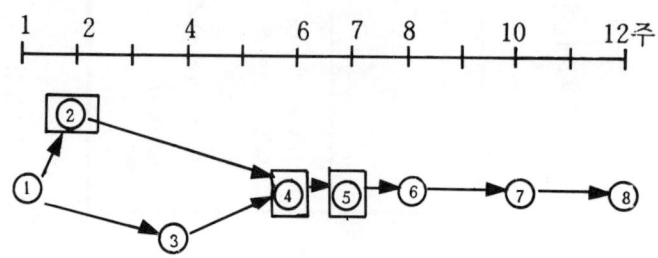

2. 가시화(可視化) 의사결정프로세스

◎ 문제점의 구체화와 평가

문제점 : 아이디어 (도안) 사내모집	가능성	심각성
- 적절한 아이디어가 나오지 않는다.	3	8
- 아이디어 선정이 늦어질 수 있다. (심각성수치가 작으므로 제거)	3	3
문제점 : 광고제작	가능성	심각성
- 광고 제작기간중 갑작스런 여건의 변화로 광고 제작이 늦어질 수 있다.	3	8
문제점 : 자체 심의로 인한 광고 철회	가능성	심각성
- 경영진의 의도와 다른 광고가 제작되었다.	3	9

◎ 원인의 상정과 예방대책

	기여정도	예방 대책	가능성의 변화
문제점 : 아이디어 사내모집에서 적절한 아이디어가 나오지 않았다.			
- 아이디어에 대한 인센티브가 부족하다.	◎	- 충분한 상금과 승진 등을 제공	6 -> 2
- 사내 모집에 대한 광고가 미약하다.	△		
문제점 : 광고 제작기간이 너무 길었다.			
- 광고대행사의 경험이 부족하다.	○	- 유명 광고회사 선정 - 엄격한 계약조건	3 -> 1
문제점 : 자체 심의에 걸려 거부되었다.			
- 시장 상황의 변화로 인해 제작된 광고가 쓸모없게 되었다.	○	- 광고제작의 지속적인 확인	3 -> 1

V. 개선된 합리적 의사결정과정

◎ 긴급시 대책과 발동대책

	발 동 대 책
문제점 : 아이디어 사내모집에서 적절한 아이디어가 나오지 않았다.	
- 광고 대행사에 일임한다.	- 광고부장이 모집직후에 광고대행사 선정을 알린다.
문제점 : 광고 제작기간이 너무 길었다.	
- 다른 광고대행사로 광고제작을 맡긴다.	- 광고부장이 예정작업완료시점에 대책을 마련한다.
문제점 : 자체 심의에 걸려 거부되었다.	
- 광고 제작을 새로 시작한다.	- 임원진들이 예정작업완료시점에 대책을 마련한다.

5. **전략의사결정(ISD) 단계**

◎ 전략적 정보의 산출

문제점 사실	주요원인
소비자 기호의 다변화	국민소득 증대 오디오시장의 세분화

　위의 표를 참고하여, 두 가지 원인을 모니터링할 수 있는 전략정보는 다음과 같다.
　1. 국민소득 증대 :
　　　- 물가변동에 대한 오디오 가격변동의 비율

- 급여의 인상폭
        - 소비자들의 소비분야의 변화
    2. 오디오시장의 세분화
        - 오디오업체의 시장점유율의 변화
        - 외국업체의 국내 시장점유율
        - 각 업체의 제품종류 및 신제품의 개발상황

◎ 전략적 대안의 산출

문 제 점 사 실	잠 정 안	추 천 안
하이파이 오디오수요 증가	대리점확충 및 대대적 PR	제품의 가격인하
가전 3사의 하이파이 오디오시장 진입	하이파이제품의 광고강화	외국 브랜드와의 기술제휴

위외 표를 참고하여, 제시된 문제점 사실들에 대한 대안을 다음과 같이 요약한다.

    대안 1 : 대리점확충 및 대대적 PR 및 광고
    대안 2 : 제품의 가격인하
    대안 3 : 외국 브랜드와의 기술제휴

현 상황에 따라서 전략적 대안으로서 대안 1과 대안 2를 동시에 선택하여 실시한다.

VI. 조직내 합리적 의사결정과정 활용

1. 결과를 어떻게 보고해야 하는가?
2. 합리적 의사결정과정을 도입하려면?

1. 결과를 어떻게 보고해야 하는가?

　기업에서의 업무보고는 상호 의견 교환과정상에 있어서 중요한 수단으로 활용되고 있으며, 효율적인 업무보고가 이루어지지 않은 때에는 경영상 막대한 기회손실을 초래하게 됨은 주지의 사실이다. 마찬가지로 아무리 합리적이며 좋은 의사결정을 중간관리자나 경영자가 하였을 때에도 이를 효과적이며 효율적으로 상급자에게 보고나 전달을 못하였을 때에는 많은 노력을 들인 최종의사결정들이 무위로 끝나게 됨을 자주 보게된다. 따라서 의사결정 등 제반업무보고에 관한 유의사항을 고찰해 볼 필요가 있다.
　비단 업무보고관습의 개혁은 중간관리자나 경영자만의 문제라고는 볼 수 없다. 의사결정 등 업무보고에 관한 관습의 개혁을 비교적 이러한 계층은 쉽게 받아들일 수 있다. 문제는 상급지시자 및 결재자인 임원이나 간부층에서 과거방식에 집착하지 말고 과감한 관습개혁을 하도록 하여야 할 것이다. 즉, 최고경영자의 집요한 추진력을 바탕으로 간부계층의 의식전환을 도모하여 합리적 업무보고문화가 기업내에 심어지고 성장해 나가도록 하여야 할 것이다. 이에 대한 대책에 관해 기술해 보도록 한다.

　상급지시자로서 소신과 의지를 갖고 의사결정 등의 업무를 수행하여야 한다. 전결규정상 구체적으로 명시된 업무사항이외에 의사결정을 요하는 경우에는 권한위양을 철저히 발휘하여 결재단계를 과감하게 단축시켜야 효율적이며 효과적인 의사소통이 이루어질 것이다. 이때 직무내용이나 책임의 크고 작음에 관계없이 각 개인의 위치는 존중되어야 하며, 지나친 또는 너무 잦은 점검은 오히려 좋지 않음을 알아야 한다. 책임과 권한이 위양되면 하급자의 사기는 높아지고 업무에 대한 책임감과 흥미를 증대시켜 진정한 의미의 조직력 향상을 기대할 수 있다. 하급자에게 권한위양을 시켜 의사결정을 하게 하는 것이 바로 하급자를 육성시키는 최고의 방법일 수 있으며, 그 후로부터는 잘못방지는 물론 더욱 창의적인 것을 개발하여 상급자의 업무를 손발이 맞도록 도와줄 수 있는 것이다. 특히 훌륭한 최고경영자가 되기 위해서는 세세한 일상업무에서 손을 떼어야 한다. 즉, 탁월한 최고경영자가 되기 위해서는 항상 인내와 배려에 대해 생각해야 하고 자기와 싸우지 않으면 안된다. 경영자의 업무는 어렵고 예외적인 문제를 처리하는 것이고, 하급자의 업무는 반복되는 일상업무를 처리하는 것임을 경영자는 분명히 알아야 한다. 또한, 훌륭한 경영자가 되기 위해서는 항시 명확한 업무지시를 하여 시행착오가 발생되지 않도록 하여야 한다. 상급자가 업무내용·수행방법·결과요구수준 등을 명확하게 지시하지 않고, 그저 '해보아라, 틀리면 다음에 수정해 주겠다'는 식으로 업무지시를 한다면, 하급자도 업무지시에 따라 명확히 하지 않은 채 '우선 자료를 만들어 보여주면 수정해 주겠지'하는 책임전가 및 안일한 사고로 업무를 처리하게 될 것이다. 이러한 식으로 업무수행이 이루어진다면 하나의 업무를 몇배의 업무로 늘려 수행하는 셈이 되어 상당한 비효율을 회사경영에 가져다 줄 것이다.

보고를 하여야 할 하급자 또는 기안자가 갖추어야 할 자세로는 항시 결재권자의 필요에 맞추어 기안을 하도록 해야 한다.

보고와 품의라는 사전적 의미를 살펴보면, 보고란 상대적으로 높은 지위에 있는 사람에게 업무의 내용이나 결과를 글이나 말로써 알리는 것을 의미하고 품의란 높은 지위의 사람에게 여쭈어 의논하는 것을 말한다. 그러면 보고나 품의는 하의상달(下意上達)의 전형적인 의사소

1. 결과를 어떻게 보고해야 하는가? 275

통의 도구라고 볼 수 있으며, 또한 의견수렴을 하고 모두가 어려운 문제에 대해서 해결책을 강구하는 의식의 의사결정수단이며, 상사의 결재를 통한 강력한 실천을 가능케 하기 위한 책임과 권한의 명확한 구분을 지을 수 있는 도구라고 할 수 있다.

　기안자는 항시 기안을 할 때 결재자의 필요성이 어디에 있는가를 간파하여 내용을 최대한으로 압축하여 요점만 보고토록 하여야 하며, 문서의 질은 내용에 있음을 생각하여 미사여구, 수식어 등 형식위주에 지나치게 관심을 보이지 말아야 하며, 새로운 안을 개발하는 것보다는 차라리 현존의 업무에 내실을 기하는 방향으로 문제를 잡아 분석토록 하며, 기안 등 각종 보고행위가 마치 사망확인서가 아닌 건강진단서로서의 유효적절한 시간에 보고가 이루어지도록 하여야 한다. 일화로, 나폴레옹은 짧지만 깊은 수면을 전쟁터에서 취하였던 것으로 유명하다. 그가 전쟁터에서 잠을 자고 있을 때, 한 부하가 승전의 기쁜 소식을 전하기 위해 그를 깨웠다. 그때 그는 '아군의 패전소식이라면 바로 알릴 필요가 있지만 승전고는 내일 아침이라도 좋지 않은가?'라고 말했다고 한다. 업무보고도 나쁜 내용일수록 빨리 보고해야 할 것이다. 그래야 사망확인서가 아닌 진정한 의미의 건강진단서로서 가치를 발휘할 수 있을 것이다. 다른 예로, 한국의 업무보고에 있어서 고질적 병폐로 나타나는 것은 중간관리자에게 전결사항으로 되어 중간관리자 자신이 결재토록 한 업무를 필요없이 최상급자에게 보고하는 중간관리자가 많다는 점이다. 이는 중간관리자가 최상급관리자를 자주 만남으로써 차기에 승진 등 혜택을 받지 않을까 하는 기대에서 계획적으로 행해진다고 보이지만, 이로 인해 기업이나 조직전체의 효율성이 떨어지고 있다는 것을 주지해야 한다.

　초우량기업이 공통적으로 갖고 있는 특성 중에는 행동지향적인 면을 많이 발견할 수 있는데, 이 회사들은 거대한 조직을 갖고 있으므로 해서 야기되는 복잡성 때문에 행동에 방해를 받은 적이 거의 없다는 점에 주목해야 한다. 그 중 특히 장황한 보고서에 열중하는 것을 볼 수 없다는 것이다. 각종 정보의 범람, 많은 논쟁, 회사를 둘러싼 복잡한 환경변화 등은 회사내의 서로의 신뢰를 잃게 하는 요인이다. 이럴수록 보고는 명확하고 간결하게 하여야 한다. 이 보고를 통해 정신을 집중하여 전체의 문제를 확실히 파악할 수 있게 되며 신뢰도도 증진시킬 수 있다. 예로, 장황한 보고서에서는 수많은 숫자 중 하나가 틀렸을 경우에 누가 책임을 져야 하는가에도 어려운 점이 있고, 그렇다면 다시 뒤져보면 틀린 숫자가 또 나오지 않을까 하는 의구심도 생기게 된다.

그러나 한장의 보고서인 경우 원래 숫자가 몇 개밖에 안될 것이므로 책임소재가 명확하며, 신뢰성도 자연 높다고 할 수 있다. 더욱 불행한 것은 장황한 보고서를 바탕으로 토의를 하게 된다면, 그 토의는 분명 촛점이 모아지지 않을 것이 자명하다. 첨언하면, 최고경영자의 업무란 대부분이 복잡한 일을 단순한 사실로 정리할 수 있도록 훈련시키는 일이다라고도 볼 수 있을 것이다. 또한, 업무보고란 사실과 의견을 명확히 구분한 간결한 서류를 작성할 수 있도록 유도해서 의사결정의 기반을 구축하도록 하는 것이라고도 볼 수 있다.

정보전달사항과 의사결정사항을 명확히 구분하여 업무보고가 이루어져야 할 것이다. 앞서 이야기한 바와 같이, 기업에 있어서 종종 본인의 전결사항인데도 상사도 알고 있어야 한다는 간단한 논리로 위로 결재를 다시 올리는 경우가 있는 등 보고사항과 의사결정사항을 혼돈하는데에서 오는 의사결정에서의 지연성을 보이고 있다. 알아야 할 권리를 갖고 있는 모든 사람들이 결재를 하게 된다면 의사결정에서의 신속성을 기대할 수 없다. 따라서 전결체제의 정립이 필요하다고 본다. 결재는 단순히 직위에 대한 서명절차가 아니며, 개개 결재자들은 자신의 의견을 기안지에 덧붙여 요약기입함으로써 최종의사결정자가 마지막으로 접하게 되는 서류에는 단계별 의견이 모두 드러나 있어야 할 것이다.

의사결정의 신속화 및 적시의 타이밍은 그 효과를 좌우한다. 회사경영에 있어서 즉시결재를 습관화하여, 특히 임원의 경우는 일일 수회 결재를 원칙화할 필요가 있으며, 결재시 결재일자를 서명과 같이 기록하도록 하여 결재지연을 방지하는 것이 좋으며, 나아가 당일내에 결재를 완료하여야 하는 서류일 경우를 위해 긴급결재판을 운영하여야 할 것이다. 특히 결재자가 오랫동안 자리를 비울 경우에는 대행자가 서명확인하고 후결하도록 하는 것도 바람직하다. 다시 말하자면, 의사결정에 장시간이 소요된다는 것은 그만큼 회사에 기회비용을 발생하게 하며, 경우에 따라 회사에 막대한 손실을 가져올 수 있다는 점을 깨달아 적시결재의 타이밍의 중요성을 모두 인식하도록 하여야 할 것이다.

언제나 바쁜 무능력한 상급책임자

2. 합리적 의사결정과정을 도입하려면?

앞서 소개된 의사결정과정들이 아무리 합리적이라 해도 실제 조직내에서 이를 받아들이지 않는다면 무슨 소용이 있겠는가? 그 동안 많은 경험을 통해 조직내에서 이러한 합리적 의사결정과정이 받아들여지기 위한 조건들에 대한 고찰을 하게 되었다. 어떻게 하면 이러한 합리적인 과정에 대한 생각들이 성공적으로 조직내에서 활용되겠는가에 대해 처음 접하게 되는 사람들은 당혹스러운 감을 느끼게 되는 것은 당연한 일일 것이다. 따라서 다음에서 이 합리적 의사결정과정의 성공적 활용을 위한 몇 가지의 조건들을 제시하고자 한다. 경험적으로 이들 조건에 대해 반론을 펼 사람은 물론 없으며, 이 조건 중에서 다만 몇 가지만이라도 심각할 정도로 지키지 않은 사람들이 길을 잃고 방황하게 되는 경우를 종종 보게 된다.

그러면, 합리적 의사결정과정을 성공적으로 활용하기 위한 조건들이란 무엇인지를 알아보자.

첫째, 합리적 의사결정과정의 아이디어를 활용하여 얻어지거나 달성되는 결과와 목적들에 대해서 참가자들은 물론 최고경영자는 잘 정리된 명확한 의미를 이해하고 규정할 수 있어야 하며 나아가 수긍해야 한다. 바람직스러운 바는 조직내에 모든 계층에 있는 전 구성원들이 마치 하나의 언어로 이 합리적 의사결정과정을 활용할 수 있어야 한다. 이 합리적 의사결정과정은 모든 구성원들이, 그들이 이를 통해 배우고자 하는 것이 무엇인가를 알 때, 이 과정중에 나타나는 아이디어를 어떻게 활용할 것인가를 알 때, 그리고 그 조직을 대표해서 이 과정을 활용하려고 할 때에 성공적인 조직내로의 도입을 기대할 수 있다. 최고경영자가 이 과정의 근원적인 아이디어를 이해하고 수긍하며, 또 활용한다는 사실과 조직체에 대해 이 과정을 적용하려고 한다는 사실을 구성원들이 알 때 성공은 보장되는 것이다. 그렇다고 이 사실들을 최고경영층이 말로써 하는 것은 물론 바람직하지 못하며, 몸소 실천하는 것을 보여주어야 할 것이다. 즉, 최고경영자가 이 아이디어를 적극적으로 마치 조직체의 일상업무의 주요부분으로 행하여 갈 때, 비로소 합리적 의사결정과정은 구성원으로부터의 활용을 토대로 한 성공적 결과를 조직체에 가져다 줄 수 있다.

둘째, 합리적 의사결정과정은 우선적으로 그 과정을 사용하게 될 사람들에게 실제적이어야 하며, 많은 혜택을 줄 수 있어야 하고, 또한 그들의 특수한 업무에도 적절하게 사용될 수 있어야 하며, 나아가 특수업무는 물론 그들이 다루어야만 하는 매일의 실제생활에 대해서도 쉽게 적용될 수 있도록 구성되어 있어야 한다.

사람들은 통상 그들 자신의 이득에 도움을 확실히 주는 실세직이며 사용가능한 아이디어에 매우 약한 반면, 애매하거나 확실한 도움을 주지 못하는 이론들에 대해서는 극히 저항적이다. 그들은 '나는 이 아이디어를 사용할 수 있다'라는 즉각적인 반응을 일으킬 수 있다거나 나아가 개인적 이득을 얻을 수 있다고 자신하면 누가 뭐라 해도 그 아이디어를 받아들인다. 즉, 상식선에서 그에게 의미가 있다면 그 아이디어를 사용하려고 하며, 책임을 감수하면서라도 그 자신의 업무나 일상생활에 적용시키려고 한다.

셋째, 합리적 의사결정과정을 현안문제에 적용하려는 시도는 자연발생적으로 이루어질 것으로 보아 방치해 두어서는 안되며, 보다 계획적으로 교육 등을 통해 도입하려고 해야 한다. 강의실에서나 책으로부터 공부한 사람들은 '현실적으로 내가 이러한 합리적 과정이 필요로 할 때 과연 이 과정을 잘 적용시켜 볼 수 있을까?'하는 의구심을 갖게 된다. 아무리 훌륭한 합리적 의사결정과정이라도 그것이 실제 활용될 때까지는 이론적으로서의 가치밖에 없는 것이다.

이렇게 저렇게 시간만 지나가게 되면 문제는 더욱 더 어려워지고 달라져 간다. 분명했던 아이디어도 다시 회상하기 어려워지며, 실제 적용에서도 더욱 더 어려워진다. 따라서 처음부터 조직내에서부터 적극적으로 수용하려는 태도가 필요한 것이다.

넷째, 조직체내에서의 제반체계나 과정들이 합리적 의사결정과정에 맞추기 위한 적극적 자세하에서 수정되고 재설계되어야 하며, 적용하게 될 합리적 의사결정과정에 따라 모든 업무가 이루어지도록 연습되어야 한다.

아무리 합리적 의사결정과정에 대해 훈련받은 사람들이라도 주위 환경이 그 사람들을 소화시킬 수 없다면 합리적 의사결정과정은 아무 쓸모없는 과정에 지나지 않을 것이다. 더우기 조직체가 방해를 한다든지 새로운 변화를 거부할 때, 이 합리적 과정은 짧은 기간동안 허우적거리다 없어질 뿐이다. 조직내의 제반체계나 과정들이 새로운 아이디어를 적극적으로 수용하기 위해 변신을 꾀할 때, 더 많은 적용과 이로부터의 경험들을 통해 조직은 빠른 속도로 발전해 나갈 수 있다.

다섯째, 합리적 의사결정과정의 아이디어를 조직의 문제해결에 사용하려는 사람들과 그 아이디어의 사용을 감독하고 관리하는 사람들에게 적절한 보상과 개인적 만족을 주도록 해야 한다. 즉, 처음에는 합리적 의사결정과정을 좋아서 추구하게 되다가 나중에는 자동적으로 활용하게 만들어야 하는 것이다.

사람들이란 그들에게 좋은 결과를 낳는 일을 하게 마련이다. 합리적 의사결정과정의 활용에 대해서 조직이 보상을 할 때, 보상을 하지 않거나 아무런 주의를 기울이지 않을 때보다 그 활용은 확실히 많아지게 된다. 명확하고 성공적인 적용이 보이며 보상이 기대될 때 그 과정의 활용은 성공적이 될 수 있다는 것이다.

여섯째, 일단 얻어진 능력을 강화하고 세련되게 하는 지속적 추진이 있어야 한다. 또한, 조직이 원하는 새로운 영역에 대한 적극적인 적용시도와 합리적 의사결정과정의 활용에 대한 최고경영자의 추진의 재확인이 있어야 한다. 앞서 소개되거나 기존의 개발된 합리적 의사결정과정들은 일반성있게 고안된 것으로 특정조직에서 활용하기 위해서는 약간의 수정이 필요하며, 이러한 수정은 단지 일회용으로 활용될 때 얻어지는 것이 아니라 지속적인 활용으로 시간의 흐름속에서 개선되고 그 조직에 최적으로 알맞게 발전되어 나아가는 것이다.

일곱째, 처음 세웠던 목표들에 대해 얼마나 달성되고 있나하는 진도평가나 관계된 결과들에 대한 피드백을 하는데 있어서 나타나게 되는 합리적 의사결정과정의 활용에 대한 결과를 지속적으로 평가하고 감독해야 한다.

결과에 대한 평가는 매우 중요하다. 투자한 자원으로부터 얻어낸 결과를 관리하고 보여주는 것보다도 중요한 것은 앞으로의 합리적 의사결정활용을 위한 근간을 마련하기 위한 결과에 대한 평가가 필요하다. 모든 사람들은 이기는 팀에 있기를 좋아하기 때문에 성공했던 이야기들은 그들에게 동기부여를 할 것이다. 조직내의 한 부서에서 개발된 아이디어의 특별한 적용은 다른 부서에 적용도 가능하게 번져나갈 수 있다. 조직전반에 걸쳐 여러 성공결과를 보임으로써 성공을 더욱 더 유발시킬 수 있을 것이다.

☆ 합리적 의사결정과정의 도입에 대해서 알아보자.

어떤 조직이 합리적 의사결정과정을 취하기로 했다는 것은 시설이나 설비를 획득했다는 것과는 다른 개념이다. 단지 그 과정이 적절히 도입되고 조직내의 나머지 기능들과 통합되기만 한다면 그것은 시설·설비같은 투자보다도, 또한 우리 기대보다도 놀라운 위력을 발휘하게 된다. 합리적 의사결정과정이란 문제를 해결하기 위해 효과적으로 관련정보를 다루며, 성공적인 의사결정을 하게 하는 것으로 생산성향상이나 비용절감 등을 통하여 그 진가를 발휘하게 되는 것이다.

합리적 의사결정과정의 도입 및 설치는 소위 트레이닝이라는 훈련개념 그 이상의 것이라고 보아야 한다. 트레이닝이란 많은 사람들을 모아 배우고자 하는 자료를 제시하고 교육시켜 그들이 속한 환경으로 되돌려 보내는 것을 의미한다. 따라서 트레이닝은 종종 피상적이 되기도 하고 짧은 기간동안 효과를 보고 없어질 수도 있다. 그로부터 좋은 결과를 기대할 수도 있으나 조직내에서 적극적이며 지속적인 변화나 혁신을 이끌기에는 미흡한 점이 많다. 반면, 합리적 의사결정과정의 성공적인 도입 및 설치는 주의깊은 계획과 준비를 통하여 이루어진다. 성취하려는 목표들은 최고경영자에 의해 입증되고 적극적으로 호응된다. 궁극적으로 이 아이디어를 사용하게 될 사람들의 집단은 규명되고 이 아이디어의 활용에 대한 활용계획이나 순서는 사전에 결정된다.

체계들이나 과정들은 일상업무나 그의 할당에 이 과정을 사용할 수 있도록 다시금 설계된다. 이 과정에 대한 지속적인 추진과 계획도 세워지며, 보상시스템 및 평가절차도 개발된다. 이러한 일련의 조처는 성공을 보장하게 된다. 이로서 공장내에 기계설비가 들어서는 것과 같이 이 합리적 의사결정과정도 회사내에 들어서게 되는데, 조직이 무엇을 할 것인가에 대한 관계와 역할과 책임 등을 규명하는 시스템으로서 들어서게 되는 것이다. 합리적 의사결정과정의 도입은 전술한 성공을 위한 여러 조건을 만족하는 틀 위에서 보다 효과적으로 운영될 것이다.

☆ **합리적 의사결정과정을 도입하는 방법은 무엇이 있는가?**

합리적 과정을 도입하는 방법에는 두 가지가 있다. 어느 것을 택할 것인가는 그 조직이 일상적으로 해 왔던 운영방식에 어느 것이 더 편리하며 유용하겠는가에 달려 있다. 첫째 방법은 조직중심방식으로서 조직이 관심있는 특정문제를 합리적 과정을 적용하는 초기대상으로 하는 방식이다. 다시 말하면, 이 방식은 최고경영자가 미리 선택된 결과를 달성하기 위한 조직체의 해결도구의 하나로 보고 있다는 점이다.

두번째 방법은 개인중심방식으로서 조직내 많은 사람들이 이 합리적 과정으로 무장하여 그들의 책임영역하의 관심사들에 대해 직접적으로 적용할 기회를 부여하는 방식인 것이다. 우선, 조직중심방식에 대해 살펴보자.

조직중심방식은 매우 높은 지위에 있는 경영자가 분석과 수정을 요하는 관심사들을 제시하는데서 시작된다. 이러한 관심사들은 하부의 운영적 관심사라기보다는 조직에 대해 매우 중요한 것들이다. 이것들은 지속적으로 조직에 영향을 주는 사안들이며, 시간이 흘러감에 따라 점점 바람직하지 않은 쪽으로 커져가는 것들이기도 하고, 지금까지 손에 쥐어주는 것 같이 명확히 입증도 되지 못한 경우가 많다. 따라서 이 문제들을 효과적으로 풀기 위해 새로운 기술이나 접근방법이 필요하게 된다.

조직내에 합리적 의사결정과정의 아이디어를 소개하기전에 상황에 대한 분석팀으로 하여금 전체 프로젝트를 계획한다. 아울러 달성하고

자 하는 목적들도 규명한다. 이 계획은 결코 위임될 수 없으며, 이 문제를 발기했던 최고경영자의 책임하에 수행되어야 성공할 수 있다. 따라서 최고경영자는 광범위한 기획과 일정계획을 세워야 하며 이 문제를 해결하기 위한 사람들과 지위까지도 지정하게 된다. 이때 그 임명된 분석팀에게는 공동의 언어가 필요한데 이를 위해 합리적 의사결정 과정에 관한 기법을 사전 소개시킬 필요가 있다.

모든 시스템과 과정들은 이 합리적 과정을 지원하고 이용하기 위해 재설계되고 각종 회의, 반복되는 활동, 조직내의 커뮤니케이션들도 이 합리적 의사결정과정에 맞추게 된다. 이 합리적 과정의 아이디어를 사용하는 사람들에게 동기부여를 보다 잘 하기 위해 비공식적 보상시스템이 세워져야 한다. 또한, 현저한 성과를 낸 사람들에게는 공식적 보상이 주어지게 된다. 즉, 합리적 과정의 도입 후 이러한 재설계나 보상시스템을 통해 활성화되어 가게 된다.

프로젝트가 진행되고 선정된 문제들이 해결되며, 수정될 때, 합리적 과정은 조직내에 접착되어 가고 있는 것이다. 관계된 사람들에게 이 합리적 과정은 내재하게 되며, 사고 및 판단에 있어서 제2의 천성이 되게 된다. 사람들은 미래에 관한 문제들, 선택들 그리고 관심사들에 대해 공통의 언어를 가지며 공통의 방향성을 갖게 된다. 이러한 아이디어를 새로 접하게 되는 다른 사람들도 서서히 이러한 분석과 수정 과정에 대한 문제상황의 분석 및 해결을 지켜보다가 실효성이 있음을 알고는 같은 언어와 같은 방향성을 갖기를 원하게 되며 이 분위기는 전 조직에 퍼져나가 전사의 효율성을 높이게 될 수 있다. 이러한 합리적 과정이 설치된 조직에서는 이 합리적 과정을 이용하여 문제를 해결하기 위한 부단한 노력이 경주되게 되며, 자연 이 합리적 과정은 끝없이 활용되게 된다.

2. 합리적 의사결정과정을 도입하려면? 285

둘째로, 합리적 의사결정과정의 도입에 관한 개인중심방식은 조직 내에 인과관계의 분석이나 의사결정분석에 있어서, 판단 및 기술에 있어서, 개선이 필요하다고 상위의 경영자가 인식할 때 시작되는 것이다. 그 후 합리적 과정의 소개를 통하여 그들의 기술은 향상될 것이다.

당연히 이들이 조직내에서 주요한 문제들을 다루는 위치에 있고 보다 더 효율적인 이러한 합리적 과정을 이용하게 된다면 전체조직의 생산성이 향상될 것이다. 이러한 일련의 과정은 인력자원의 개발로도 생각된다. 이러한 프로그램이 효율적으로 수행된다는 것은 적절히 참모기능을 위임하게 된 것이라고 볼 수 있다. 최고경영자는 이 축소된 형식을 갖는 합리적 의사결정과정모임에 가끔 참석하게 되어 자기자신도 나름대로 자체능력개발에 힘쓰게 된다. 개인중심방식을 만일 모임을 통해 훈련할 필요가 있을시는 조직중심방식으로 다루고자 하는 공통주제가 조직이 필요로 하는 것에서부터 나왔음에 반하여, 이 방식에서는 참가자가 각기 자기의 근무분야에서의 문제를 갖고 나오게 되므로, 이들 중에서 선별하여 특정 소수 주제에 대해 합리적 의사결정과정을 훈련하든가, 제시된 모든 주제들을 공통으로 엮을 수 있는 상위주제를 도출하여 이에 대해 이 합리적 과정을 연습할 수 있을 것이다. 여기서 조직중심방식에 비해 주의할 것은 소수의견이 다수의 의견에 의해 절대 무시되지 않아야 하며, 오히려 소수의견을 부각시키며 이 과정을 진행시켜야 한다. 이 역시 많은 사람들이 개인중심방식으로 이 합리적 과정을 활용시켜 나갈 때, 조직전체의 향상이 나타나는 것은 당연하다.

☆ 어떤 접근방식이 과연 좋은가?

조직중심이나 개인중심방식 중 어느 것이 더 낫다고 일반적으로 말할 수 없다. 합리적 의사결정과정의 활용을 통하여 생산성향상을 가져 온 많은 경우에 방식종류별로는 반반이다. 성공은 어떻게 아이디어가 도입되었는지가 아니라 앞서 이야기한 성공을 위한 조건들이 이 합리적 의사결정과정을 조직내에서 얼마나 지속적으로 충족시켜 주고 있느냐에 달려 있다.

조직중심방식은 처음부터 프로젝트에 대해 최고경영자가 적극적은 물론 많은 시간과 노력을 들이는 것을 필요로 한다. 이러한 열성은 무한히 지속되어야 한다. 이 방식에 맞는 프로젝트들은 대부분이 지금 처리해야 하는 현안문제들이다. 프로젝트가 진행됨에 따라 결과를 바라다보는 것이 아니라 특정한 문제로서 꼭 달성되어야 하는 문제가 많다. 따라서 최고경영자에 의해 보다 많은 투자대비 프로젝트관리가 이루어진다.

반면, 개인중심방식은 인력계획이나 인력개발같이 참모적 기능에 있어서 활용도가 높다고 보여진다. 이 방식은 개개사용자들이 합리적 과정을 적용할 기회부여를 하며 성공적인 결론을 내릴 수 있게 도와준다. 이 방식은 최고경영자가 아닌 부서별 경영자에게 합리적 과정사용에 대한 바람직한 관리방식인 것이다. 이 방식은 통상적으로 장기간에 걸친 지속적 노력을 바탕으로 운영되어간다.

그러면, 과연 어느 방식이 더 낫다고 할 수 있겠는가? 반복되는 이야기지만 전술한 성공의 조건들이 성공에 대한 영향에 비한다면, 어느 접근방식을 택하느냐가 성공에 미치는 영향은 작다고 보아진다. 그러나, 이러한 성공의 조건들이 다같이 만족된 상태라면 조직중심방식이 더 낫다고 할 수 있다. 우리 경험에서 볼 때, 어떤 프로젝트의 기획 및 수행에 있어 최고경영자의 적극적 참여는 높은 성공의 확률을 갖는 것을 보았다.

그러나 경영자의 참여는 마치 두 날의 칼과 같다. 만일 최고경영자가 진지하지 못한 태도를 보인다면, 모든 사람들은 그 프로그램에 대하여 흥미를 잃을 것이다. 조직중심방식이 추진되며 아울러 성공의 조건들이 만족된다면 성공적 프로그램에 대한 기대감 역시 팽배해질 것이다. 만일 단기간에 성공적 성과를 조직내에 보여주기를 원한다면, 물론 조직중심방식을 추진해야 한다.

두 방식의 통합적 방식을 추진할 수도 있는데, 이는 처음에는 개인중심방식을 추진하다가 후에 최고경영자 참여 등을 유도하여 조직중심방식으로 선회하는 경우이다. 중간경영자들이 10~15년 후에 최고경영자로 됨으로써 자연적으로 조직중심방식을 채택하게 됨을 종종 볼 수 있다.

☆ 합리적 경영이란 무엇인가?

합리적 경영의 목표는 '조직내의 모든 사람의 사고능력을 충분히 활용하며, 조직의 문제점들과 관심사에 알맞게 대처할 수 있도록 이러한 사고력을 지향시키는 것이다'라고 할 수 있다. 이 목표는 조직원들에게 각자 맡은바 일을 해야 하는 필요성을 일깨워 주고, 또한 문제를 해결하고 선택을 하게 하고 미래사를 예견하고 복잡한 상황을 관리할 수 있는 부분으로 쪼개고 하는 일련의 정보들을 수집하고 분석케 하는 개념상의 도구를 제공해 줄 수 있을 때 달성할 수 있다. 이러한 도구가 바로 합리적 의사결정과정인 것이다.

합리적 경영이란 우연히 생기는 것이 아니다. 합리적 경영이란 계획된 발명과도 같이 철저히 계획되고 수행되어야 얻어질 수 있다. 최고경영자에 의해 합리적 의사결정과정이 소개되고 운영될 때 바랄 수 있는 것이다. 오늘날 조직에서 일상적으로 널리 사용되고 있는 네 가지 사고방식(원인을 규명하고, 최적대안을 선택하고, 미래에 일어날 문제들을 예견하고, 복잡한 문제를 관리할 수있는 문제로 바꾸게 하는)은 합리적 의사결정과정을 통해 더욱더 연단될 수 있다. 이렇게 된다면 조직전체의 생산성은 물론 증가하게 된다. 조직의 중앙에 있던 합리적 과정의 도입은 점점 그 반경을 크게 하여 조직전체의 사고의 질을 향상시킬 것이다.

조직원들은 조직전체의 목표를 위해 타인들이 생각하는 것과 자신의 사고를 융화시킬 수 있는 협조방법을 개념상의 공통언어인 합리적 의사결정과정을 통해 이룩할 수 있는 것이다. 합리적 의사결정과정은 결코 현실과 동떨어진 이상한 이론같은 것이 아니다. 그것은 숨겨져 있거나 사용안된 또는 덜 사용되어 온 지적 자원을 캐내는 것이며, 조직원들의 업무에서 그들이 대해왔던 통상적인 또는 특수한 상황을 다루기 위해 공통적인 접근방식과 공통의 언어를 그들에게 줌으로써 조직원간 대화의 채널을 열어주는 것이다.

합리적 의사결정과정 아이디어의 도입은 조직의 경영자로 하여금 있을 수 있다고는 느껴왔지만 가망성이 희박했던 것을 더욱더 많이 실체화시키는 것이다. 즉, 효과적·효율적·능동적 실체를!

2. 합리적 의사결정과정을 도입하려면? 289

직관적 의사결정(A)과 합리적 의사결정과정(B)

Ⅶ. 차세대 의사결정과정

- 그룹의 의사결정과정을 지원할

차후 시스템은 무엇일까?

1. 그룹의 의사결정과정을 지원할 이후 시스템은 무엇일까?

그룹의 의사결정에 참여하는 관리자나 실무자들은 그들의 상당시간을 의사결정을 위한 회의에 소비하고 있는데, 진정한 의미의 의사결정만을 위하여 할애하는 시간은 적은 반면 회의에 들어가기전의 준비시간, 그룹내 서로의 의사소통에 있어서 개념적·시간적·공간적 제약의 해소를 위한 시간 등 간접회의시간에 많은 할당을 하고 있음을 본다. 여기서 우리가 초점을 맞추려는 부분은 그룹 의사결정이며 이는 그룹회의에 있어서 협력하는 분위기에 의한 합리적 의사결정의 구현을 위해, 어떻게 효율적으로 시간을 다루며, 어떻게 효과적으로 그룹 의사결정방식의 틀에 의해 합리적 의사결성을 내릴 수 있는가를 생각하기로 한다.

이러한 목적을 바탕으로 한 '의사결정그룹'이란 문제를 철저히 이해하고, 문제의 본질적 특성을 면밀히 검토하고, 가능한 해결책을 도출해 내고, 이 가능한 해결책을 평가하고, 채택된 해결책을 구현하기 위해 전략을 짜내는 것에 대해 함께 책임지는 둘 또는 그 이상의 사람들의 모임이라고 말할 수 있다. 이러한 의사결정그룹의 회의는 다음과 같은 활동과 절차로 특징지워진다.

첫째, 그 회의는 같은 지위나 비슷한 지위의 사람들이 참여하는 활동이며, 둘째 그 회의결과는 물론이고 그 활동자체가 본질적으로 참석자의 지식·경험·견해·판단력에 의존하는 것이며, 마지막으로는 회의에서 나타나는 의견차이는 고위직의 명령·협상·중재 등에 의하여 해결되는 것이다. 따라서 이러한 그룹의사결정 회의라든가 과정을 지원해 줄 소위 그룹의사결정지원시스템(GDSS: Group decision supporting system, 또는 Groupware라고도 함)이 선진국에 등장되고 활용되기에 이르렀다. 우리 나라에서도 몇몇 대기업에서 서울본사와 각 지방의 지사를 연결하여 공간적·시간적 제약을 제거하여 동시회의를 하기 위한 화상회의가 등장하고 있으나, 아직은 미흡한 단계이고 앞으로 더 개발된 그룹의사결정지원시스템이 나타나 적극 활용될 날이 있을 것이다.

그룹의사결정지원시스템은 의사결정시스템이 아니라 의사결정지원시스템이다. 그러나 그룹의사결정지원시스템은 상호 협력적인 보고서·대화·토론·협상·대안평가·계획·의견일치 도출, 나아가 의사결정과 같은 활동들을 지원하기 위해 사용되고 있다. 이러한 다목적성 때문에 그룹의사결정지원시스템에 대한 여러 가지의 정의가 내려져 있다.

「후버」는 '그룹의사결정지원시스템은 의사결정에 관련된 회의의 참석자들로 구성된 그룹을 지원하는 하드웨어, 소프트웨어, 참석자 그리고 지원절차로 구성된다'라고 하였으며, 「디산틱」과 「갤롭」은 '하나의 그룹으로서 공동작업을 하는 의사결정자들의 모임이 구조화되지 않은 문제의 해결을 용이하게 하도록 도와주기 위한 컴퓨터에 기초를 둔 상호 교호적인 시스템이다'라고 정의를 내리고 있다.

결국 정리해보면, 그룹의사결정지원시스템이란 실무기술적 문제 혹은 전략적 문제에 대하여 의사결정을 수행하고자 하는 의사결정자들의 모임인 그룹을 컴퓨터와 그 제반기법을 통하여 지원하는 시스템인 것이다.

일반적 그룹의사결정지원시스템에서 의사결정자들로 구성된 그룹은 의사결정에 관련된 회의를 진행하는 도중에 필요한 각종자료를 담아놓은 데이터베이스, 관련문제를 유형별로 풀 수 있게 하여주는 각종 모형별 해결방식을 담은 모델베이스, 그리고 합리적 의사결정과정 방

1. 그룹의 의사결정과정을 지원할 이후 시스템은 무엇일까? 295

식과 그룹의사결정을 지원해 주도록 구성된 관련 응용소프트웨어를 직접 활용할 수 있다. 한 명의 그룹 중개자는 이러한 기술을 그룹이 잘 사용할 수 있도록 조정하는 역할을 하며, 그룹의사결정지원시스템은 보다 원활하며 효율적이며 효과적인 그룹의 의사결정회의를 지원해 주기 위해 많은 사양들이 계속 연구되고 있으며, 컴퓨터나 통신네트웍 등의 하드웨어, 이를 운영하기 위한 소프트웨어, 참석자, 절차의 기본적인 구성요소를 포함하고 있다.

아래 그림은 일반적 그룹의사결정지원시스템의 기본적 구성요소들의 연관관계를 보여주고 있다.

일반적 그룹의사결정지원시스템

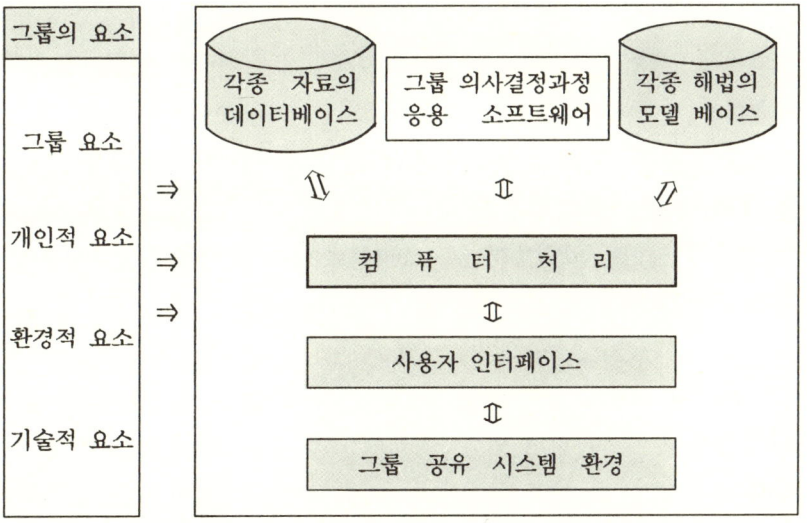

그룹의사결정지원시스템의 구성요소로서, 첫째 하드웨어면에서 하나의 그룹 혹은 각 구성원이 컴퓨터처리과정이나 공통으로 볼 수 있는 화면에 보여줄 수 있는 각종 정보를 색출하고 활용하기 위해서 각종 정보의 입출력장치, 처리과정, 입출력장치와 처리자 사이의 통신선을

비롯한 각종 통신네트웍, 공통화면, 개인의 컴퓨터 모니터화면 등의 하드웨어를 최소한 갖추어야 한다.

둘째, 소프트웨어면에서 그룹의사결정지원시스템으로서의 소프트웨어 구성요소인 각종 자료의 데이터베이스, 제반해법을 제시해 줄 수 있는 모델베이스, 각종 그룹의사결정과정을 담아 놓은 특정응용프로그램 등이 포함되어야 하며, 특정응용프로그램은 다음의 기능을 지원할 수도 있다. 즉, 그룹 구성원들의 의견이나 투표결과와 같은 정보들을 수치나 그래픽으로 요약하며, 의사결정대안들에 대한 가중치 등을 산출하며, 그룹의 사전 교섭행위나 판단을 분석하는 방법을 내장하기도 하고, 그룹 구성원들간의 문자나 데이터 등의 자료전송도 행할 수 있도록 특정응용프로그램이 구성되어야 한다.

셋째, 참석자란 의사결정에 참여하는 그룹 구성원들과 그룹의사결정지원시스템기술의 매끄러운 운영을 책임지는 기술적 중재자를 모두 포함하는 개념이다. 마지막 요소인 절차란 그룹 구성원들이 이 지원시스템을 사용할 때 쉽게 운영하고 효율적으로 사용하도록 도와주기 위한 것들로서, 소프트웨어 및 하드웨어의 운영과 구성원들간의 말로 하는 토론에 관련된 규칙들이나 그룹회의 동안의 합리적 의사결정과정과 같은 회의 흐름을 규명한 것이다.

현재의 의사결정과 관련있는 모임이나 회의에 대하여 점점 그 횟수와 중요성이 증가하고 있다. 동시에 그룹 의사결정은 공간적 면에서 상호 거리이격 등 더욱 복잡해지고, 시간적인 면에서 보다 신속해야 하는 성격을 띄게 되었다. 그룹의사결정지원시스템은 의사장애요인을 제거하거나 의사결정분석의 과정을 합리적으로 구조화시켜 줌으로써, 또는 토론과정의 패턴·시기·내용을 체계적으로 유도시켜 줌으로써 그룹의사결정을 향상시키는 데 그 목적이 있다 하겠다. 이러한 그룹의사결정지원시스템을 그룹내의 정보교환측면에서 보면 다음의 세 가지

1. 그룹의 의사결정과정을 지원할 이후 시스템은 무엇일까? 297

수준의 하부구조들로 의사결정에 참여한 그룹을 지원하는 것을 알 수 있다.

첫째 수준의 그룹의사결정지원시스템은 일상적인 의사소통에서 일어나는 장벽을 제거하기 위하여 의견제시시에 즉각적인 재표현·투표 등의 요청과 편집을 위한 대형스크린, 의견과 선호에 있어서 익명성이 강조된 입력방식, 구성원간의 전자메시지 교환과 같은 기술적 특징들을 제공한다. 또한 이 수준의 그룹의사결정지원시스템은 구성원들 사이의 정보교환을 용이하게 함으로 해서 의사결정과정을 개선한다.

두번째 수준의 그룹의사결정지원시스템은 그룹의사결정과정에서 발생하는 불확실성을 줄이기 위한 의사결정모형화와 그룹의사결정기법을 제공한다. 그러므로 이 두번째 수준의 시스템은 그룹내 통신매체만으로 이루어진 처음 수준시스템에 비해 발전된 그룹의사결정지원시스템이다. 제2수준 시스템은 문제의 구조화, 계획 등을 위해서 그룹 구성원들이 공통의 대형 스크린을 통해서 동시에 작업할 수 있도록 되어 있다. 또한 불확실한 사건들에 대한 의사결정분석시 도움을 주기 위해 효용 및 확률평가모델, 의사결정트리, 위험평가 등의 분석을 지원해준다. 또한 그룹 의견조정을 위한 델파이 기법이나 브레인스토밍(Brain-torming)과 같은 기법들이 지원될 수 있다.

세번째 수준의 그룹의사결정지원시스템은 시설에 따른 그룹의사소통 유형에 의해 특징지어질 수 있고, 회의중 적용될 의사결정규칙들의 선택과 배열에 대한 전문가 조언을 포함할 수 있다. 의사결정지원시스템의 이러한 매체들은 이러한 과정을 신속하게 수행하도록 도와줄 뿐 아니라, 규칙들은 그룹 토론에서 발생하는 내용, 시기 적절성 혹은 다른 요소들에 의존하는 의사소통경로를 변경시키도록 되어 있다. 결국에는 이 세번째 수준시스템이 그룹의 토론을 위하여 규칙을 선정하거나 만드는데 있어서 그룹에게 조언을 제공하게 되는 것이다.

그룹을 위한 의사결정지원시스템의 목적은 의사결정을 위한 새로운 가능성과 접근방법을 발견하고 제시하는 것이다. 그러한 일들은 그룹의 정보교환에 근거하여 작업함으로써 수행될 수 있다. 메시지 교환은 공통의 장벽을 제거함에 의해서 수행될 수 있고(첫째 수준시스템과 같이); 조직화된 기법들이 의사결정과정에서 사용될 수 있고(두번째 수준시스템과 같이); 정보교환의 유형, 시기 적절성, 내용을 조절하기 위한 규칙들이 그룹에 부여될 수 있다(세번째 수준시스템과 같이).

의사결정자들간의 의사소통에 영향을 미치는 요소에는 네 가지가 있고 그 요소에 따라 그룹의사결정지원시스템을 분류할 수 있다. 네 가지 요소란 물리적 위치, 시간, 지배의 정도, 목표의 공통성을 말한다. 이에 대해 하나씩 설명하기로 하자.

① 참석자들간의 **물리적 위치**는 그룹 의사결정상황에 상당한 영향을 미친다. 다음의 네 가지 유형들은 이러한 물리적 위치의 제약을 제거해 주는데 큰 도움을 준다. 물리적 위치요소와 의사결정과정의 소요시간을 근거하여 그룹의사결정지원시스템의 환경을 다음의 네 가지 유형으로 분류할 수 있다. 이 네 가지 유형은 의사결정회의실, 근거리 의사결정통신망, 전자화상회의, 원거리 의사결정통신망이다. 이를 간략히 도시하면 다음 그림과 같다.

1. 그룹의 의사결정과정을 지원할 이후 시스템은 무엇일까? 299

그룹 공유시스템 환경의 4가지 유형

의사결정 회의실
(Decision Room)

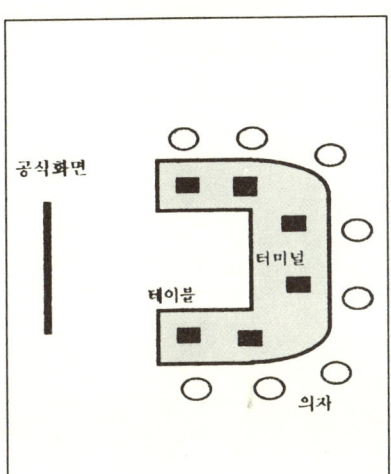

근거리 의사결정 통신망
(Local Decision Network)

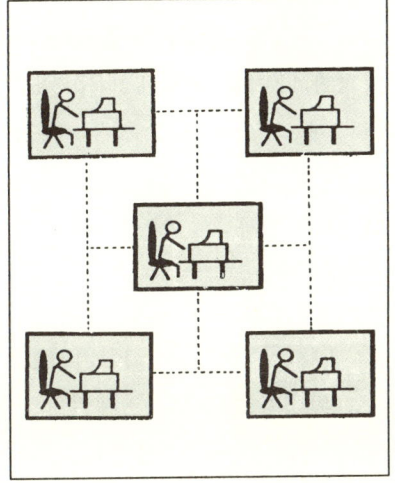

전자화상회의
(Teleconferencing)

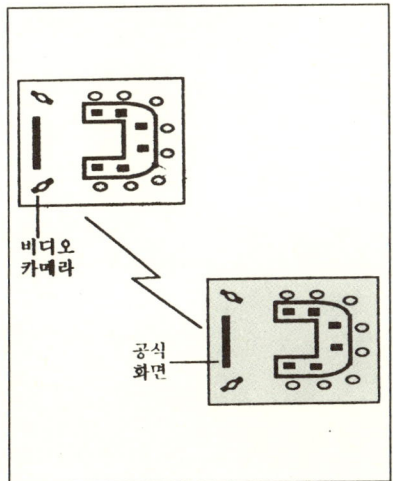

원거리 의사결정 통신망
(Remote Decision)

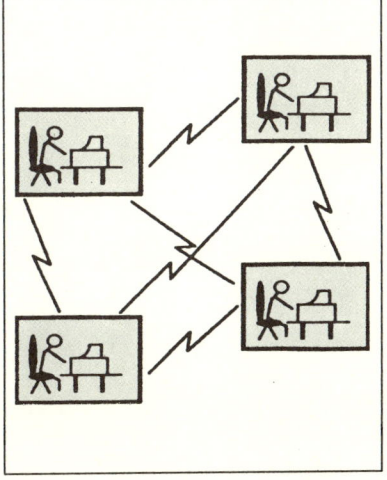

가. 의사결정회의실

그룹지원시스템의 첫번째 유형인 의사결정회의실은 전통적 회의상황에 전기적 환경을 제공한 것이다. 그 회의실은 모든 참석자들 앞에 마이크로 컴퓨터나 중앙 컴퓨터에 연결된 터미널을 가진 U형 테이블과 같은 특별한 그룹의사결정지원시스템 설비가 구비되어 있다. 데이터 입력과 개인의 정보표현은 각 개인의 컴퓨터에 의해 이루어진다. 대화에 의한 상호작용과 컴퓨터에 의한 의사소통 모두가 가능하며, 대형 스크린이 그룹의 의견종합이나 데이터의 분석 등을 보여주는데 사용된다. 그룹의사결정지원시스템의 첫째 수준시스템이 이러한 설비를 위해 사용될 수 있다.

나. 근거리 의사결정통신망

의사결정회의실은 제한된 시간에만 모여서 의논하기 위한 것이지만 근거리 의사결정통신망은 지속적으로 의사결정이 진행되는 것이다. 각 의사결정자는 자기자신의 사무실에 마이크로컴퓨터나 터미널을 가지고 있으며, 고정된 의사결정자들의 그룹은 서로 인접한 위치에서 작업하고 있다. 공통의 그룹의사결정지원시스템 소프트웨어와 데이터베이스가 중앙처리장치에 저장되며, 그룹 구성원들은 근거리통신망(Local Area Network)을 통해서 서로 통신할 수 있으며, 중앙처리장치와도 통신할 수 있다. 이러한 그룹의사결정지원시스템 환경의 장점은 상면회의와 같이 모든 참석자가 동시에 같은 장소에 모이는 비효율성을 피할 수 있으며 의사결정자들에게 유연성을 제공한다는 것이다. 그룹의사결정지원시스템의 세째 수준시스템인 회의규칙의 강화에 유용하게 사용될 수 있다.

다. 전자화상회의

이 유형은 그룹 구성원들간에 지역적으로 분산되어 있지만 반드시 의사결정을 위하여 함께 모여야 하는 필요를 만족시켜 주는 설비이다.

1. 그룹의 의사결정과정을 지원할 이후 시스템은 무엇일까? 301

이 경우에는 둘 혹은 그 이상의 분산된 그룹들을 오디오와 비디오 설비를 통해 의사결정 회의실을 연결함에 의해서 통신을 제공하는 것이다. 전기통신설비 등의 그룹의사결정지원시스템의 셋째 수준시스템이 필요하다.

라. 원거리 의사결정통신망

마지막 유형은 평범하게 일어나는 일은 아니지만 가까운 미래에 실현가능한 시스템이다. 정규적으로 연대하여 의사결정해야만 하는 정해진 구성원들로 이루어진 조직이 지역적으로 분산되어 있기 때문에 원거리 "의사결정장소들" 사이에 연속적인 통신이 있어야 한다. 이 유형의 문제점의 하나는 회의일정이 계획되어야 하고 회의를 개최하기 위해서는 사전에 조정되어야 한다는 것이다. 반면에, 근거리 의사결정통신망과 마찬가지로 회의 위치의 제약을 극복할 수 있고 정규적으로 함께 작업해야만 하는 의사결정자들의 필요를 만족시켜 줄 수 있다. 이러한 시스템의 운영을 위해서는 일반적인 의사소통장벽을 제거해 줄 수 있는 첫째 수준시스템과 그룹 토론을 위한 규칙선정에 도움을 주는 셋째 수준시스템이 필요하다.

② **시간요소**는 의사결정이 동기적으로 이루어지는가 혹은 비동기적으로 이루어지는가에 따라서 그룹의사결정지원시스템의 환경을 구분하는 요소이다. 전통적 회의, 전자화상회의에서는 의사결정자들이 특정한 시간에 모여 같은 시간에 함께 회의하는 동기적 의사결정환경이며, 이에 반하여 컴퓨터를 이용한 분산된 회의나 전자우편, 전자게시판 등은 각기 다른 시간에 참여하는 비동기적 의사결정환경이다.

③ **지배요소**는 의사결정자들이 민주적인 과정에 의해 의사결정에 도달하는 상황과 한 명의 그룹 지도자나 중개자가 있는 상황들을 구별

하기 위한 것이다. 이것은 세 개의 다른 수준의 의사결정상황에 따라 다음과 같이 구별할 수 있다. 첫째, 의사결정이 적극적인 의사결정자들의 참여로 전적으로 민주적인 과정을 거치는 것이다. 둘째, 의사결정이 유사 계층적 구조하에서 중개자에 의하여 용이하게 진행되는 것이다. 셋째, 의사결정과정이 계층적이어서 그룹 지도자나 중개자에 의해 의사결정이 내려지는 상황을 들 수 있다.

가. 민주적 과정

그룹의사결정과정을 통해서 의사소통과 중재가 협상자들에 의해 직접적으로 이루어지며, 그룹의사결정지원시스템은 개인에게는 대안을 평가할 수 있는 기법을 제공하고 그룹에게는 이러한 의견을 공정하게 취합하는 기술과 모든 참석자들의 동등한 권리를 보장해 줄 수 있는 델파이 기법이나, 명목 집단법과 같은 조직화된 의사소통 인터페이스를 제공해야만 한다.

나. 유사 계층적 과정

중개자의 역할은 참석자들을 지원하는 것이며 의사결정은 협상자들에 의해 내려진다. 여기에서 그룹의사결정지원시스템은 인간중개자를 거치지 않고 직접적으로 중개자의 모든 작업을 지원해준다.

다. 계층적 과정

외부의 중개자가 존재하여 그룹 의사결정과정을 조정하는 상황을 말한다. 이때에는 강력한 지도자나 중개자가 존재하여 마지막에 의사결정을 내리게 된다. 그룹의사결정지원시스템은 이러한 중개자에게 과학적인 의사결정기술을 지원한다.

④ **목표의 공통성**이라는 이 요소는 요구되는 의사소통의 필요성과 의견일치에 도달하는 방법들에 중대한 영향을 끼칠 수 있는 의사결정